建築学テキスト

ARCHITECTURAL TEXT

Basic Theory of Architectural Planning and Design

建築計画基礎

計画の原点を学ぶ

吉村英祐
Yoshimura Hidemasa

阿部浩和
Abe Hirokazu

武田雄二
Takeda Yuji

北後明彦
Hokugo Akihiko

森 一彦
Mori Kazuhiko

学芸出版社

シリーズ刊行の趣旨

「建築学」は自然との共生を前提としたうえで，将来にわたって存続可能な建築物を設計するための指針を与えるものだと考える．また言うまでもなく，建築物は人間のためのものであり，人間は〈自然〉のなかで生きる動物であるとともに，自らが作りだす〈社会〉のなかで生きる動物でもある．このような観点から，現時点で「建築学」を〈自然〉・〈人間〉・〈社会〉の視点からとらえ直し，その構成を考えることは意義があると考える．

以上のような考えに立って「建築学」の構成をとらえ直すにあたり，従来行なわれてきた〈計画系〉と〈構造系〉という枠組みで「建築学」をとらえることをやめる．そして，建築物を利用する主体である〈人間〉を中心に据え，建築物や人間がそのなかにある〈自然〉および人間が生きていくなかで必然として生みだし，否応なく建築物や人間に影響を及ぼす〈社会〉を考える．

そこで，「建築学」を構成する科目を大きく〈人間系〉・〈自然系〉・〈社会系〉の枠組みでとらえるとともに，〈導入〉や〈総合〉を目的とした科目を設定する．さらに，「建築学」はよりよい建築物の設計法を学ぶことを目的とするとの考えから，これまで「建築計画学」における「各論」でまとめて扱われることが多かった各種建築物の設計法を，建築物の種別ごとに独立させることによってその内容を充実させた．

なお，初学者が設計法を身につける際には，その理解のための「叩き台」となるものを示すことが有効であると考えた．そこで，各種建築物の設計法に関するテキストには実在する建築物の企画段階から完成に至るまでの設計過程を示すことにした．さらに，学習の便を図るとともに，正しい知識を身につけるための関連事項や実例を充実させることにも留意した．

〈建築学テキスト〉編集委員会

まえがき

現在，建築計画のありかたが問い直されている．戦後，大きく発展した「建築計画学」は，戦後復興の一環として建築の水準を高めるうえで，多大な貢献をしてきた．だが一方で，「建築計画学」の限界や問題点が指摘され，また社会が大きく変化したこともあって，設計と「建築計画学」が大きく乖離してしまい，その溝は充分に埋まらないまま今日に至っているように思える．このことがその間，人間不在の建築，安全性や耐久性を軽視した建築が多数生みだされた一因であることは，否定できないであろう．21世紀の日本が直面する大きな課題である「少子高齢化」「ユニバーサルデザイン」「安全・安心な社会」「地球環境問題」に対して，建築計画はどのように社会に関わり，貢献すべきかが問われている．

本書は，このような状況をふまえ，定型化していた従来の建築計画の教科書の構成や内容を大きく見直し，「建築計画の基礎」を「人間」「安全・安心」「環境」という視点から横断的に学び理解することを目的として企画された．本書の章構成が，「序章　建築計画の役割」「第1章　人間をとらえる」「第2章　人間と環境」「第3章　人間の行動を知る」「第4章　建築を計画する」「第5章　非常時の安全・安心のデザイン」「第6章　サステイナブル・デザイン」となっているのは，そのためである．

本書は，どこから読み始めてもよい．だが，通読すれば，各章が相互に有機的かつ緊密に関連していることに気付かれるであろう．本書が，建築計画の教科書だけでなく設計演習，さらには実務においても広く読まれるならば，筆者一同望外の喜びである．

なお，本書は企画から出版まで8年もの歳月を要してしまったが，この責任はすべて執筆代表である私にある．学芸出版社の吉田隆氏と村田譲氏には，長年にわたって根気よくおつきあいいただき，叱咤激励していただきました．ここに，両氏に対しまして心より感謝申し上げます．

2010年9月　執筆者を代表して
吉村　英祐

目 次

まえがき

序章　建築計画の役割 … 05
〈1〉建築行為の社会性　06
〈2〉建築計画の範囲　07
〈3〉建築計画の意義　08

第1章　人間をとらえる … 09
〈1〉多様な人々の生活とデザイン　10
〈2〉身体能力と環境支援　12
〈3〉姿勢とサポータビリティ　14
〈4〉動作とユーザビリティ　16
〈5〉移動とアクセシビリティ　18
〈6〉都市空間での移動と生活　20
〈3〉建築空間とアクティビティ　22

第2章　人間と環境 … 25
〈1〉人間の生理　26
〈2〉人間の心理　28
〈3〉アフォーダンス　33
〈4〉環境のとらえ方　34

第3章　人間の行動を知る … 41
〈1〉空間・環境と人間　42
〈2〉人間と領域　43
〈3〉環境と行動　45
〈4〉歩行行動　47
〈5〉群　集　49
〈6〉空間の知覚　51

第4章　建築を計画する … 55
〈1〉建築設計と建築計画　56
〈2〉寸法とスケール　58
〈3〉外部空間と建物の配置　62
〈4〉機能と空間構成　66
〈5〉開口部とそのまわりの計画　70
〈6〉通路空間の計画　74
〈7〉寸法・規模の計画　78
〈8〉安全と建築計画　81
〈9〉建築計画と維持保全　85

第5章　非常時の安全・安心のデザイン … 87
〈1〉建築と災害　88
〈2〉火災に備える　88
〈3〉建物火災の性状　89
〈4〉火災の拡大を防ぐ　92
〈5〉煙の拡大とその防止　94
〈6〉安全に避難する　97
〈7〉地震に備える　102
〈8〉沿岸部における津波への備え　105
〈9〉風水害・雪害に備える　105

第6章　サステイナブル・デザイン … 107
〈1〉地球環境問題を考える　108
〈2〉サステイナブル・デベロップメント　109
〈3〉サステイナブル・ビルディング　112
〈4〉環境保全　113
〈5〉エネルギーの消費を少なくする　114
〈6〉建物を長く持たせる　118
〈7〉リサイクルを促進する　121
〈8〉建築の環境影響評価　123

索　引　126

序章
建築計画の役割
武田雄二

　「建築計画」は「建築学」において，重要な役割を担うものであり，受け持つ内容も広範囲にわたる．また，その範囲は社会の変容とともに大きく変化してきている．本章では，対象とする範囲があまり明確でない「建築計画」について，「建築学」における位置付けを明確にするとともに，その意義について，建築という行為がもつ社会性との関連でとらえる．

〈1〉建築行為の社会性

　建築行為は自然の中において，人間が生活をするための環境を創り出す．そして，建築行為は建築物の内部にできる内部環境だけでなく，建築物が造られることによって，その周囲にできる外部環境も創り出す．

　自己が所有する敷地に，自己の資金で建築物を造ったとしても，それは自己の欲求に基づく空間を造るだけではなく，結果として外部にも影響を及ぼすことになる．

　建築物の構築は自然環境を変容させ，多量の資材を必要とする．その意味でも，建築物は個人の所有物であるとともに，社会の資産としての性格をもつ．そして，良好な建築物を造ることは，良好な社会ストックを築くことに繋がる．このように考えると，欠陥住宅を始めとする不良建築物の建設を放置することは，社会全体の損失にもなる．

　建築物の在りようはその内部において〈シックハウス症候群〉と呼ばれる一連の健康被害をもたらすだけでなく，〈日常災害〉と呼ばれる建築物内の事故による死傷を引き起こす．図1にその例を示したように，公共的な建築物において起きる事故も多くなっている．これらの事故については，デザイン重視の設計態度が大きく影響している場合が多い．

　また，建築物が群となった時には自然環境にも大きな影響を及ぼす．近年，注目されている〈ヒートアイランド現象〉や建設廃材が多くの割合を占める〈産業廃棄物〉の処理問題についても，建築行為が大きく関わっている．図2に〈ヒートアイランド現象〉の例を，表1に産業廃棄物に占める建設廃材の割合を示した．

　エネルギー消費を前提とした建築物を造り，汚染空気や熱を当然のように外部に排出して平然としている態度には再考の余地がある．また，自身の居る周囲の清潔性や整然性だけを望むことは，図3および図4に示したように，離れた地域の自然環境を大きく破壊することに繋がる可能性があることにも気が付かなければならない．

　さらに，建築物およびその集合としての都市は，その時代における人々の関わり合い方や社会のあり方を反映する．そして，それらは犯罪が多発する都市や，人と人とのコミュニケーションが希薄な地域を産み出すこともある．建築物によって創り出される環境は，そこで育つ子どもたちの身体的な成長だけでなく，心の形成にも大きく影響すると考えられる．もちろん，その環境はそこで居住する成人の心の在りようにも大きく影響すると考えられる．

　以上のように，建築行為は否が応でも社会に大きな影響を及ぼすことを理解して建築行為を行うことが，建築に携わる者には強く求められる．

図1　公共建築物における事故の例（国土交通省資料より）

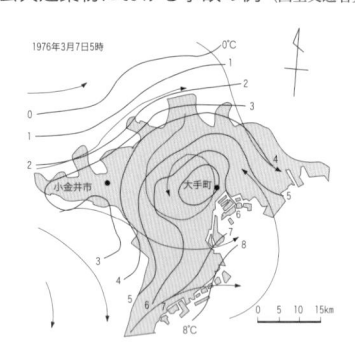

図2　ヒートアイランド現象の例（『別冊サイエンス』No.18より）

表1　産業廃棄物に占める建設廃材の割合（平成12年度）

業　種	排出量（千t）	割合（％）
農　業	90,804	22.4
林　業	0	0.0
漁　業	24	0.0
鉱　業	16,751	4.1
建設業	79,011	19.5
製造業（23業種合計）	123,730	30.5
電気・ガス・熱供給・水道業	91,504	22.5
運輸・通信業	888	0.2
卸売・小売業	1,790	0.4
サービス業	1,512	0.4
公　務	22	0.0
合　計	406,037	100.0

図3　山砂の採取場（参考文献1）

図4　民家の傍に迫るゴミの山（参考文献1）

〈2〉建築計画の範囲

「建築計画」の内容を字句どおりに解釈すると，建築物のすべてを計画することになり，建築行為のすべてを対象にすることになってしまう．建築に関わる，さまざまな知見を総合して建築行為を行うことは大事なことである．しかし，「建築計画」という「建築学」の一分野だけでそれを担うことには無理がある．

そこで，「建築学」における「建築計画」の位置付けを考え，それが対象とする範囲を明確にし，その対象についての精緻な探求・考察を行う必要がある．ただ，その範囲の境界は厳然と定めることはできない．なぜなら，それは社会の変化に伴って変わることもあろうし，新たな問題提起によって現出する内容も含むことになるからである．

「建築計画」の対象とする範囲を完全に特定できないとしても，それを大きくとらえることは可能である．その一つは「建築物を利用する人間を知ること」であり，人間の集団の行動について理解することも含む．

なお，図5に示したように，利用者である人間全体を平均値でとらえることには無理がある．「さまざまな特性や個性をもつ人間がいることを前提とした計画」は重要である．これについては，〈ユニバーサルデザイン〉や〈バリアフリーデザイン〉の名の下に研究・実践が，近年盛んに行われている．このような中で，障がい者や高齢者について配慮した建築設計のあり方も議論が盛んに行われている．これらは図6および図7に示したように障がい者対応の設備を備えた建築物や施設，また高齢者を対象とした〈コレクティブハウス〉や〈グループホーム〉として具体化している．

図6　障がい者対応設備の例 (中央エレベーター工業HPより)

図7　グループホームの例

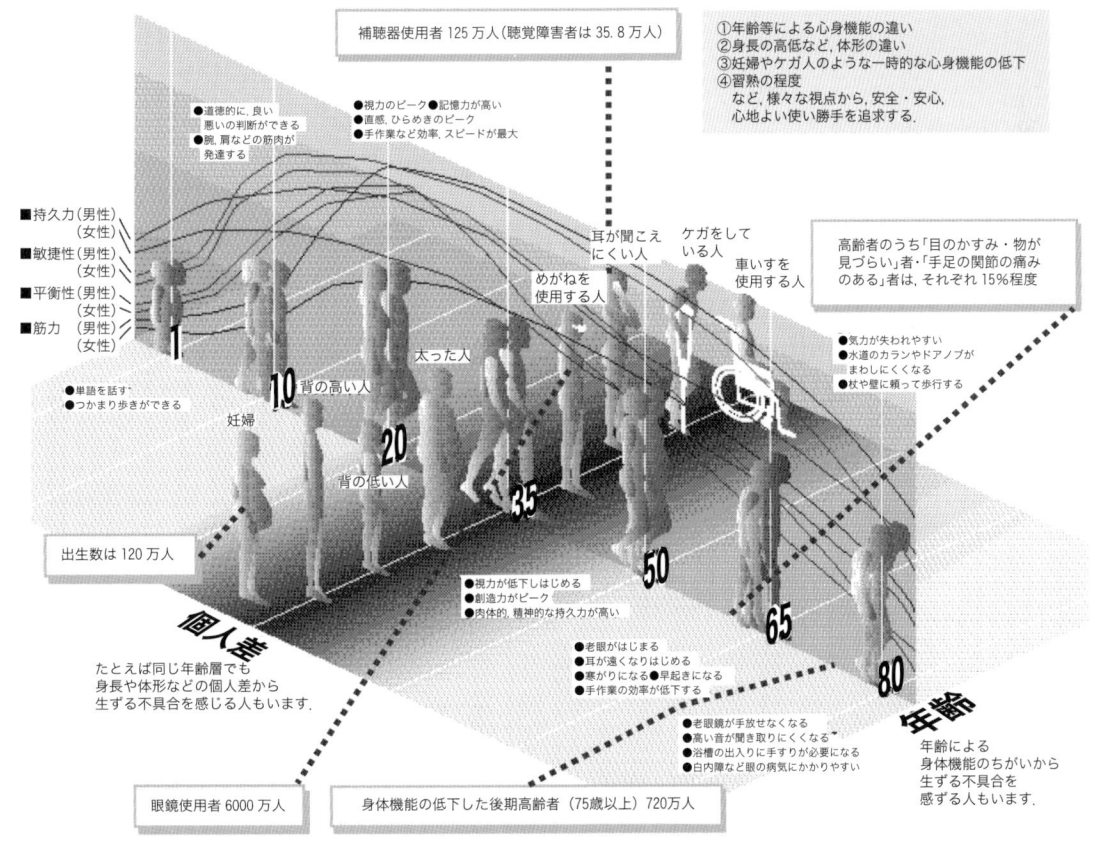

図5　人間の多様性 (提供：積水ハウス株式会社)

序章　建築計画の役割

また,「建築物の防災・防犯や建築物に関わる事故の解消」についての研究も「建築計画」における重要な分野である.これについては,〈非常時災害〉や〈日常災害〉についての地道な研究が進んでいる.

さらに,「建築行為の未来にわたる継続可能性」についての考究も「建築計画」において大きな位置を占めつつある.これについては,建築行為の〈サステイナビリティ〉として扱われている.

近年は,建築行為が〈環境〉に及ぼす影響を考えることの重要性が認識されている.これについては,「CASBEE」と名付けられた総合的な評価法が提案されている.

その他にも,〈環境〉と人間の行いに関して「環境倫理」の概念が提唱されている.

このように,「建築計画」が対象とする範囲の主なものは「建築と人間との関わり」であり,建築物のユーザーの立場および設計者の態度について,深く考察する「建築学」の一分野として,とらえられる.

〈3〉建築計画の意義

「建築計画」における知見の整理や将来の発展は建築物のユーザーとしての人間について,正確な理解を与える.そこでの理解は,人体寸法の把握に始まり,活動スペースの把握や人間の集団の行動特性にまで及ぶ.さらに「建築計画」では,生活弱者と呼ばれる子ども・障がい者・高齢者についての特性の調査や研究に基づく正確な知見を得ることができる.このことは,人間の居住や活動の器としての建築物の設計に有効な指針を提供する.

また,「建築計画」における環境についての考察は,人間の建築行為が自然環境に与える影響についての知見を与える.その考察の中では,建築行為の持続可能性すなわち〈サステイナビリティ〉についても配慮される.それらの知見は,建築物を造り上げる「建築施工」など他の「建築学」の分野でも大きな参考になると考えられる.

さらに,「建築計画」は建築物の利用者としての人間についてだけでなく,建築物を創り出す人間についての知見も与えてくれる.このことは,人間の行為として「建築」をとらえるために有効である.また,これらは人間が作る社会についての考察と相まって,「建築歴史」や「建築意匠」などの分野においても,参考になると考えられる.

また,近年POE(Post Occupancy Evaluation)として,設計を始めとする建築行為に対してユーザーによる使用調査が行われている.このような手法を積極的に行い,後に続く建築行為に活かしていくことは,意義のあることだと考えられる.

ここで,「建築計画」の意義を整理すると,次のようになる.
① 人間にとって,よい居住や活動のための環境創出の知見を与える.
② 社会環境の創出・自然環境との調和を考慮した建築行為のための知見を与える.
③ 歴史の中での人間の建築行為についての知見を与える.
④ 持続可能な,これからの建築行為についての知見を与える.
⑤ ユーザーの意見を反映した建築行為のあり方についての知見を与える.

最後に,次のことを述べたい.建築物を造ることは,それに関わる人々の想いを形にすることであり,「建築計画」はそのための橋渡しの役割を担う.ここで重要なことは,建築に関わる人々が,よい意味での大人であり,弱者に対する配慮が行えるとともに,未来についての明確なビジョンを持つことが大事である.

〈参考文献〉
1) 佐久間充『山が消えた 残土・産廃戦争』岩波書店,2002
2) 武田邦彦『二つの環境』大日本図書,2002
3) 西山孝『地球エネルギー論』オーム社,2001
4) 齋藤武雄『地球と都市の温暖化 人類は地球の危機を救えるか?』森北出版,1992
5) 環境省総合環境政策局編『平成15年度 環境統計表』ぎょうせい,2002

第1章
人間をとらえる

森 一彦

　様々な人々が色々な生活を送っている．子どもや大人，高齢者すべての人々がいきいきと生活できるユニバーサルな環境が求められている．

　単に物理的なバリアー（障がい）を除くだけでなく，生きがいがあり，健康な生活のため居住福祉環境が求められている．本章では，人の多様性とそのための計画的配慮を学ぶ．

様々な人の色々な活動が生まれる居住福祉環境

〈1〉多様な人々の生活とデザイン

『人は皆，健康で文化的な生活を営む権利を持っている．（憲法第25条より）』．しかし一方で，実際の生活空間を覗いてみると，様々な不便さを感じている人も多い．足が不自由な高齢者が気軽に散歩することが難しい町や，車いすでは段差があり進めない街路，外国人がひとりでは自分の乗る列車が見つけられない駅，子どもが安心して遊べない近隣など，生活する環境を巡って，様々な改善が求められている．特に，生活習慣や文化・言語が違う外国人，子どもや高齢者，体に何らかの疾患や障がいを持つ人など，様々なハンディキャップが生じている．これは，建築や都市空間が健康な大人という標準的な人間を基準につくられてきたことに原因の一端がある．

これからは生活する人の能力や活動の多様さに配慮して，障がい者や高齢者・子どもなどを含めた誰もが，安全で快適に生活できる空間を作っていくこと，いわば「生活空間のユニバーサルデザイン」の実践が求められている．この章では，人の多様性を身体・能力，姿勢・動作，移動・活動の側面から具体的にとらえ，それらを包み込む生活空間のユニバーサルデザインのあり方を学ぶ（図1）．

1-1 ノーマライゼーション

まず，このユニバーサルデザインに至るまでの歴史を振り返り，その意味について考える．このユニバーサルデザインの出発点は，デンマークのバンク・ミケルセンが提唱した「ノーマライゼーション」という考え方である．当初は，「ノーマライゼーションとは，最大限に発達できるようにするという目的のために，障がい者個人のニーズに合わせて支援・教育・トレーニングを含めて，他の市民に与えられているのと同じ条件を彼らに提供することを意味している」とされ，障がい者を支援するために始まったものであった．

今日ではさらに，ノーマライゼーションを広く解釈し，社会的に弱い立場にある人々の人権を守り，公正な環境を提供する概念となっている．

1-2 ハンディキャップと活動・参加

このような障がい者への理解の世界的広がりと共に，国連のWHOは障がいを3つの段階に分類し，それらを定義した（ICIDH，1985年，図2）．機能・形態障がい（impairment）は，客観的，医学的事実としての障がい，能力障がい（disability）は生活上，通常の方法では生活が困難になったという意味での障がい，社会的不利（hadicap）は，社会的に期待される役割を果たすことができなくなったり，通常の社会生活に支障をきたすなどの，社会生活上の障がいをそれぞれさしている．

たとえば，足をけがして歩くのが不自由な人の場合，足

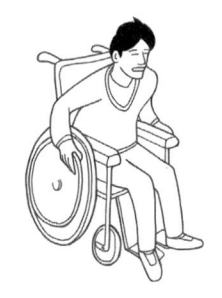

肢体不自由な人や身体能力の低下した高齢者は，車いすを利用することが多くなる．特に，外出の際，長時間・長距離の移動では大切な移動手段である．この車いす利用者が日常的に不便に感じるのは，レベル差などの移動経路上のバリアである．特に階段や段差は自分の力では移動が困難で，人の手助けが必要となる．

松葉杖を利用する人は，車いす利用者と同様に，長い移動には不向きである．しかし，車いすとは異なり，多少の段差はバリアにならないことが多く，逆にスロープが歩行しにくいことがある．

視覚に障がいを持つと日常生活の様々な場面で不便さを感じることになる．たとえば，家の外では道路や歩道，電車，バスなどの外出の際に多くの不便を感じている．はじめての場所や不慣れなところでは，自分の位置や方向がわからなくて困ったり，さらには段差でつまづいたり，転んだりする事故につながることがある．

聴覚障がい者は，道路や歩道での歩行にはほとんど不便さを感じない．むしろ，視覚障がい者がたよりにしている音の情報が街では入りにくい．外では電車の発車ベルや踏切の遮断機の音など，注意や危険を報せる情報が得にくく，不便さを感じている．このように一概に障がい者といっても，障がいによってまったく不便さの内容が異なり，それぞれの障がいの特徴をよく知った上で，支援や対応をしなければならない．

高齢者とは，一般に65歳以上の人をいう．高齢者は今後さらに増加が予測されており，2025年には，人口の1/4に近づく．高齢者は個人個人によって，その能力の差は大きいものの，今後，社会的にその配慮がさらに求められることは，疑いの余地はない．具体的な配慮は，個々の身体機能の低下の違いによって異なる．肢体不自由や視覚障がい，聴覚障がいなどの各種の障がいへの配慮と共に，各種の疾患に対応したものが求められる（p.12，図5参照）．

図1 体の不自由な人々

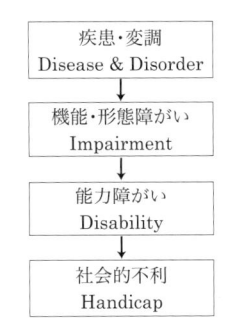

図2　1985年 WHO 国際障がい分類

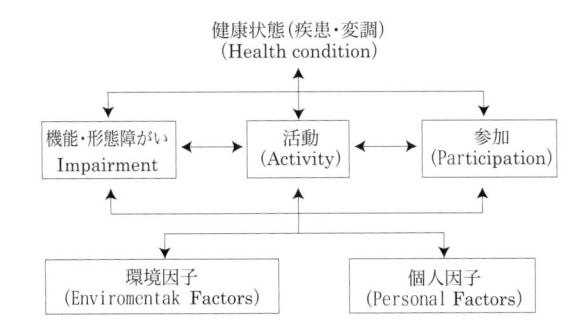

図3　2003年 WHO 国際障がい分類

表1　ユニバーサルデザインの7つの原則

1	だれにでも公平に使用できること
2	使う上で自由度が高いこと
3	簡単で直感的にわかる使用法となっていること
4	必要な情報がすぐ理解できること
5	うっかりエラーや危険につながらないデザインであること
6	無理な姿勢や強い力なしに使用できること
7	接近して使えるような寸法・空間となっていること

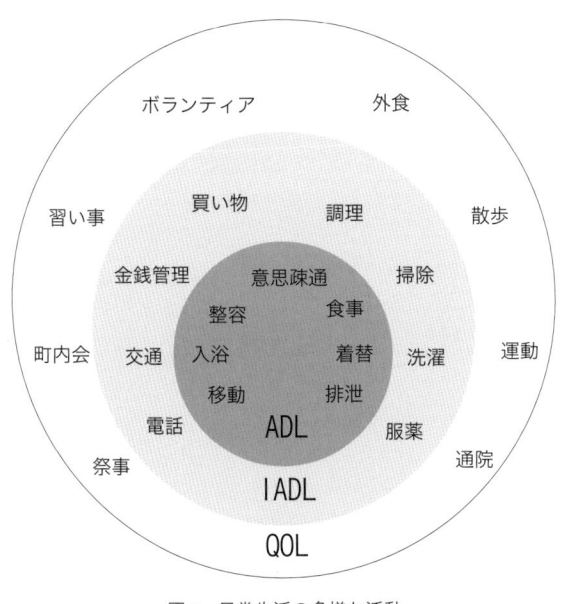

図4　日常生活の多様な活動

のけがそのものが機能・形態障がいであり，歩けないということが能力障がい，結果的に外出や買い物などが困難な状況が社会的不利である．

1-3　リハビリテーション

さらに，近年では障がい者の立場をより尊重し，図3のように機能障がい（impairment），活動（Activity），参加（Participation）に分類し，障がいがあることを問題とするのではなく，それを生じさせている状況や環境を問題とする観点をより明確にした（ICF，2001年）．この障がいを改善，解消するための動きが「リハビリテーション」である．

リハビリテーションのそもそもの意味は，「再び（re）」，「生活する（habilitation）」である．現在では狭い意味で身体的機能改善に使うことが多いが，実際に生活上で活動や参加をするには，環境的改善や社会的改善が求められる．たとえば，身体能力が低下して歩行が困難な人に対して，身体能力を改善させると共に，車いすで代償し，かつ車いすが通れるようにスロープを設置する環境改善など，総合的な支援によってはじめて日常生活に不便が生じなくなり，社会参加が可能になる．

1-4　バリアフリーデザイン

建築計画は，この障がい者の活動や参加に配慮した空間をデザインしなければならない．障がい者が利用しやすいように，建物や都市の中に潜む障がい（バリア）を解消するための計画や設計を「バリアフリーデザイン」という．

一方で，障がいは多種多様なものであり，時としてデザイナーが気づかないうちにバリアを作ってしまうケースもある．たとえば通路のデザインでも単に段差をなくせば良いのではなく，高齢者のための手すりやベンチ，子ども連れのための安全性への配慮など，車いす利用者以外の様々な人々にも配慮したきめ細やかなデザインが必要とされる．

1-5　ユニバーサルデザインと居住福祉環境

この様々な利用者をはじめから念頭においた設計を「ユニバーサルデザイン」という．これは，ロン・メイスが提唱した7箇条（表1）の概念で，子ども，妊婦，高齢者，視覚障がい者と聴覚障がい者など様々な利用者を対象とし，当初からすべての人が利用できるように配慮するデザインである．

一般的には，一部の人のためのコストがかかるものだと思われがちであるが，社会に広まれば結果的に，多くの人が使う市場性のあるものとなる．特に，食事・入浴・移動など日常生活動作（ADL）や調理・洗濯・買い物などの手段的日常生活動作（IADL）だけでなく，習い事・外食・散歩などの社会的活動までの多様な活動（図4）に対してユニバーサルデザインが広まると，様々な人の色々な活動が生まれる居住福祉環境が実現していく．

〈2〉身体能力と環境支援

2-1 人の成長と生活環境のスケール

人は生まれてから死ぬまでの間に，身体の寸法や能力が変化する．生まれてからしばらくは大きくなり，その後，少しずつ小さくなっていく．この成長と老化のサイクルの中で，生活環境のスケールも変化していく（p.7図5参照）．

生まれた当初は手が届く範囲が生活環境であるが，歩行できる範囲に広がり，現代生活では自転車や自動車で回れる範囲まで広がっていく．ところが高齢者になって，身体能力が低下してくると，再び歩く範囲が狭まり，さらにエンドオブライフ（終末期）になると見える範囲，手が届く範囲が生活の主要な範囲になってくる．

このように人の成長と老化に伴って，生活環境のスケールが変化する中で，どの段階（ライフステージ）においても多様で豊かな生活ができる環境を提供しなければならない．

2-2 高齢者の機能低下と生活不便・不自由

身体能力の低下した高齢者の場合，日常生活での今まで感じなかった不便や不自由（図5）を体験することになる．神経，筋力，視覚，聴覚骨格など，様々な機能に及ぶ．これらの機能低下により，身体バランスが悪くなり転びやすくなったり，物が見えにくく，判断も遅くなってくる．特に，それまでの生活感覚と現在の能力にずれが生まれ，それが事故の原因になることが多い．

高齢者の場合，つまづきや転倒・転落など日常生活事故は交通事故よりも多く，高齢者の身体能力に合わせた日常の生活環境の改善が重要となる．段差解消や手すり設置が重要であるが，これだけでなく，身体能力が低下しても使いやすく，わかりやすい空間計画も重要である．

2-3 環境支援

視力や聴力，動作能力，歩行能力など身体能力が低下しても，生活環境の工夫で，それまでの生活を継続することができる．たとえば動作能力が低下して高い所の物が取りにくくなっても，物の位置や場所を工夫することで今までどおりに家事が行える．急な坂や階段，長い距離を歩くことが困難になっても，近くに段差が少ない商店や出店があれば，自分で買い物ができる．認知症になっても，なじみの環境であれば今までの近所づきあいを続けられる．

このように，一見，身体能力が低下すると生活能力が低下すると思われがちであるが，生活環境を工夫することで，

機能		どのような不便・不自由が表出するか	住環境上の配慮	有効な福祉用具
〈身体的特性〉				
神経・筋機能		・身体のバランスが悪くなる ・脚・手指等の力が弱くなる ・手指の巧緻性が低下する	・手すりの取付け　・段差の解消 ・手指の力を必要としない器具の採用 ・引き戸の採用　・腰掛けベンチの配置 ・滑りにくい床材・洋式便器の採用	・昇降式便座
視覚機能		・物が見えにくい ・色のコントラストが見えにくい ・明るくないと見えにくい ・まぶしく感じる ・階段が昇りにくい	・適切な照明環境 ・色のコントラストをはっきりと ・大きな表示 ・緩勾配の階段 ・足元灯の設置	・拡大鏡・階段昇降機
聴覚機能		・高い音が聞こえにくくなる	・明瞭度の高い音環境	
骨格系		・転びやすい	・転倒などを起こさない安全な環境 （段差解消、手すりの取付け等）	・補聴器
心・血管機能		・激しい運動がしにくい	・暖房設備 ・緩勾配の階段	・ホームエレベータ ・階段昇降機
呼吸機能		・激しい運動がしにくい ・乾燥した空気・汚れた空気がよくない	・緩勾配の階段 ・空気清浄機	・ホームエレベータ ・階段昇降機 ・空気清浄機
腎臓・泌尿器系		・排泄の調節機能が衰える ・頻尿となりトイレの回数が増える	・寝室の近くにトイレ	・温水洗浄便座
消化機能		・消化機能の低下	・トイレの配置	
その他		・温冷熱に鈍くなる ・臭いに鈍感になる	・ガスの消し忘れ、不完全な閉めをなくす ・適切な温熱環境	・ガス漏れ警報機 ・ガス漏れ防止機器
〈心理的特性〉				
老いの自覚と受容		・新しい環境になじみにくい ・過去への愛着が強い ・思考の柔軟性が低下 ・感情のコントロールがしにくい ・興味は身近なものに限定される ・近隣との交流が少なくなる	・これまでの日常生活になじみのある環境を演出する ・整理しやすい収納 ・飾り棚等の設置 ・近隣住民との交流しやすい部屋の配置	

図5　高齢者の機能低下と生活不便・不自由

図6 環境支援

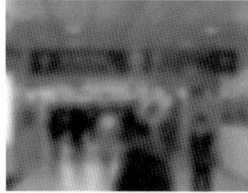

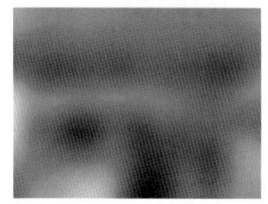

図7 視力低下の再現（白内障）

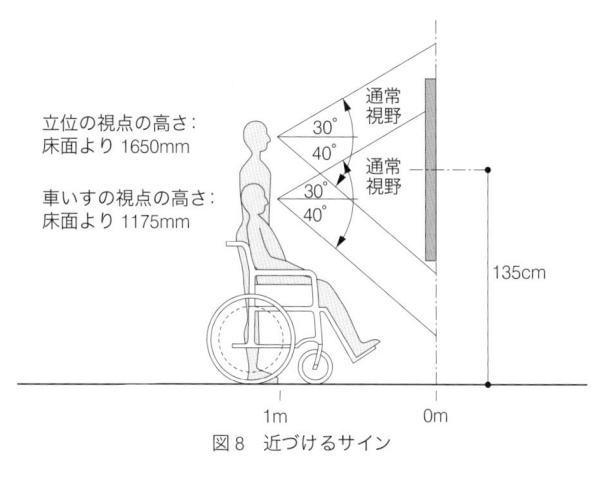

図8 近づけるサイン

図9 日常生活の音サインと外観

それまでの生活が継続できるようになる．これを環境支援という（図6）．

2-4 視力低下と生活環境

視力の低下とともに，生活環境の様々な情報の入手が困難になる．図7は駅構内の様子を視力ごとに再現したものである．視力1.0では主な情報が得られるが，視力0.3では，上部のサインがあることはわかるがその内容が読み取れにくくなる．さらに，0.1では空間の形態は把握できるが，その中にいる人の性別やあるものが何かなどはわからなくなる．

視覚障がい者や高齢者などの視力の低い人に対しては，点字タイルのような別の情報手段で補う方法もあるが，まずは見えている情報をどのように活用すべきかを考えなければならない．たとえば図8のように近づいて内容が確認できるようにサインの位置を目の高さにする工夫で，問題が解決することも多い．

2-5 聴力低下と生活環境

生活の中には様々な音があり，人は音をサインとして活用している（図9）．特にこの音サインは，確認や注意・警告を意味するケースが多く，重要な役割を持っている．これらの音サインが，聴力低下によってうまく活用されないケースが生じる．聴力低下は，何らかの障がい者や疾患，老化によって起こる．

一般的に聴力の低下は，周波数（音質の高低）によって障がいが異なり，特に高齢者の場合，高い音から聞こえにくくなる傾向がある．このことから，高い音による案内よりも，普通の会話の方が聞こえやすいことも多い．緊急時には，様々な高音が鳴り響く状態は望ましくないので，重要な音サインが入手されやすいような環境音の整理が求められている．

2-6 視覚情報と聴覚情報を協調させるデザイン

人間の頭の中では，視覚情報と聴覚情報をかさねあわせて理解していることは，意外に知られていない．これをマガーク効果という．見たものと聞いたものが違うと誤解が生じ，逆に見ているものと聞いているものが一致すると，より分かりやすくなる．生活環境では，この視覚情報と聴覚情報との協調は意外と多くあり，気をつけていれば，その例を見つけだすことができる．

たとえば，やかんの湯気と「ピー」という音，ドアの閉まる際の音と隙間がない状態，歩いている廊下の材質と足音など，人間は何気なく行動する際に，確認していることに気づく．特に公共空間で，高齢者や障がい者など視覚や聴覚の能力が低下した人々への配慮として，視覚情報と聴覚情報がうまく協調するために，環境内の情報を整理することが大切である．

〈3〉姿勢とサポータビリティ

　人は日常生活の中でいろいろな姿勢になる．図11のように，「立つ」「寄りかかる」「椅子に座る」「しゃがむ」「正座する」「足を出して座る」「寝る」など，状況に応じて姿勢を変える．これは，食事をする，休憩する，仕事や作業をするなど，日常生活の様々な行為ごとにふさわしい姿勢があるからである（図10）．ところが，身体能力が低下したり，障がいがあると自由に姿勢をとることが難しくなって，日常生活に支障が生じる．

　誰もが不自由なく生活できるようにするには，まず姿勢を維持するための工夫が不可欠で，それが「姿勢のユニバーサルデザイン」である．

3-1　サポータビリティ

　姿勢とは，生活の行動の中で手足などを動かすことなく，静的にとどまっている状態をとらえたものである．姿勢を維持するには，何らかの支持（サポート）が不可欠で，特に高齢者や障がい者が多様な姿勢を維持するためには，それを支える機器や家具に，様々な能力や障がいの内容に応じたサポータビリティが求められる．

3-2　日常生活における様々な姿勢

　姿勢の種類は，分類の仕方によって変わるが，一般的には「立位」「椅子座位」「平座位（がい）」「臥位（がい）」の4つがある．

　「立位」とは，立つ姿勢である．これは床に足をおいて支える姿勢で，普通に立つ姿勢以外にも，背のびをした姿勢，前にかがんだ姿勢，中腰の姿勢などがある．日常生活では，この姿勢は基本的なものであるが，2本の足で支える不安定な姿勢でもある．立位ができるか否かが自立の必要条件で，その支援機器が杖や歩行器である．

　「椅子座位」とは，座る姿勢で，体重を足以外にも椅子などのモノで支える姿勢である．「腰掛ける」にも「（壁に）寄りかかる」も含まれる．椅子の高さや背もたれの有無・角度によって，人の姿勢が変わり，作業に向いた姿勢や休憩に向いた姿勢など状況に応じて，椅子の形や寸法が異なる．図10の「椅子座」は高齢者施設で健常者と障がい者が同じテーブルを囲んでトランプゲームをするレクリエーション風景である．これは，手の届く範囲とテーブルの大きさ，車いすの座面の高さとテーブルの高さ，およびテーブルとの隙間，車いすの幅とテーブルの脚の間隔などが適切に調整されてはじめて，車いすと普通の椅子が両立する．

　「平座位」とは，水平な床などの面に体の足や床に座る「床座」を指す．日本はタタミユカザの文化があり，平座位のなかに「しゃがむ」「膝をついて立つ」「膝をついて腰をおろす」「四つんばいになる」「正座をする」「あぐらをかく」「ひざを立てて座る」「足を投げ出して座る」など様々

「立位」での会話

「椅子座位」での余暇

「平座位」での会合

「臥位」での団らん

図10　姿勢と活動

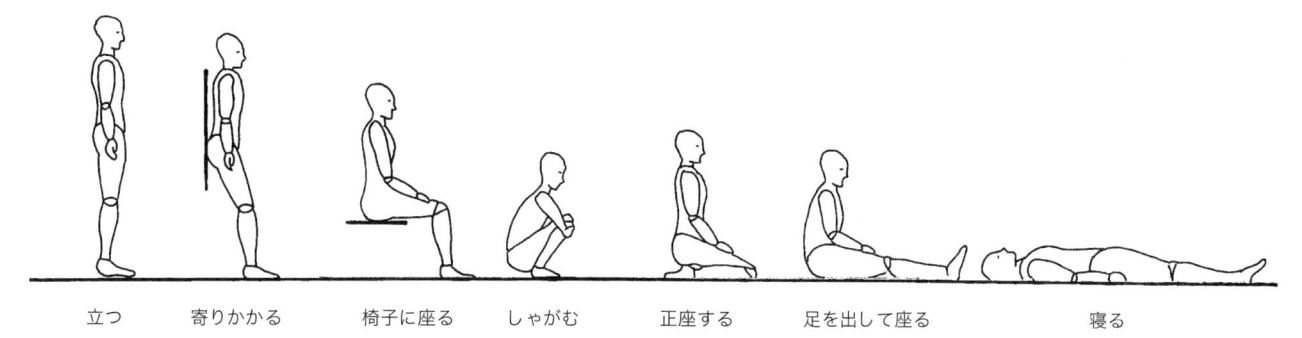

図11 様々な姿勢

立つ　寄りかかる　椅子に座る　しゃがむ　正座する　足を出して座る　寝る

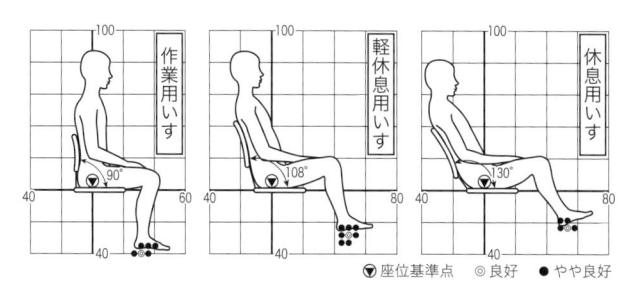

図12 作業姿勢と休憩姿勢

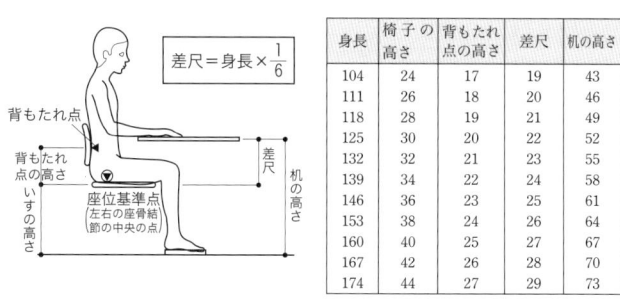

作業用いす　軽休息用いす　休息用いす
▽座位基準点　◎良好　●やや良好

図13 身長に対応した椅子と机の高さ

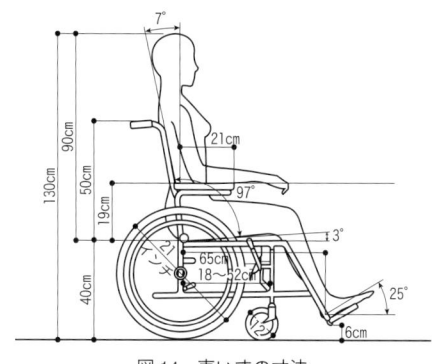

差尺＝身長×$\frac{1}{6}$

身長	椅子の高さ	背もたれ点の高さ	差尺	机の高さ
104	24	17	19	43
111	26	18	20	46
118	28	19	21	49
125	30	20	22	52
132	32	21	23	55
139	34	22	24	58
146	36	23	25	61
153	38	24	26	64
160	40	25	27	67
167	42	26	28	70
174	44	27	29	73

図14 車いすの寸法

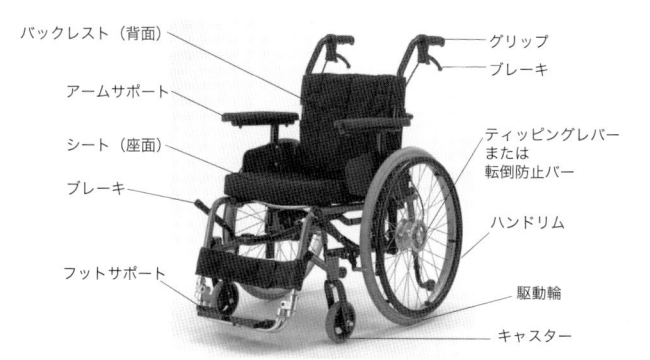

図15 モジュラー型車いす（写真提供：光岡）

な姿勢がある．

「臥位」は，体を横たえてねる姿勢であり，「上向きにねる」「横向きにねる」「下向きにねる」がある．高齢者など身体能力が低下し「寝たきり」になるのは，臥位が立位，平座が椅子座に比べ，サポートが容易だからである．

3-3 作業姿勢と休憩姿勢

ここで現代生活の中で一般的な椅子座について考えてみる．人は椅子に座ってさまざまなことをするが，大きくは作業と休憩に分かれる．作業は勉強や食事などで，背もたれの角度を小さくし100°ぐらいに立てて行う．椅子に座って休憩するときは，角度を大きくし110〜120°に寝かせると休憩姿勢になる．姿勢によってリラックスしたり，緊張したり，気持ちが変化する（図12）．

生活空間には，背もたれの角度や座面の高さが異なる多種の椅子があり，それらを使い分けることで多様な生活行動が営まれている．図13は椅子座での作業における着座姿勢と机との関連を示している．座る人の身長によって，望ましい高さが異なり，幼稚園や小学校で使う椅子や机は身体の大きさに合うように調整されている．身長にあわせて，椅子と机の高さも変化する．一般的には差尺（椅子の高さと机の高さの差）が身長の1/6を基準に調整されている．

3-4 モジュラー型車いす

車いす生活の人が，作業したり，休憩したり，いろいろな生活を展開するには，どのようにすれば良いのだろうか．図14は車いすの標準的な寸法を示している．この寸法は標準的な成人の椅子座の姿勢を基準に作られており，標準的な大人では問題が少ない．実際，車いすを使う人は障がい者や高齢者が多く，身体にフィットしないケースが多く生じている．

最近では，モジュラー型の車いすが開発され，様々な体形や障がいに対してフィッティングでき，サポータビリティが高い．高齢者の身体寸法に応じて背もたれの位置と角度，足置きの距離と位置が設定できるような工夫が始まっている（図15）．

第1章　人間をとらえる　15

〈4〉動作とユーザビリティ

人は生活の中で様々な動きをする．立つ，しゃがむ，歩くなどの体自体が移動することのほかに，手を広げる，足をあげるなど，手足をうごかす動作も含まれる．これら多様な動作に配慮して，高齢者や障がい者にも使える，さらには使いやすい空間の設計や機器や家具の配置計画をすることが重要である．

4-1 日常生活での様々な動作

日常生活では，手を使った動作が実に多いことに気がつく．図16はその手を使う動作の例である．「つり戸棚を開ける」「調理をする」「洗濯をする」「顔を洗う」「引出しを開ける」は，同じ手を使う動作でも姿勢が異なる．

「つり戸棚を開ける」は，自分の身長より高い棚の扉を開ける動作で，類似動作としてその中に物を入れたり，取り出す際の動作がある．この動作では手をあげるとともに，つま先立ちの姿勢となることがある．つま先立ちは，棚の奥に視線が届きにくいため，視線を高めることになる．

「調理をする」は，立位の姿勢で主に手を動かす動作が中心である．視線は手元にある．

「洗濯をする」は，洗濯機の衣類を出し入れする動作で，立った姿勢から腰を屈める姿勢になる動作が伴なう．

「顔を洗う」は，洗濯と同様に立った姿勢と腰を屈める姿勢があり，特に顔を洗面器に近づけるため腰の屈む角度が大きくなり，動作としては負荷が大きいといえる．

「引出しを開ける」は，最も低い引出しを開ける際には，腰を下ろして膝をつく「平座位」の姿勢に変化し，負荷の大きな動作になる．

4-2 ユーザビリティ

生活空間にある家具や道具の使いやすさを「ユーザビリティ」という．手を使う動作の中にも負荷の大きいものがあり，障がい者や高齢者にはできない動作がある．誰もが使えるよう，ユーザビリティに配慮した動作空間を計画しなければならない．

4-3 動作領域とゆとり寸法

人間が一定の場所にあって身体の各部位を動かしたとき，そこに平面的，または立体的にある領域の空間がつくられる．これが動作領域である．動作領域が充分確保できないと，無理な動作になり作業を低下させ，疲労を招き，事故を起こす原因につながる．

図17は人が椅子に座って後，立ち上がる一連の動作の領域を示している．この動作領域を注意深く観察すると，座った姿勢と立った姿勢の2つの姿勢より，はみ出している部分がある．これは，座位から立位に変化する際に，頭や腰などがバランスをとるために，移動した領域を示してい

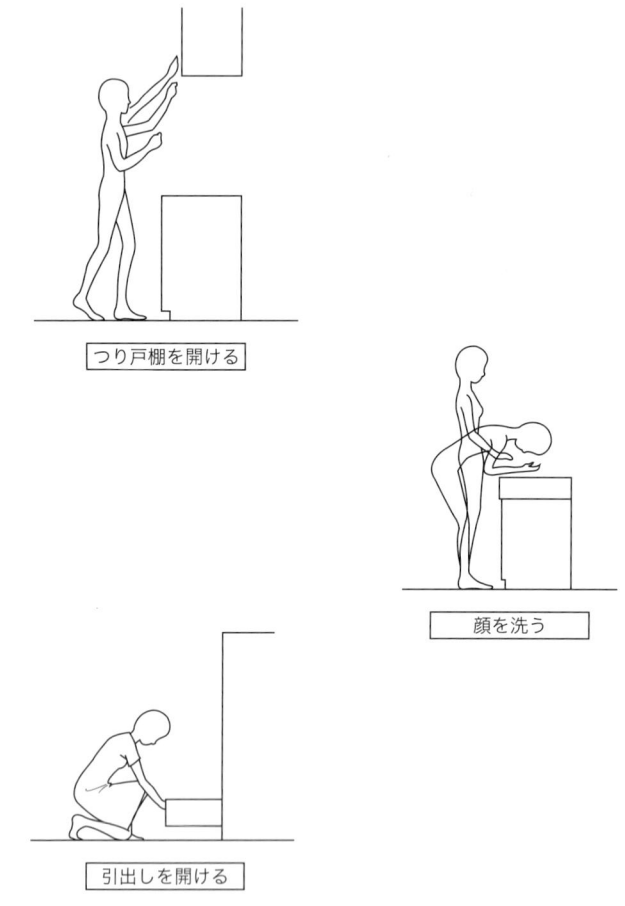

図16　様々な動作と姿勢

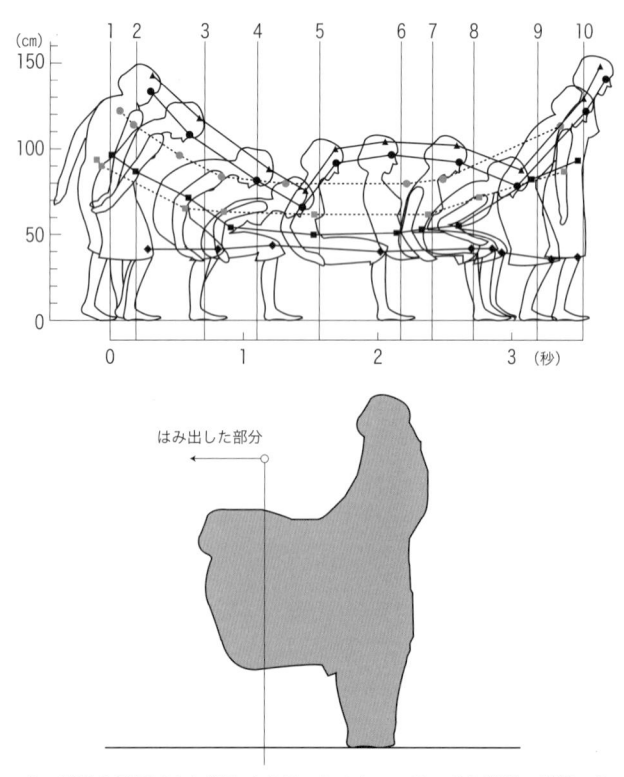

人の動作を時間ごとに細かく分けてみると，いろいろな姿勢の連続であることがわかる．上の図は，人が座って立つまでの動作を0.3秒ごとの姿勢に分けて，それをヨコ軸に並べたものである．下の図は，個々の姿勢を同じ位置に重ね合わせたもので，これを「動作領域」という．トイレのような狭いスペースでは動作領域に配慮しないと頭や尻が壁にあたり，スムーズに動けないことがわかる．

図17　座って立つまでの動作領域

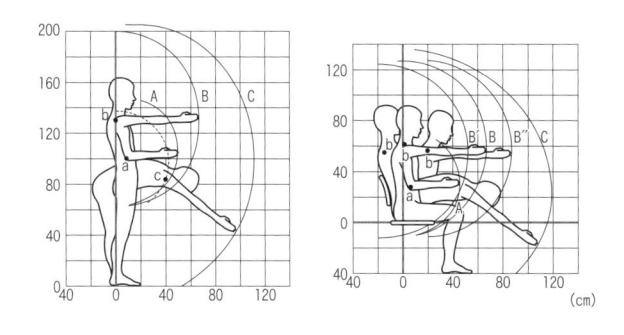

図18 姿勢と動作領域

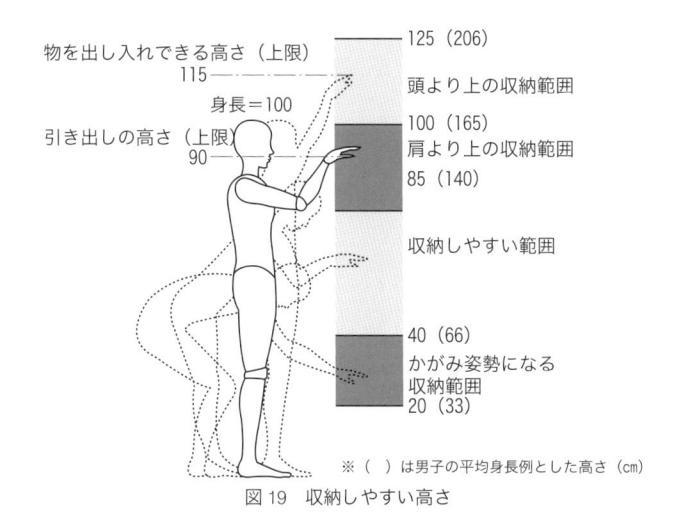

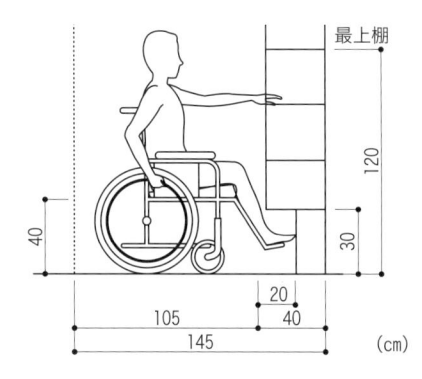

図19 収納しやすい高さ
※（ ）は男子の平均身長例とした高さ（cm）

図20 車いすでの動作領域

図21 車いすでの買い物

る．したがって，この動作領域が確保されないと，動作に支障をきたすことになる．

さらに，設計における必要空間を算出する際に，「ゆとり寸法」を考慮しなければならない．動作領域をそのまま必要空間の寸法にすると，人による身体寸法や動作領域のばらつきが許容できないため，時として不都合が生じることが，経験的に知られている．

4-4　ユーザビリティと動作領域

ユーザビリティは，人の身体の大きさや動作領域と密接に関係している．

たとえば，ものを棚に入れる動作について考えてみると，棚の高さによって，使いやすい場所と使いにくい場所があることがわかる．身長165cmの人では，100〜160cmの範囲は腰を屈めなくても出し入れができ，無理がない．しかし，それより低いと腰を屈めて出し入れする必要があり，加えて，その棚の奥が見えないため，中を確認するには顔をさらに低くする必要が生じる．

健常者の動作領域は，体の姿勢を変化させることで，かなり広くなり，色々な作業ができる．図19からみると，立ったままの姿勢にくらべて，腰を曲げたり，しゃがんだりすることで，手の届く範囲が約2倍に広がる．

今までは，健常者の利用のみを考えて設計されてきたが，今後は車いすの利用など様々な利用者の動作空間への配慮が不可欠である．

4-5　車いす利用者の動作空間

車いすは，障がい者だけでなく身体能力の低下した高齢者が利用することもある．車いすは，歩くことが困難で移動が不自由な人に対して，移動範囲を広げる点で重要な補助機器である．しかし，車いすの姿勢では動作範囲が限定されることに弱点があり，建築設計上の配慮が不可欠である．車いすでの動作領域の特徴は，高さの制約が大きいことと，足が体より前にあるため，前面に近づき難いことである．図20のように収納を利用する場合，利用できる棚の高さでは120cm以下であり，また30cmより下の部分は足が入って近づけるようにする必要がある．

4-6　車いすでの買い物

図21は車いすでの買い物風景である．このような風景は今後ますます増えてくると思われる．しかし，街なかでは，すべて一人ですることは現時点では困難である．人の助けを受けながら，できる範囲内を広げるように工夫すべきである．たとえば，低い棚は車いすから手に取りやすい高さと奥行きが，高い場所にある棚は品物が車いすから見えるような配慮も必要である．また，通路幅も車いすの回転や人とのすれ違いを考慮する必要がある．

第1章　人間をとらえる　17

〈5〉移動とアクセシビリティ

　移動は人間生活にとって欠かせないものである．トイレに行くことから，買い物や病院へ行くことなど，様々な生活場面に移動が伴う．移動の方法も，図22のように単に歩くこと以外に，松葉杖，車いす，ベビーカー，自転車など様々な手段がある．この移動ができなくなると，日常生活に大きな変化がもたらされる．移動能力が低下したり，障がいが生じても今までの日常生活が継続できるように「移動空間のユニバーサルデザイン」について配慮しなければならない．

5-1　アクセシビリティ

　自分の行きたいところへ自分の力で行けることは，自立して生活するための必要条件であり，これを「アクセシビリティ（Accesibility）」という．このアクセシビリティは，移動能力と移動方法と移動空間の関係から決まる．たとえば階段の場合，健康な歩行者にとってはアクセシビリティはあるが，高齢者にとっては負担が生じ，車いす利用者にとってはアクセシビリティはなくなる．移動空間では段差や階段，スロープなどの特徴を考慮して，高齢者や障がい者のアクセシビリティを確保しなければならない．

5-2　段差

　段差は日常生活空間のいたる所にあるが，その高さによってアクセシビリティは異なってくる．図23のように，車いすは高さが2cm以下の低い段差であれば，そのまま通行可能であるが，それ以上になると勾配の干渉が必要で，他者の手助けが必要になる．また高齢者の場合，個人差はあるが，段差が30cm以上になると手すりなどの補助がないと上がれなくなる．

　また，段差はバリアとしてだけでなく，事故原因になる．特に段差の見誤りが，踏み外しやつまずきの原因となる．段差の安全性には，段差の見えやすさとともに，段差の高さや手すりの設置など，総合的に配慮する必要がある．

5-3　階段

　図24は公園や街路などの外部空間での階段の望ましい寸法を示している．蹴上げは15cm以下，踏み面は35cm以上を確保し，階段の始まりや終わり，踊り場を幅員120cm以上とすることで，高齢者や障がい者がゆっくりと安全に移動ができるようにする．また，歩行補助や転倒予防のために手すりを設けるほか，踊り場を広くしてベンチを設置するなど，座って休憩できるスペースを設けることも重要である．

5-4　スロープ

　スロープはレベル差のある場所では，車いすやベビーカーなどの通行に不可欠である．スロープは勾配が緩い方が

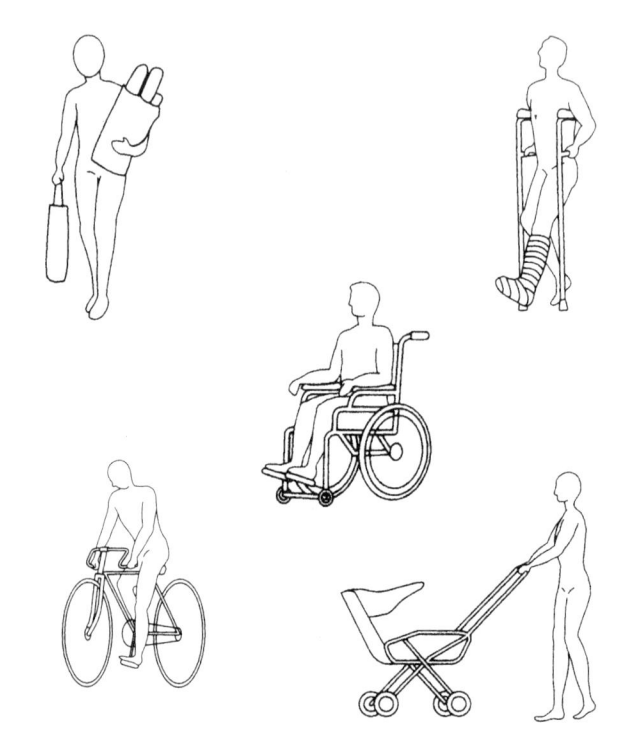

図22　様々な移動手段

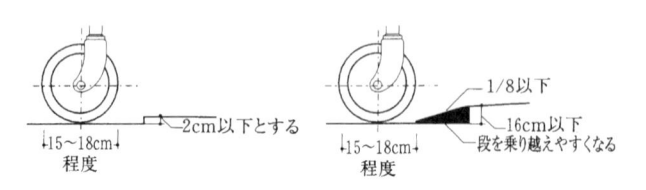

図23　車いすが通れる段差

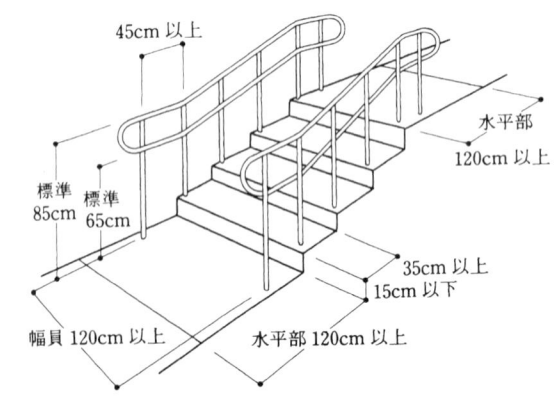

図24　望ましい階段

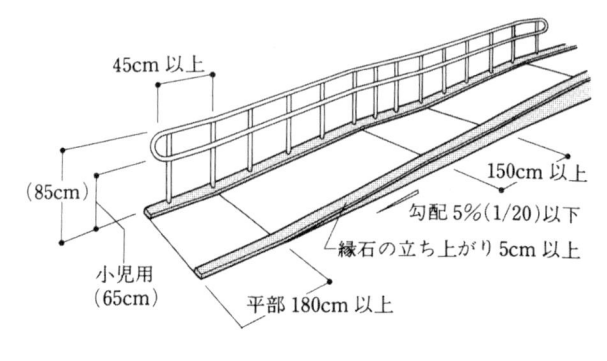

図25　望ましいスロープ

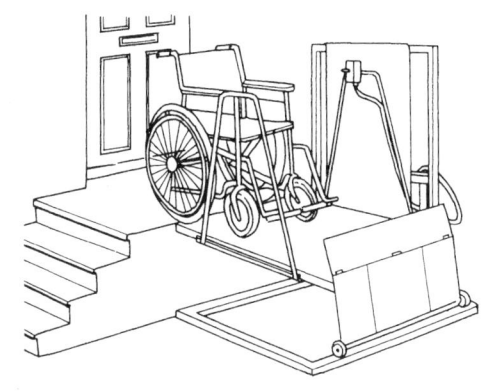

図26 段差解消機

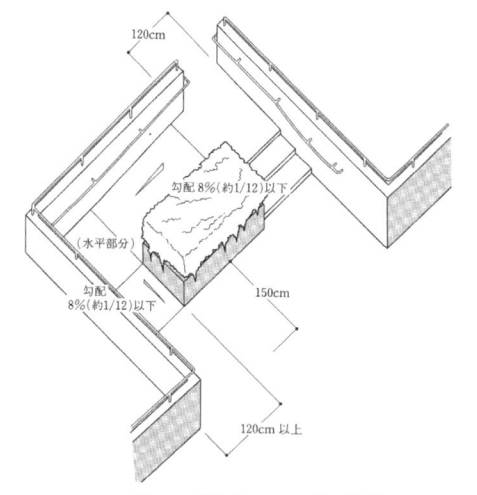

図27 階段とスロープの並置

切符売場の点字タイル．正面壁面には点字の案内板がある．
図28 誘導タイルと警告タイル

図29 車いす利用者に配慮したバス停

通行しやすいが，移動距離が長くなりスペースが大きくなる欠点がある．

スロープ勾配は，無理なく車いす利用者が上がれる角度を基準とする．一般的には1/12以下が目安になっているが，高齢者や体の不自由な人が，独力でこの勾配を上がるのは無理で，自由な移動ができるためには，1/20以下が必要である（図25）．

また，スペースが無くスロープ設置できない場合は，図26のように段差解消機やエレベータによって対応する方法がある．

5-5　階段とスロープが選択できる環境

一般的には，スロープが車いすの利用者を含む多くの人に利用されやすく，バリアフリーのデザインであると考えられている．しかし，松葉杖の人にとっては，水平面のないスロープでは安定しなく，歩きにくいという欠点がある．また，スロープの場合，長く迂回していく回り道になり，急いでいる人や避難の場合など，スロープだけでは充分でないケースが多い．このことから，本来は階段とスロープを並置して，利用者が状況によって選択できることが望ましい（図27）．

5-6　誘導タイルと警告タイル

視覚障がい者に対して，舗装面に点字状のタイルを貼って，アプローチの所在を示す方法がある．これには，進む方向を示す誘導タイルと立ち止まる位置を示す警告タイルの2種類がある（図28）．誘導タイルは長円の突起が並べられたもので，警告タイルは円の突起が並べられ，そこを通ると足で感じることができる．

人が間違えやすい場所や事故が生じやすい場所に，人間の行動特性に配慮して整備すると，視覚障がい者だけでなく一般の障がいのない人にとっても，安全でわかりやすい移動空間とすることができる．

5-7　歩道とバス停とベンチ

図29は歩道にあるバス停の風景である．バスは様々な人々に使われ，特に高齢者や障がい者など体の不自由な人が多く使う交通手段である．さらに，バス停は一定間隔で街に点在するため，重要な休憩場所となり，街のランドマークともなる．このため，バス停の周りを配慮して計画すると，街のユニバーサル化に大きく貢献することになる．

具体的には，バスと歩道との段差を少なくして乗り降りしやすくすることや，ベンチを休憩にも利用できるようにすること，歩行者の邪魔にならないように歩道幅を確保することなど，計画的配慮が必要である．また，車いすは左右に傾きがあると直進し難くなるため，歩道面を水平にすると利用しやすい．

〈6〉都市空間での移動と生活

都市の中には様々な人々の色々な活動があり，それを支える建築空間や都市空間がある．ショッピングセンターや百貨店，図書館や博物館，文化ホール，市役所，病院，郵便局，駅，公園など日常生活に不可欠な施設があり，そこで多様な活動が展開される．能力の差に関わりなく，誰もが享受できるように都市空間を整備しなければならない．それには3つの条件がある．

① 誰にでも目的場所までバリアがなく行けること．
② 誰にでも複数の移動手段があり，回遊性があること．
③ 誰にでも分かりやすく安全であること．

6-1 駅と街のバリアフリー

目的の場所に行くためには，そこに至るまでの経路に一つでも「バリア」があると，自力では行けなくなる．どの人にとっても自分の家から目的の場所まで途切れることなくバリアフリーである必要があり，歩く，車いす，自転車，バスなど状況に応じて使い分けられることが重要である．それらが網の目のように結びつくことによって，様々な人間の出会いが生まれ，障がいの有無や能力の高低に関わらず豊かな生活を営むことができる．

2006年より「バリアフリー新法」によって，駅やバス停，さらに列車やバスなどで，車いすや視覚障がい者，聴覚障がい者に配慮した環境整備が進められている．従来型の駅では車いす対応のエレベータや改札，視覚障がい者への点字情報や音声案内など各種の改修工事が進められている（図30）．

6-2 色々な移動手段の統合と回遊性

近年，車いす，特に腕の力を要求されない電動車いすが街に出るようになった．そのままバスや列車に入れるようになり，障がい者や高齢者の生活範囲が広がっている．アムステルダムやストラスブールなど欧州の都市では，トラム（路面電車）は市民生活に浸透し，車いすはもとより自転車のままでも乗れるようになっている（図31）．

多様な交通手段が統合し，自動車社会に代わる新しいユニバーサルな地域空間が生まれている．これらの交通手段は相互につながり，街の各所を自由に巡れるようになっている．図31は歩道の高さにそろった低床のトラムに自転車と一緒に乗る様子で，多様な生活が展開されていることがわかる．

6-3 駅のわかりやすさと安全

様々な機能を持ち込んだ駅や交通施設では，利用者にとってのわかりやすさが重要になっている．目的地へ行く列車やバスの発車場所，時間・料金，手続きなどが複雑で，それらが利用者の心理的な障がいになる．また，障がい者や

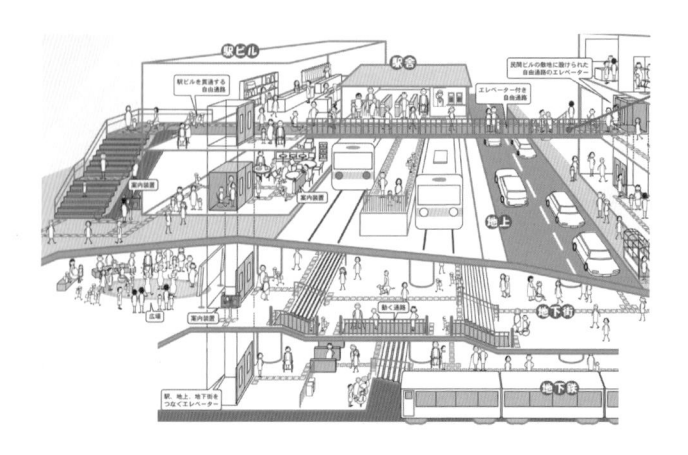

図30 駅前のバリアフリー（国土交通省パンフより）

図31 自転車で乗れるトラム

図32 案内所と改札の一体化

図33 様々な情報が混在する駅

図34 公園を囲む高齢者住居

図35 車いすで行けるショップ

図36 つくば「いやしの庭」

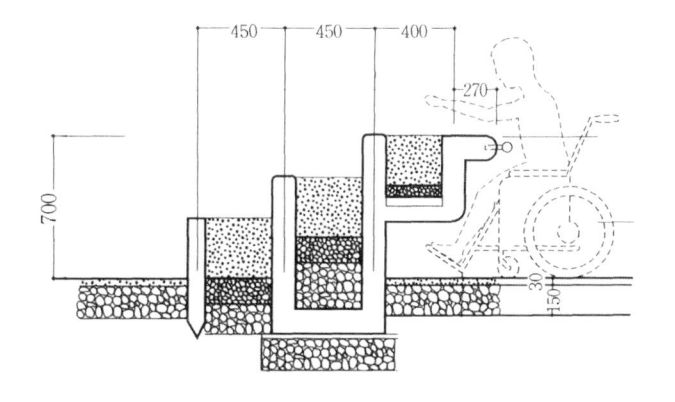

図37 車いすで手入れができるプラント（単位mm）

高齢者は身体能力や知覚認知能力が低いことで，間違いや事故が起こりやすく，安全性の確保も重要である．

これらへの対処は，近年はじまったばかりであるが，ユニバーサルな情報センターや，全体が見渡せ列車が見える駅など新しい試みが始まっている．図32は改札に情報案内センターを隣接させた例で，高齢者や障がい者に対して，自動改札やサインだけでなく，人間が介在することで，柔軟できめ細やかなサービスが可能となる．

6-4　徒歩と車いすで生活できる近隣

図34はオランダの高齢者居住コンプレックスで，各種の高齢者施設，居住施設，商業施設，公園などがコンパクトに歩行できる範囲にまとめられている．地域内にある様々な商業施設には，車いすで直接行くことができるように，段差がなく，各所にスロープが設置されている（図35）．これによって，身体能力が低下しても，馴染みのある店で買い物やレクリエーションができ，近隣で自由な生活を継続することができる．これは，バリアフリーに加え，行動できる距離の視点も重要であることを示している．

6-5　五感で感じる環境

五感で感じる環境として，木々や水，光・風など自然とのふれあいができる公園が注目されている．都市では，身体能力が低下した高齢者や障がい者が自然に触れることは難しい状況にある．しかし，自然は人間の持っている五感に影響し生体能力を高める働きがあり，高齢者，障がい者により重要なものである．

公園の中を回遊しながら，風景の変化を心と体で感じれる．これは，日頃，外出が制限されがちな高齢者や障がい者にとっては，自分自身の力で自然を楽しめる貴重な機会で，とくに，認知症高齢者の感性が刺激され，精神的な安定や症状進行の抑制効果があるとも言われている．

6-6　ユニバーサル・ガーデン

障がい者や高齢者など体の不自由な人々が自然とのふれあいがしやすいように，工夫がされたユニバーサル・ガーデンが整備され始めている．

図36は，つくば「いやしの庭」の例で，車いすでも花に直接手で触れ，匂いを嗅ぐことができ，草花の手入れができるように配慮されている．階段上にプラントボックスを配置することで，見た目にもきれいで，利用者と管理者のどちらにとってもユニバーサルな環境となっている．

図37はその詳細で，車いすのまま，水，樹木，草花を直接手で触れられるように，車いすの足の部分がプラントボックスの下に入るように工夫されている．池やプラントボックスが60～70cmほど高くされ，車いすから容易に手が届くようになっている．また，園路は車いすで移動可能で，各所に眺めの良い休憩スペースがもうけられている．

〈7〉建築空間とアクティビティ

現状の都市の中には，ホール・集会所，美術館・展示場，公園・緑地など，市民に開かれたパブリックスペースであるにもかかわらず，誰もが利用しやすいようにはなっていないことがある．このような場所を障がい者や高齢者が気兼ねなく自由に訪れ，思い思いに利用できるように「建築空間のユニバーサルデザイン」を図らなければならない．

7-1 アクティビティ

公共空間では様々な活動（アクティビティ）がある．誰もがこのアクティビティに参加できるような状況を用意すべきである．たとえばホールでは，単に客席への移動空間をバリアフリーにするだけではなく，友人の隣に車いす利用者がすわれる工夫や，車いす演奏者のための舞台へのエレベータの設置など，利用者のニーズに柔軟に，かつきめ細やかに配慮しなければならない．

7-2 公共施設の環境改善

2006年「バリアフリー新法」は，不特定多数の人が利用する公的な施設でも，障がい者に配慮した環境整備を促す法律で，出入り口・廊下・階段・スロープ・エレベータ・便所を重要な改善項目にあげている（図38）．公共施設だけでなく，事務所や商業施設，ホテルなどもこの基準に従って整備されている．

図39は1918年に建設された大阪市中央公会堂のバリアフリー化の例である．文化資産として価値のある近代建築であるが，老朽化が激しく，耐震性能向上のため2003年に大規模改修が行われた．その際，音響設備などの最新装備に加え，様々な人が利用できるようにユニバーサルデザインが図られた．

7-3 公共空間における休憩スペース

公共空間を誰もが利用しやすくするには，高齢者や障がい者など身体能力の低い人のための休憩スペースを用意しておくことが肝要である．トイレやベンチなど容易に利用できるように，目に留まりやすくわかりやすい場所に設置するのが望ましい．特に，障がい者や排泄に関する疾患のある人にとっては，外出先までの経路上に利用可能なトイレがあるかないかが，外出意欲に大きく左右するといわれている．

図40のような「多機能トイレ」が整備され始めている．便器，洗面器の他に折り畳みシート，ベビーチェア，手洗い器があり，いろいろな使い方に対応できるようになっている．車いすの利用者や高齢者，小さな子ども連れの親子が気兼ねなく利用することができる．従来のトイレでは利用困難であった人が，安心して街に出やすくなる．

この多機能トイレは，広いスペース（概ね2800×

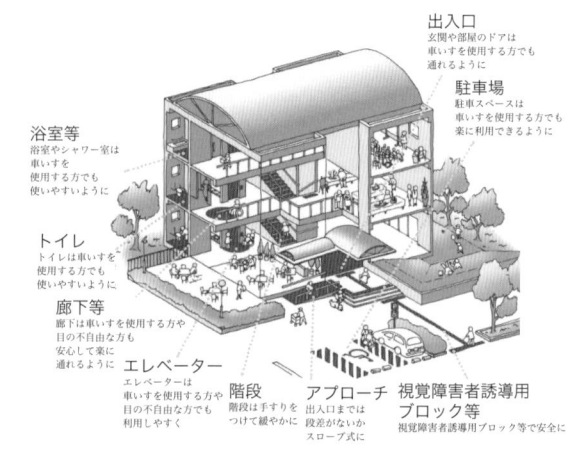

図38 ハートビル（国土交通省パンフより）

図39 大阪市中央公会堂のバリアフリー

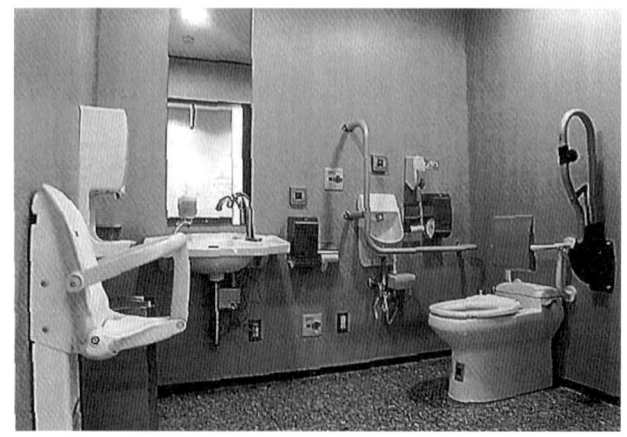

図40 多機能トイレ（写真提供：TOTO）

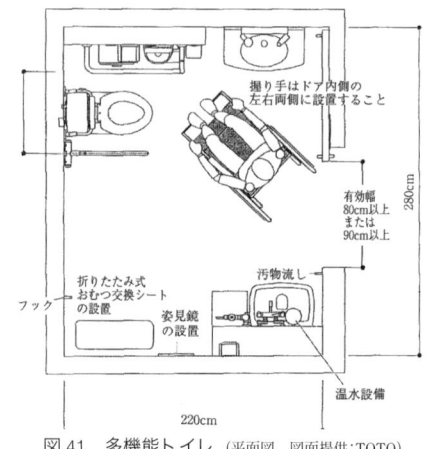

図41 多機能トイレ（平面図，図面提供：TOTO）

2800mm）が必要で，設計の段階であらかじめ計画しておかなければならない（図41）.

7-4 多機能の複合化

コンパクトな中に様々な機能があることは，移動距離が小さくて済み，いろいろなニーズを満たすことができることに加え，他の人々との出会いや交流が生まれるきっかけを提供できる.

図42は多様な機能が複合化された養護学校である．図書館，レストラン，機能訓練室，そしてクラスルームなどがオープンな空間でつながっている．上下階の移動も緩やかなスロープで往き来できる．玄関はホールから車寄せまでフラットで，雨が降っても濡れることなく車に乗れるように配慮されている．加えて，隣接する療育センターともつながり様々な人が訪れる地域の拠点となっている．

7-5 空間のわかりやすさとアトリウム

複合化などによって機能が多くなることは，利便性が増すというメリットがある反面，空間構成が複雑になり，逆にわかりにくく，利用しにくくなる場合もある．多くの機能を持ちながらも，空間的にわかりやすい計画が求められる．空間のわかりやすさは空間の見通しや目印の配置，理解しやすい経路構成などが必要で，特に空間を吹き抜けで結ぶアトリウムが有効であるといわれている.

図43は，小学校の中心に体育館をアトリウムとして挿入した事例である．活動の結節点になり，複雑になりがちな教育施設をわかりやすくするのに成功している．子どもたちの動きが目に見え，個々の活動が関連し，新しいつながりが生まれている.

7-6 空間の視覚的連続とアイコンタクト

特に室と室とのつながり方に，視線が交差して相互に活動が見える「アイコンタクト」を導入することで，開放的で活動的な環境を作り出すことができる.

図42の養護学校の事例でも，小さな教室郡からワークスペース・プレイルーム・体育館への段階的空間を視線で繋げることで，障がい者のための環境を魅力的でアクティビティにあふれたものにしている.

図44は情報センターの事例である．とかくバリアフリー空間といえば，広く落ち着かない空間になりがちであるが，家具の配置によって領域を分けながら，視覚的に連続させることで，バリアフリーでありながら落ち着いた環境を作り出すことに成功している．この空間は単に障がい者だけでなく，すべての人にとって快適であり，あえてバリアフリー環境であることを意識せず，誰もが自然に過ごすことができる.

図42 複合化した機能がみえる養護学校

図43 教室が囲む体育館

図44 小さな場所が視線でつながるロビー

◆バリアフリーは人間を幸せにするか

バリアフリー化が都市や建物で精力的に進められている．高齢者や障がい者にとって安心で利用しやすい環境が整いつつある一方でバリアフリーをめぐる論議もおきている．「バリアフリーだけでは利用しやすい環境は実現しない」「バリアフリーによって逆に問題が生じる」「バリアフリーは人間の能力を低下させる」など，新たな状況が訪れている．今一度，バリアフリーの意味や功罪について考えておきたい．

■テクノロジー（技術）がバリアー（障がい）をなくす

電話は1876年に聾学校の教師だったアレクサンダー・グラハム・ベルによって発明された．実は，この電話は聴覚障がい者の妻とのコミュニケーションのためにつくりはじめたものだったことは，意外と知られていない．この発明が当初のイメージを飛び越え，耳の不自由な人の障がいを取り除くだけでなく，すべての人々のコミュニケーションを拡張する画期的な道具になった．さらに，電子メールの登場は聴覚障がい者と健常者との判別を不可能とした．このように，バリアフリーの技術は人間の能力を拡張し，生活の中のさまざまな障がいをなくす変革力をもち，障がい者と健常者の境目を消滅させることを示している．

■ロボット技術がバリアを変質させる

近年，ロボット技術の進歩が著しい．いままで，肢体不自由者には車いすでの移動が唯一の手段であったものが，ロボット技術によってまったく新しい移動支援技術が生まれている．脚の動きをロボット技術が代替すれば，今まで車いすの利用者が困っていた段差や階段から自由になる可能性がある．このように技術の進化は，障がいをなくすだけでなく，障害の意味も変えてしまう可能性も秘めている．

■バリアフリーは人間の能力を低下させる

人間は環境から様々な刺激（圧力）に対して適応する能力を身に付けている．これをロートンは「環境圧力と環境適応能力の関係」と定義した．環境からの刺激が強すぎると，混乱や事故を引き起こすが，適度な刺激があると，生産性が上がり，達成感さらには幸福感にもつながる．この環境圧力と環境適応能力の関係は，バリアフリーについても同様である．身体能力や歩行能力が充分ある人に，段差を無くした住まいや車いすの利用を促すことは，逆に身体の能力低下を引き起こすことになる．

このように，単純に支援技術を取り入れるのでなく，人の身体や生活の内容に配慮しながらきめ細やかな支援をしてはじめて，幸福な状況が整うことを示している．

移動支援ロボットの例（自立動作支援ロボット HAL）（提供：大和ハウス工業）

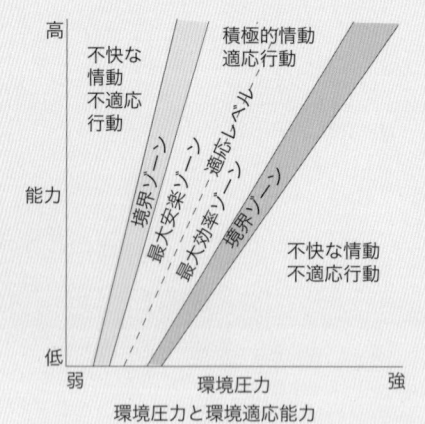

環境圧力と環境適応能力

(Lawton, M. P., & Nahemow, L: Ecology and the aging process. Psychology of Adult Development and Aging, American Psychological Association, 1973)

〈参考文献〉
1) 木村哲彦監修『生活環境論（第4版）』医歯薬出版，2004
2) 土屋弘吉，今田拓，大川嗣雄編集『日常生活活動（動作）－評価と訓練の実際－（第3版）』医歯薬出版，2003
3) 田中直人編集『福祉のまちづくりキーワード事典』学芸出版社，2004
4) 高齢者の住まいづくりシステム研究委員会編著『ハウスアダプテーション用語集』中央法規，2000
5) 日本建築学会編『コンパクト建築設計資料集成・バリアフリー』丸善出版，2002
6) 建築学会編『認知症ケア環境事典』ワールドプランニング，2009
7) 大阪市立大学・大和ハウス工業編『エイジング・イン・プレイス』学芸出版社，2009

第2章
人間と環境
武田雄二

　人間は，自然による環境はもちろん，建築物が作る空間あるいは建築物群により形成される街並みによって作られる環境に囲まれている．また，人間はその環境を自身が持つ感覚によってとらえていると考えられる．

　そこで，本章では人間が持っている感覚器および，それに対する刺激によって人間の内部に生じると考えられる，さまざまな反応について述べる．

　さらに，それらを通して人間が自身を取り囲む環境をどのようにとらえているかについても述べる．

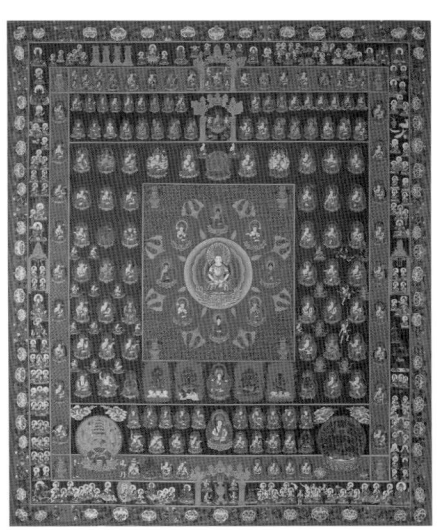

　曼荼羅は仏教における宇宙観を表していると言われている．「建築学」においても，環境を宇宙を枠として広く捉えることが望ましい．
　この章では，主に人間の生理・心理と建築物が生み出す環境との関わりについて述べる．しかし，人間は地球を含めた宇宙という環境の中にいることを常に意識してもらいたい．

〈1〉 人間の生理

1-1 感覚器

自身が置かれた環境を把握するために人間が備えているセンサーが感覚器であると考えられる．一般に人間の感覚は5つのモダリティ（modality：様相）に分類され，それらは視覚・聴覚・嗅覚・触覚・味覚と呼ばれる．

また，これらの感覚を喚起する刺激は〈適刺激（adequate stimulus）〉あるいは〈適当刺激〉と呼ばれる．図1に人間に備わる感覚器の場所と〈適当刺激〉を示した．なお，〈適当刺激〉であっても，人間の感覚を喚起する範囲は限定されている．たとえば，視覚の〈適当刺激〉である電磁波では，視覚における感覚器である人間の眼は380〜780 nm の波長の電磁波に反応する．この範囲は，図2に示すようにミツバチなどの視覚を喚起する電磁波の範囲とは異なっている．

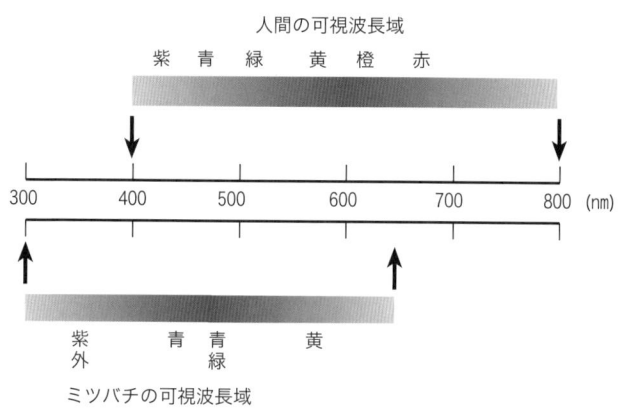

図2 人間・ミツバチの視覚喚起域

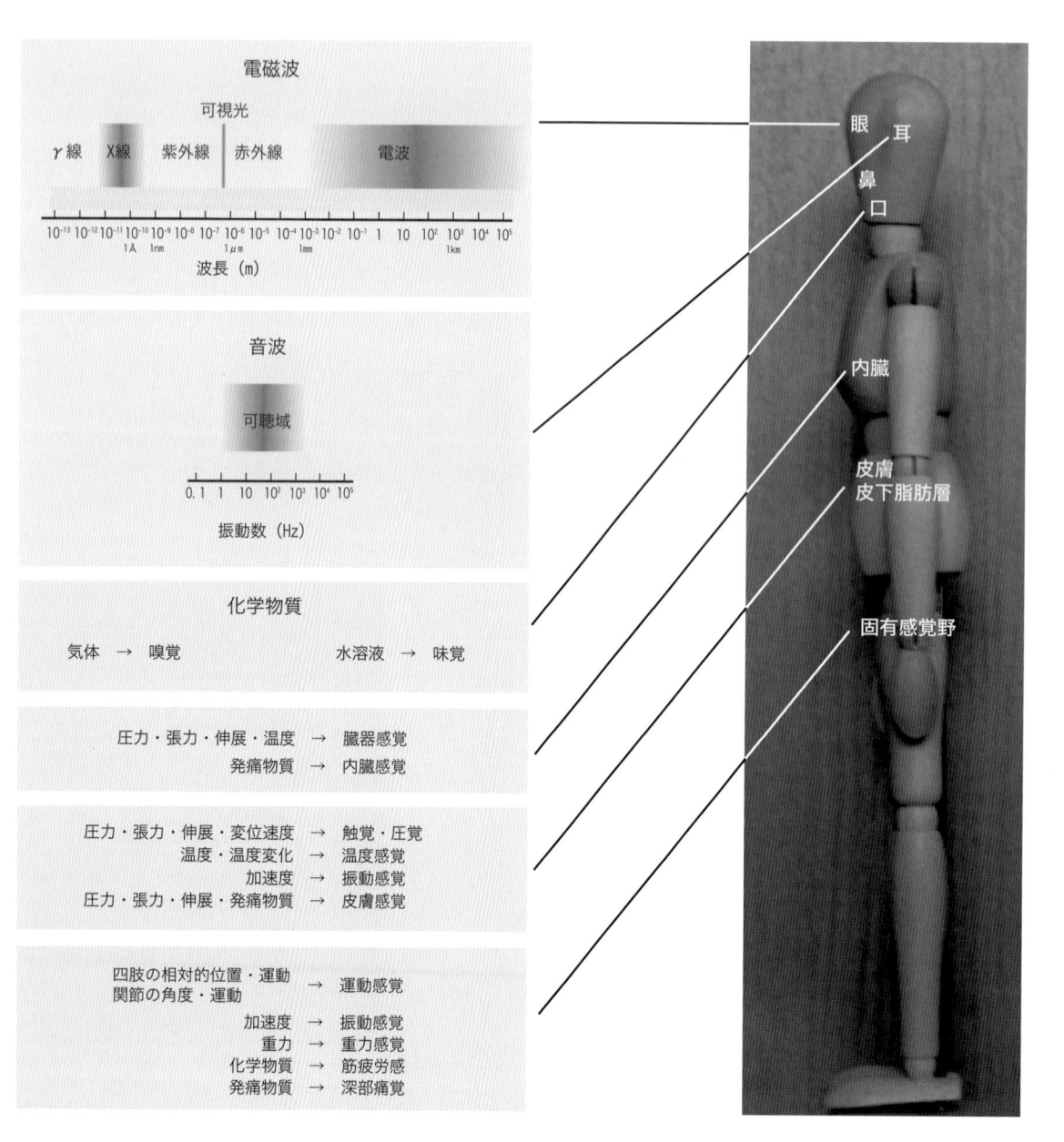

図1 人間の感覚器と適当刺激 (参考文献1)

1-2 人間の生理的限界

人間が生存するためには，その周囲の環境はある範囲に収まっていなければならない．これらの内容については，参考文献2にあげた『人間の許容限界ハンドブック』に詳述されている．ここでは，この文献からの抜粋を示し，概要を述べる．

(1) 可視光線

人間の視覚は，直射日光下の読書や月明かりの下での歩行が可能であり，広い範囲の明るさに対応している．

しかし，人間の視覚には図3に示すように限界があり，光量が過度の場合に生じる〈上限度〉，光量が不足した場合に生じる〈下限度〉がある．

また，まぶしさ（グレア）によって不快感が生じたり，作業が困難になる．

(2) 低温

人体は低温下では，伝導・対流・ふく射によって熱を奪われる．深部体温が35℃未満になると，一般に低体温と呼ばれる．低体温の区分と，それに伴う症状について図4に示す．

とくに，屋外の作業では風速の影響が大きくなる．気温と風速を同時に考慮した上で，寒さを評価する指標として，〈風冷指数〉（WCI：Windchill Index）がある．

(3) 高温

高温下では，発汗が人体からの放熱のために有効となる．また，人間は深部体温が42℃以上になると，長時間耐えることができない．高体温の区分と，それに伴う症状について図5に示す．

(4) 湿度

湿度の高低は，人体にさまざまな影響を及ぼす．とくに，高湿下では，発汗による放熱に大きな影響を与える．すなわち，高湿下では体表面からの蒸発が阻害され，体温調整がうまくできなくなり，熱射病を惹き起こしたりする．

図6はアメリカ陸軍において，熱射病が発生したときの温度・湿度について示したものである．これを見ると，気温30℃付近であっても，高湿下では熱射病が発生する可能性があることがわかる．

(5) 二酸化炭素

一酸化炭素（CO）などに比べ，二酸化炭素（CO_2）の人体に対する毒性は低い．また，デパートでのCO_2濃度は0.004～0.31％，映画館で0.05～0.5％，オフィスで0.05～0.3％と，日常生活においては，高濃度のCO_2を吸い込むことはない．

しかし，CO_2の濃度が高くなると，人体への影響が無視できなくなる．CO_2の濃度と人体への影響について，表1に示した．

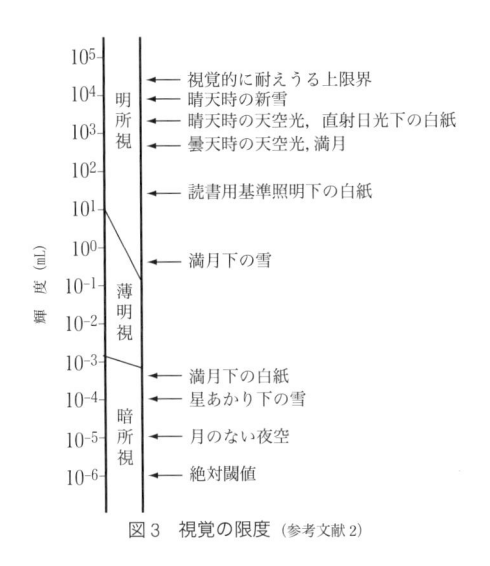

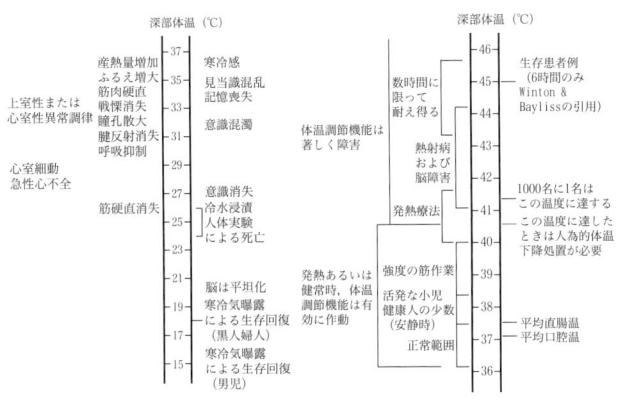

図3 視覚の限度 (参考文献2)

図4 低体温の区分 (参考文献2)　　図5 高体温の区分 (参考文献2)

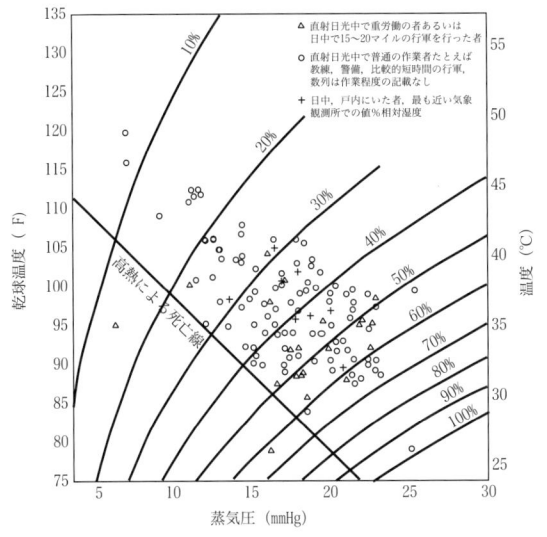

図6 日射病死亡日の湿度と最高気温 (参考文献2)

表1 CO_2濃度と人体への影響 (参考文献2)

CO_2（％）	生体への影響
1	呼吸数と一回換気量の増加
3	危険な影響はない
4	頭痛，めまい，顔面紅潮，耳鳴り，徐脈，血圧上昇，眼および上部気道の刺激症状
6	過呼吸，皮膚血管の拡張，悪心，嘔吐
7～8	精神活動の乱れ，呼吸困難
10	中枢神経系の機能低下，呼吸・循環中枢の麻痺，無意識

〈2〉人間の心理

2-1 感覚・知覚・認知のとらえ方

外界からの何らかの刺激によって，人間の内部に生じる反応を表す言葉として〈感覚〉と〈知覚〉がある．この〈感覚〉と〈知覚〉の解釈については，それらの間の区別という問題とも絡み，歴史的な変遷の中でさまざまな説が唱えられている．

しかし，今日においては両者は峻別できず，〈感覚〉は単純な事態における〈知覚〉と捉えるのが一般的である．宮城は〈知覚〉を「感覚器官によって環境の情報をつかむ働き」であるとし，〈感覚〉を「一つの感覚器官の刺激によっておこる簡単な〈知覚〉」と定義している参考文献3．

また，苧阪は「〈感覚〉とは生活体の内部または外部からの刺激によって，即時，直接に惹き起こされる意識内容をいう．そして，その内容が行動的な意味や象徴をそなえていないものとして，それらをそなえた〈知覚〉とは区別される．神経学的には感覚器と求心性神経経路の活動を中心とした神経過程とその内容である」としている参考文献4．

このように，〈感覚〉と〈知覚〉は峻別されるものではなく，本書においても〈知覚〉を「感覚器によって環境および物の属性をつかむ働き」と捉え，〈感覚〉を「感覚器に対する刺激に極めて密接に結びついた〈知覚〉」として捉える．すなわち，〈感覚〉は〈感覚的知覚〉と呼ぶことができると考える．感覚器と脳の部分のつながりについては図7に示したペンフィールドの有名な研究がある．なお，一般に知られている感覚器のいくつかを表2に示した注1．

なお，〈認知〉は〈知覚〉に比較して，さらに広い範囲の状況を把握する働きと捉えることができる．人間が自身を取り囲む環境を〈認知〉するためには，各種の〈知覚〉が総合的に働く．このことは〈感覚〉や〈知覚〉が一般に五感と呼ばれる五つの様相（モダリティ）に分類されて捉えられていることにも現れていると考えられる．

また，〈認知〉の内容には，〈知覚〉に比べて個人による違いがより大きく現れる注2．それは〈認知〉が心理的な反応であり，その内容には個人の〈経験〉などが大きく影響するからだと考えられる．そのため，同じ刺激が与えられても，その〈認知〉の内容は個人によって異なると考えられる．本書における〈感覚〉・〈知覚〉・〈認知〉の関係のとらえ方を図8に示した．

以上のように，本書では〈感覚〉・〈知覚〉・〈認知〉の間に，外界からの刺激に対する階層（ヒエラルキー）が存在するものとして捉える．これらの関係において，とくに〈認知〉については，その内容が個人によって差が大きくなるものと考える注3．

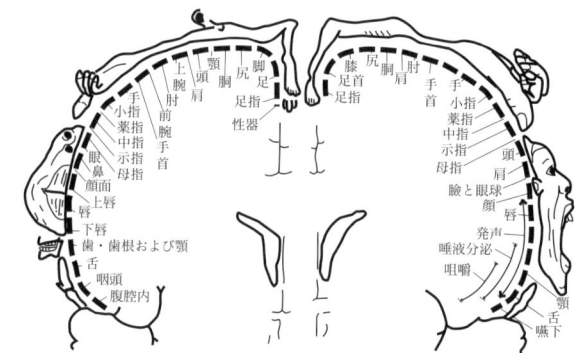

図7 ペンフィールドの図（参考文献5）

表2 主な感覚器の機能

名　称	機　能
桿体細胞 錐体細胞	視覚
コルチ器	聴覚
嗅細胞	嗅覚
メルケル細胞	粗触覚
味蕾	味覚

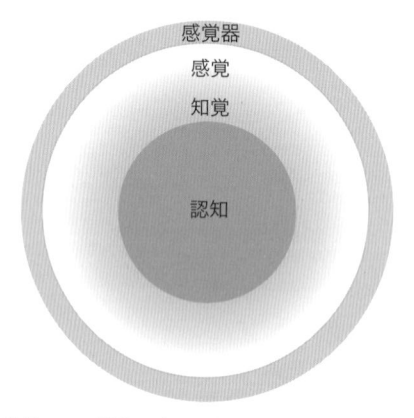

外界からの刺激を受けて感覚器が働くことにより，〈感覚〉および〈知覚〉が生じ，これらが総合されて〈認知〉が生じる．

図8 感覚・知覚・認知の関係

注1 人間の心理は脳の働きであるとして，脳のしくみからそれを明らかにしようという試みが続けられている．また，以前から人間がもつ意識についても，その実体の把握が哲学や宗教など，さまざまな分野で大きなテーマとなってきた．脳を始めとし，多くの科学的な知見が得られた現在において，人間の意識について，その正体をとらえようとする研究が多く見られる．
注2 育つ環境によって感覚器の発達も異なり，〈知覚〉の内容にも個人差が生じることが知られている．
注3 本書において，〈感覚〉・〈知覚〉・〈認知〉を階層的にとらえるが，それぞれの境界は明確ではない．

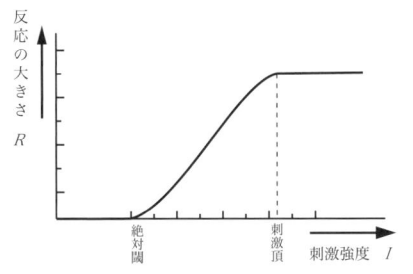

図9　刺激と反応の関係

表3　ウェーバー比の例

感覚のモダリティ	ウェーバー比	感覚のモダリティ	ウェーバー比
明るさ	0.079	重さ	0.020
線分の長さ	0.029	圧の強さ	0.103
音の大きさ	0.048	電撃の強さ	0.013

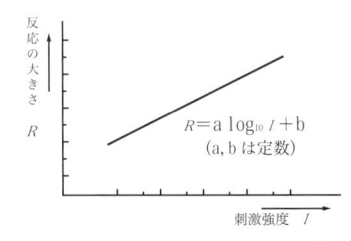

図10　ウェーバー・フェヒナーの法則

表4　スティーブンスの法則の n 値の例

感覚のモダリティ	n 値	感覚のモダリティ	n 値
明るさ	0.33	重さ	1.45
線分の長さ	1.1	掌への圧	1.1
音の大きさ	0.6	電撃	3.5

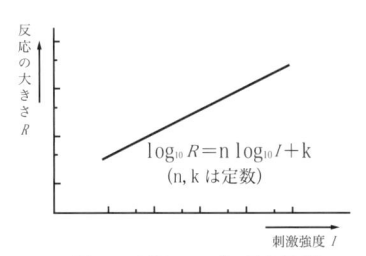

図11　スティーブンスの法則

図12　形の恒常性

注4　閾値（threshold）とは，境目になる値のことで，「しきい値」と呼ぶこともある．
注5　jnd（just noticeable difference：丁度可知差異）とも呼ばれる．
注6　感覚の大きさを求める際，スティーブンスは標準刺激に与えられた数値に対して，呈示された刺激の大きさがどれくらいの大きさになるかを，被験者に数値で回答させる〈マグニチュード推定法（magnitude estimation method）〉を用いた．
注7　たとえば，物の重さは実際にはそれを手で持ってみて判る．しかし，重い鉄の玉が落ちたのか，軽く丸めた紙が落ちたのかは，その音だけを聞いて人間はその軽重を判断できる．

2-2　知覚

(1) 知覚の特性

(a)**刺激と反応**　感覚器がとらえる〈刺激（stimulus）〉とそれによって生じる〈反応（responce）〉の間には，図9のような関係が見られる．すなわち，刺激が小さいうちは反応が生じないが，刺激の増大に伴って反応も増大し，刺激が大きくなりすぎると反応の増大が見られなくなる．

ここで，とらえ得る最小の刺激の大きさを〈絶対閾（absolute threshold）〉[注4]あるいは〈刺激閾（stimulus threshold）〉と呼ぶ．刺激の大きさが増し，刺激の大きさに伴う反応の増大が見られなくなるときの刺激の大きさを〈刺激頂（terminal threshold）〉と呼ぶ．

(b)**ウェーバー・フェヒナーの法則**　表3に示すように，刺激の大きさの変化がわかる最小の刺激の大きさの差である〈弁別閾（difference threshold）〉[注5]について，「元になる刺激に対する〈弁別閾〉の比が一定になる」というウェーバー（Weber）の法則がある．フェヒナー（Fechner）は，この法則を数学的に展開し，図10に示すように「刺激の大きさの対数は反応の大きさに比例する」という関係を導いた．これを数式で表すと，感覚の大きさを R，刺激の強さを I とした時，次式のようになる．

$$R = a \log_{10} I + b \quad (a \cdot b は定数)$$

この関係を〈ウェーバー・フェヒナーの法則〉と呼ぶ．

(c)**スティーブンスの法則**　スティーブンス（Stevens）は「感覚の大きさの増加の割合は刺激の大きさの増加の割合に比例する」という法則を見出した[注6]．これは，感覚の大きさを R，刺激の強さを I とした時，次のように表せる．

$$R = a I^n \quad (a は定数)$$

ここで，n の値は表4に示すように，感覚の種類により，それぞれ異なる値をとる．この法則は〈スティーブンスの法則〉あるいは〈スティーブンスの冪法則〉と呼ばれる．この法則では，I および R の対数をとると，これら2つの間には図11に示すように直線関係が見られる．また，この法則は，〈ウェーバー・フェヒナーの法則〉に比べ，より広い刺激の大きさの範囲で成立するとされている．

(d)**恒常性**　人間の視覚はまとまりのある物を一つの物として認識する．たとえば，図12に示したように，刻々と形を変える自動車を，人間は一つの物として見ている．本書では，このような知覚の特性を〈恒常性〉と呼ぶ．〈恒常性〉は形だけでなく，色や音などにもある．

(e)**冗長性**　本来はその判断を行うはずでない，他の感覚によっても情報を得ることができる[注7]．本書では，このような知覚の特性を〈冗長性〉と呼ぶ．これは，ある感覚が機能を失った時に，他の感覚でそれを補えることにもつながる．

（2）視知覚

視知覚において，環境からの情報を刺激として受け取る眼の構造を図13に示す．眼はカメラに喩えられるが，そのうちフィルムの役割を果たすのが網膜であるとされる．図14に示すように，網膜には光のセンサーである〈錐体（corn）〉と〈桿体（rod）〉が密に存在する．〈錐体〉によって，人間は図15に示すように，可視波長域のうち，長波長域の光を「赤」，中間波長域の光を「緑」，短波長域の光を「青」として知覚する[注8]．なお，〈桿体〉は光の強さに反応し，色覚は生じないとされている．人間の視知覚の波長による感度の違いを示すのが図16に示す〈比視感度曲線〉であり，明るい所で物を見る〈明所視〉では〈錐体〉が優位に，暗い所で物を見る〈暗所視〉では〈桿体〉が優位に働く．

人間の視知覚は平面の図形を見たときも，まとまりのある形状を他と区別して〈図（figure）〉，それを囲む領域を〈地（ground）〉としてとらえる．図17では，白い部分を〈図〉とすると盃に見え，黒い部分を〈図〉とすると2人の女性の横顔に見える．ある図形がまとまりとして知覚される要因を，〈ゲシュタルト（gestalt）要因〉と総称する．

また図18を見たとき，描かれていない倒立した白い正三角形を知覚する．これは〈主観的輪郭 (subjective contour)〉と呼ばれる．

なお，〈奥行〉に関する知覚の発達には，物を見ながら自らが動くような，視覚経験と結びついた能動的運動が必要である．また，〈奥行〉の知覚の手がかりとして，図19に示すような〈線状透視〉や〈肌理の勾配〉があげられる．

（3）聴知覚

聴知覚の〈適刺激〉である音波を受ける，耳の構造を図20に示す．耳は〈外耳〉・〈中耳〉・〈内耳〉に区分され，〈内耳〉に到達した振動が神経回路に伝わる．〈内耳〉にあって，聴知覚の感覚器とされる〈蝸牛（cochlea）〉を図21に示す．

音の属性として，〈大きさ（loudness）〉・〈高さ（pitch）〉・〈音色（timbre）〉の3つの要素があげられる．すなわち，この3つが同じであれば，同じ音として知覚される．

なお，人間の聴知覚の感度は音の高さによって異なり，1000Hzの音の強さを基準にして，それと同じ大きさに聞こえる音の強さを，周波数ごとに表したのが図22に示す〈等ラウドネス曲線〉である[注9]．

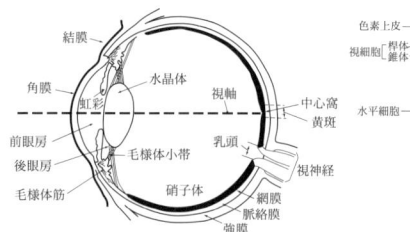

図13 眼の構造（参考文献7）
図14 網膜の構造（Spear, Penrod, & Baker, 1988）
図15 波長と色覚（参考文献7）
図16 比視感度（参考文献7）

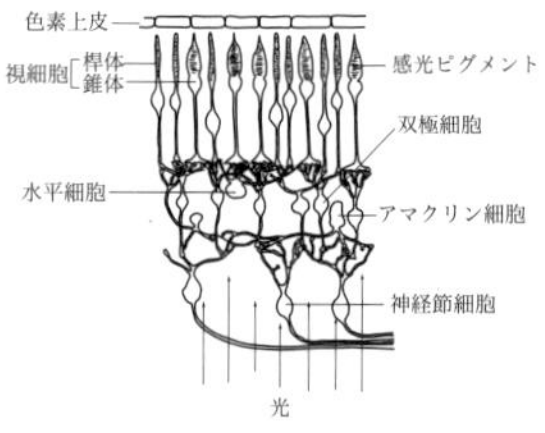

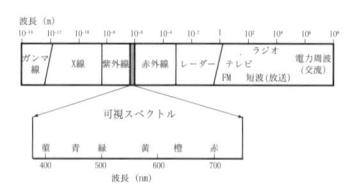

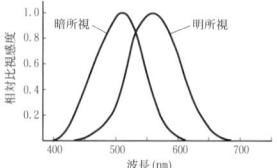

暗所視では，波長の短い光に対して感度が高くなる．この現象を〈プルキンエ現象〉と呼ぶ．

図17 図と地の例（参考文献7）
図18 主観的輪郭の例（参考文献7）

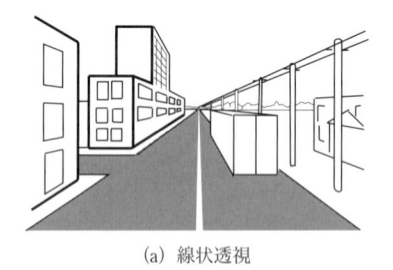

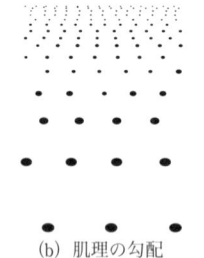

(a) 線状透視
(b) 肌理の勾配

図19 奥行の知覚（参考文献7）

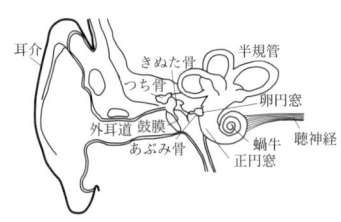

図20 耳の構造（参考文献7）
図21 蝸牛の構造（参考文献7）

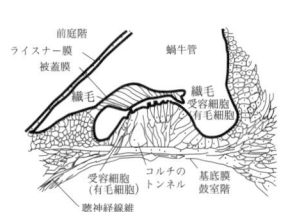

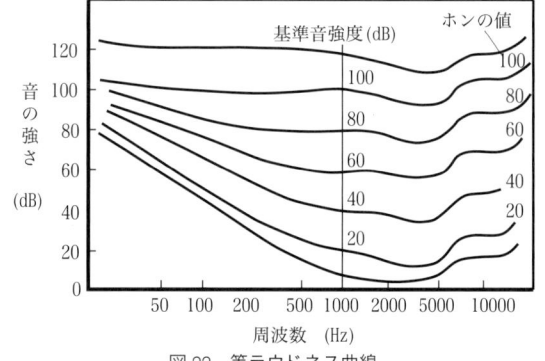

図22 等ラウドネス曲線

注8 〈錐体〉には，可視光のうちの長波長域に対応する物，中間域の波長に対応する物，短波長域に対応する物の3種類がある．〈錐体〉は，それぞれが敏感な各波長域の光の強さに応じて興奮すると同時に，他の〈錐体〉の興奮を抑える．

注9 物理的に測定した音のエネルギーを〈音の強さ〉と呼び，人間が知覚する音の大小を〈音の大きさ〉と呼ぶ．
また，多くの人の声が聞こえる中で，自身が注目する人の声だけがよく聞こえるという，〈カクテルパーティー効果 (cocktail-party effect)〉がある．これは，視知覚における〈図〉と〈地〉の関係に対応するとも考えられる．

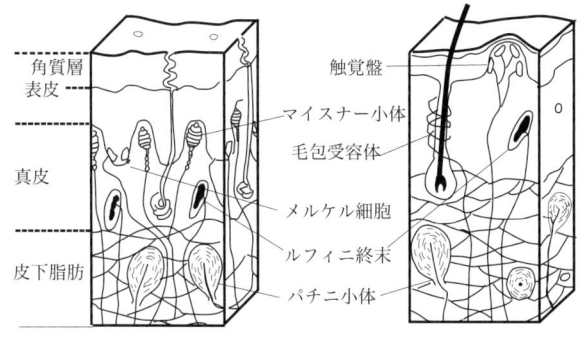

図23 皮膚の構造 (Schmidt, 1986)

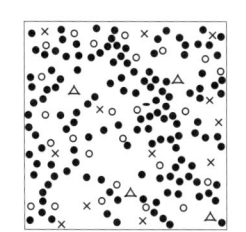

図24 感覚点の分布（前腕内側面の皮膚 1cm²）(参考文献7)

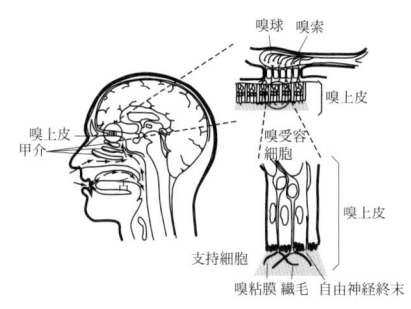

図25 鼻の構造 (Sekuler & Blake, 1994)

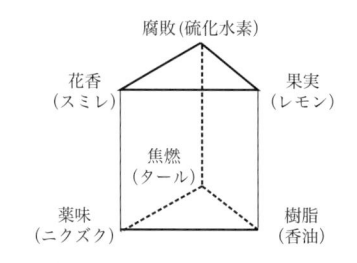

図26 〈におい〉のプリズム (Henning, 1916)

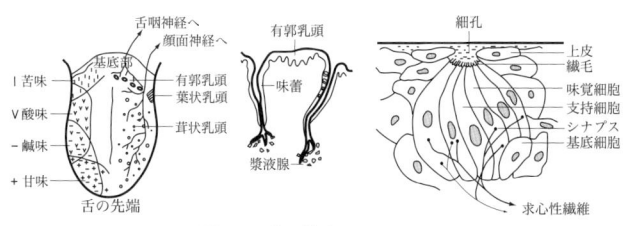

図27 舌の構造 (参考文献7)

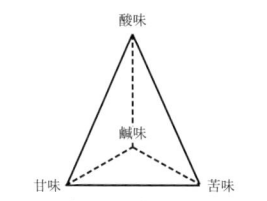

図28 味の四面体 (Henning, 1916)

（4）触知覚

触知覚とは，人間の感覚のモダリティを5つに分類し，五感としてとらえるときの触覚による知覚のことである．ここでの触覚は，皮膚感覚のことであり，触覚・圧覚・温覚・冷覚・痛覚などを含むものと考える．

また，皮膚感覚は身体の内部に生じる深部感覚に対して，表面感覚と呼ぶことがある．触知覚を生じさせる刺激を受容する感覚器が存在する，皮膚の構造を図23に示す．なお，触知覚を生む皮膚表面の点を感覚点と呼ぶが，図24にその分布の例を示した．

皮膚感覚に含まれるもののうち，触覚・圧覚については，顔面と手，とくに唇と指先が敏感であり，背中や腹部は鈍感である．

痛覚は機械的刺激だけでなく，温度刺激，化学薬品や電気による刺激によっても生じ，順応は見られない．

（5）嗅知覚

嗅知覚の〈適刺激〉は揮発性（ガス状）の化学物質であり，図25に示すように鼻腔内の嗅上皮にある嗅細胞が感覚器となる．〈におい〉はヘニング（Henning）によれば，図26のようにスパイスの香り（spicy），花の香り（flowery），果実の香り（fruity），樹脂の香り（resinous），腐敗臭（putrid），焦熱（タール）の6種に分類される．このような分類はあるが，〈におい〉の質を化学的に特定することは現在でも不可能であり，その属性を心理的に確定することも困難である[注10]．

（6）味知覚

味知覚の〈適刺激〉は水溶性の化学物質であり，図27に示したように舌の表面にある〈味蕾〉が感覚器となる．味知覚は上記した嗅知覚とともに，化学物質によって生じることから，これらを合わせて〈化学的感覚（chemical senses）〉と呼ばれることもある．

味知覚の基本味はヘニングによれば，図28に示すように甘味・鹹味（塩味）・苦味・酸味の4つである．しかし，西洋においてもこれら以外の味が基本味としてあげられることもある．日本においては，グルタミン酸などによる〈旨味〉を加えることが提唱されている[注11]．

注10 近年は，新たな〈におい〉が人間をとりまく環境にも溢れ，臭気公害と呼べる状況も現れている．

注11 現在のところ味知覚において，単独の味にだけ反応する単一の味覚神経線維や味受容細胞は見付かっておらず，嗅知覚と同様に神経活動の組合せによるパターンとして，与えられた刺激をとらえているとされている．

2-3 認知

(1) 認知科学の対象

〈認知〉は心理現象であり，2-1項でも述べたように〈感覚〉や〈知覚〉と明確に分けてとらえることは難しい．ただ，〈知覚〉に意味や要求，そして言葉などが関係したものとして〈認知〉はとらえられることが多い．

人間の心をブラックボックスとした上で，一種の情報処理システムとみなし，外界からの情報がどのように処理されるのかを扱う〈認知心理学〉が注目されている．〈認知〉に注目することは，人間の心に目を向けることだと考えられる．この意味で〈認知〉は心理学の分野だけではなく，人間の心を扱うさまざまな科学の研究対象である．表5に〈認知科学〉と呼ばれる学問分野の対象をあげた．

建築学においても，人間の心を統合的に見ようとする姿勢は必要である．そのため，「建築学」を学ぶにあたり，広い視野で多くの対象に関心を抱いてもらいたい．以下，それらの項目について，ごくわずかであるが述べる．

(2) 注意

環境の中で，感覚器への刺激によって得る膨大な知覚情報のうち，人間は一部の情報だけを選択していると考えられる．このような人間の心が持つ機能は〈注意 (attention)〉と呼ばれる．

先にあげた，聴知覚における〈カクテルパーティー効果〉なども，その例としてあげられることがある．同じように，多数の刺激に対して，限られた刺激による情報のみをとらえる機能を〈選択的注意 (selective attention)〉と呼ぶ．また，その前に人間が無意識に行う情報処理として〈前注意過程 (preattentive process)〉があるとされている．

(3) 建築物に求められる心理的要素

建築物は人間を包み込むとともに，人間が利用するものである．そのため，当然のこととして建築物には〈安全性〉が確保されていなければならない．その上で，そこに居る人に対して，〈快適性〉および〈嗜好性〉を満足させることが望ましい．これら建築物に要求される要素としての〈安全性〉・〈快適性〉・〈嗜好性〉の関係を図29に示した[注12]．

(4) 人間の意識

人間は，自らの経験を通して心の中に空間を形づくる．これを〈認知空間〉と呼ぶが，室内・街並み・都市・地域・国家など，そのスケールはさまざまである．人間は，自身が置かれている物理的な空間だけでなく，この〈認知空間〉の中にいると言ってもよい．

図30に示すような空間は，建築物の外部であっても仲間が集う街の内部空間ととらえる，人々の意識が産み出していると考えられる．

表5 認知科学の対象

認知科学に関連すると考えられる分野の例
心理学・情報処理学・言語学・宗教学・文化人類学

D.A.Normanがあげた認知科学者の研究対象
信念システム・意識・発達・感情・相互作用・言語・学習・記憶・知覚・行為実行・技能・思考

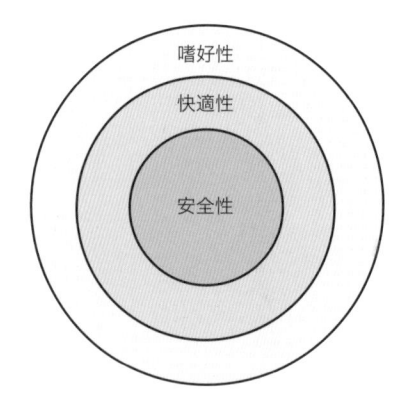

図29 安全性・快適性・嗜好性の関係

(a) 街角のカフェテラス

(b) 自動車の隙間

図30 人間の意識が産み出す空間（参考文献13）

注12 以前，集合住宅において階下のピアノの音に腹を立てた上階の住人が階下の住人を殺した「ピアノ殺人事件」は，建築物の〈快適性〉や〈嗜好性〉は満足させていても，〈安全性〉が確保されていなかった例として，考えられる．

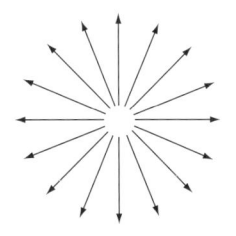

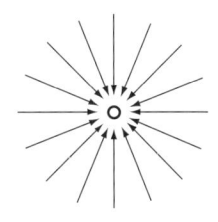

(a) 放射光 (b) 包囲光

図31　放射光と包囲光 (参考文献14)

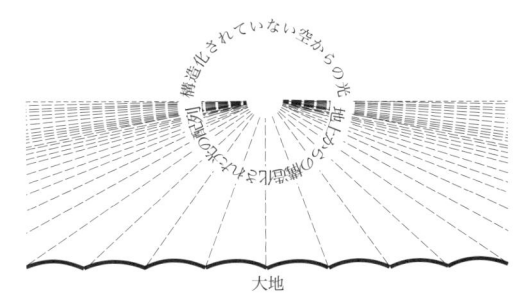

図32　地面の包囲光配列 (参考文献14)

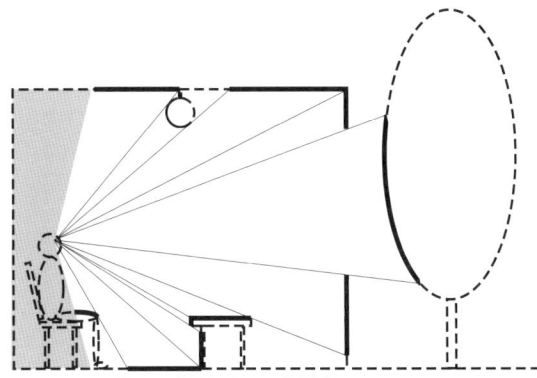

図33　部屋における包囲光 (参考文献14)

図34　椅子のアフォーダンス (参考文献13)

図35　階段のアフォーダンス (参考文献13)

〈3〉アフォーダンス

3-1　アフォーダンスのとらえ方

〈アフォーダンス (affordance)〉という概念は，ギブソン (J.J.Gibson) によって提唱された．〈アフォーダンス〉はギブソンの造語で，物や環境が人間を含む動物に対して，与える (afford する) ものという意味を持つ『生態学的視覚論』参考文献14 において，ギブソンは〈環境のアフォーダンス〉を「環境が動物に提供する (offer) もの，良いものであれ悪いものであれ，用意したり備えたりする (provide or furnishe) ものである」としている．

そして，その例として「もしも陸地の表面がほぼ水平 (傾斜しておらず) で，平坦 (凹凸がなく) で，充分な広がり (動物の大きさに対して) をもっていて，その材質が堅い (動物の体重に比して) ならば，その表面は支える (support) ことをアフォードする．それは支える物の面であり，我々は，それを土台，地面，あるいは床と呼ぶ．………つまり体重の重い陸生動物にとっても沈むことはない．ミズスマシに対する支えの場合は別である」ことをあげている．

この文献で，〈アフォーダンス〉の記述に先立ち，ギブソンは図31(b)に示すように，動物をとりまく〈包囲光 (ambient light)〉に触れ，動物はこの〈包囲光〉により環境をとらえるとしている．また，〈包囲光配列〉の例として，図32や図33に示す例をあげている．このような概念は人間との関わりで建築物を考える際には重要になる．

さらに，ギブソンは「人間による自然環境の改変」にも触れ，「我々人類は自分達に都合の良いように世界を変えてきたが，その世界にすべての動物が生きているのである．我々は世界を非常に浪費的に，かつ，思慮浅く，そして我々がこのような方法を改めないならば，致命的なほどに変えてしまった」と述べている．このような指摘は，サステイナブル (sustainable) な，すなわち持続可能な建築行為の重要性が叫ばれている現在において重要である．

3-2　アフォーダンスの例

建築物や都市は，そこで人間が生活するための〈アフォーダンス〉に溢れている．ただ，その〈アフォーダンス〉は，その定義からも明らかなように，それを受け取る者の側によって異なる．

たとえば，図34において椅子は年長の子どもにとっては，その上に腰掛けることをアフォードしているが，年少の子どもには座り込むことをアフォードしている．また図35では，本来は階段として，人に対して昇り降りすることをアフォードする物が，腰を掛けて屯することをアフォードしている．

〈4〉環境のとらえ方

4-1 人間がとらえる環境

　人間がとらえる環境は，人間の感覚・知覚機能がとらえる環境である．また，人間の感覚はいくつかのモダリティに分かれ，環境を多面的に把握する．すなわち，感覚・知覚機能は環境の発するさまざまな形態の情報をとらえるために，それぞれの役割をもち，人間は得られた情報を総合して環境をとらえ，行動をすると考えられる．

　そこで，本書では人間がとらえる環境として，(1)視覚がとらえる光環境，(2)聴覚がとらえる音環境，(3)人体と環境との間の熱平衡に関係し，人間の生理に大きな影響を及ぼす温熱環境，(4)嗅覚によって主としてとらえられるものであって，そこに浮遊・含有される物質に注目した空気環境，(5)人間の触覚がとらえる触環境の5つをあげ，その要素の測定法と環境の総合的評価としての指標を示す．

(1) 光環境

(a)視環境要素　可視光の明るさに関係する要素としては，図37にそれらの関係を示したように〈光度〉・〈照度〉・〈輝度〉がある．色の測定値としては〈色度〉がある．

i) 光度：光源の明るさを示し，光源から発散する単位立体角あたりの，人間の比視感度を考慮した光のエネルギーの強さ（光束）で表し，単位は〔cd〕（カンデラ）を用いる．

ii) 照度：光を受けている面（受照面）に入射する光の強さをいい，単位は〔lx〕（ルクス）で表される．測定には図37に示す照度計が用いられる．

iii) 輝度：光源または光の反射面をある方向から視たときの明るさであり，単位は〔sb〕（スチルブ）あるいは〔cd/m²〕を用いる．測定には図38に示す輝度計が用いられる．

iv) 色度：色を正確に表現するためには〈表色系〉と呼ばれる色の表記法に則った測定（測色）が行われ，いくつかの表色系がある．このうち，〈XYZ表色系〉では測定された三刺激値X・Y・Zから得られる，図40に示す色度図上の座標(x, y)を用いる．また，測色には図39に示す色彩色差計などが用いられる[注13]．

(b)視環境指標　視環境を表現するための指標のうち，主として室内の明るさに関係する〈均斉度〉および〈昼光率〉をとりあげる．

i) 均斉度：「照明のむらのなさ」を表現する指標であり，式1によって求められる．

ii) 昼光率：「室内の一点の採光（昼光照明）の効率」を示し，図41のように建築物周囲の遮蔽物，窓の大きさや対象点の位置などによって決まり，式2で定義される．

注13 〈X, Y, Z表色系〉では，色を3刺激値と呼ばれるX, Y, Zから求められる色度 (x, y) と明るさYで表わす．

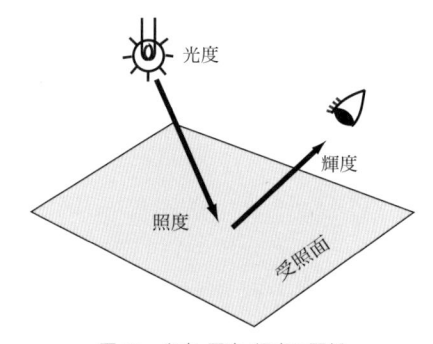

図36　光度・照度・輝度の関係

図37　照度計（図39までコニカミノルタHP）　図38　輝度計　図39　色彩色差計

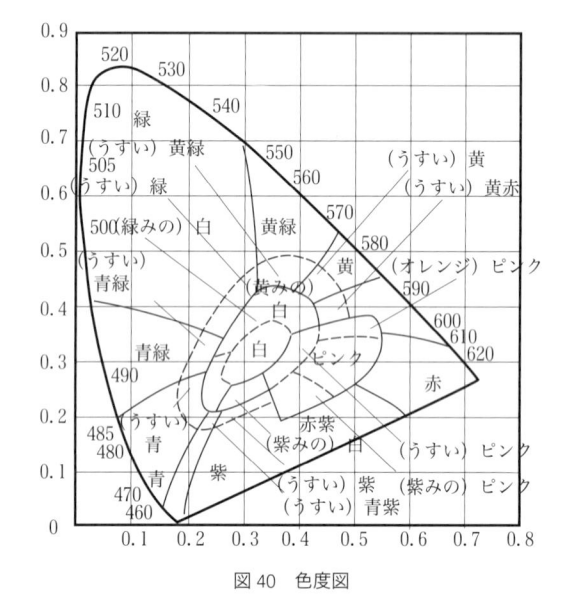

図40　色度図

$$均斉度 = \frac{作業面の最低照度}{作業面の最高照度} \qquad 式1$$

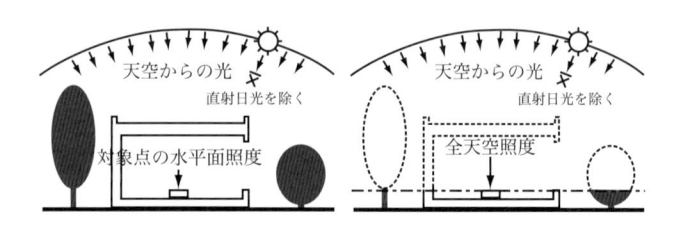

図41　昼光率の概念

$$昼光率 = \frac{対象点の水平面照度}{全天空照度} \times 100 \ [\%] \qquad 式2$$

図42　指示騒音計

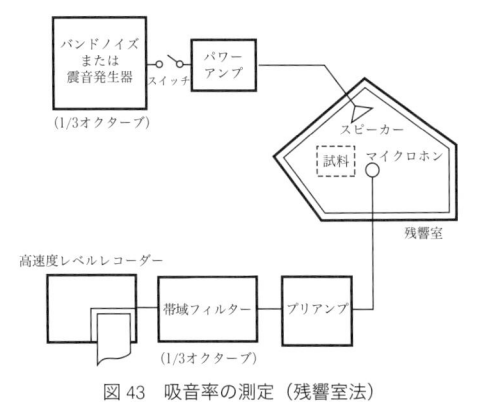

図43　吸音率の測定（残響室法）

表6　吸音率の例 (参考文献17)

材料名	厚さ	空気層	125Hz	250Hz	500Hz	1kHz	2kHz	4kHz
コンクリート打放し面			.01	.02	.02	.02	.03	.04
大理石・ガラス			.01	.01	.02	.02	.02	.03
ビニール系床タイル（コンクリート直張り）			.01	.02	.02	.02	.03	.04
根太床（チーク寄木張り）			.16	.14	.12	.11	.09	.07
パイルカーペット	10		.09	.08	.21	.26	.27	.37
石膏ボード	7	45	.25	.14	.09	.06	.05	.05
ビロードカーテン（0.48kg/m², ひだ無）			.05	.07	.03	.22	.32	.35
グラスウール（10〜30kg/m³）	25	0	.06〜.16	.22〜.34	.51〜.72	.68〜.86	.66〜.88	.73〜.94
〃	25	100	.15〜.34	.48〜.80	.81〜.98	.71〜.89	.65〜.84	.73〜.96
岩綿吸音板	12	300	.32	.27	.42	.52	.65	.67
木毛セメント板	15	0	.03	.14	.31	.43	.59	.60

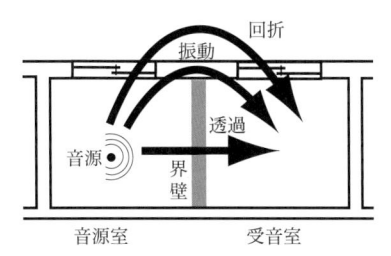

図44　透過損失の概念

$$TL = 10 \log_{10} \frac{入射音のエネルギー}{透過音のエネルギー} \text{[dB]} \quad 式3$$

(2) 音環境

(a) **音環境要素**　人間と音環境の関わりを考えると，音の強さを表す物理量である〈音の強さ〉と，人間が感じる感覚量である〈音の大きさ〉が基本となる．また，音環境は建築空間の仕上げ材料や容積・形状によって大きく影響され，空間を構成する材料や壁体の音に対する特性である，吸音特性および遮音特性も重要な要素となる．

i) 音の強さ：「伝搬方向に対して垂直な単位断面を単位時間に通過する音のエネルギー」のことを言い，単位は〔W/m²〕で表される．なお，〈音の強さ〉は〈音圧〉との間に一定の関係があり，測定が容易なことから，〈音の強さ〉を求めるために〈音圧〉を測定し，単位を〔Pa〕あるいは〔μbar〕で表すことが多い．

また，〈音の強さ〉の測定値はレンジが大きく，測定値そのままの表示では扱いが不便である．そこで，一般的には基準値との比を対数で表し，単位には〔dB〕（デシベル）を用いる．このような表示を〈レベル表示〉といい，〈音の強さのレベル〉(IL) および〈音圧レベル〉(SPL) は次式で求まる．

$$IL = 10 \log (I/I_0) \text{ [dB]}$$

I：測定値〔W/m²〕

I_0：基準値 10^{-12} 〔W/m²〕

$$SPL = 20 \log (P/P_0) \text{ [dB]}$$

P：測定値〔Pa〕

P_0：基準値 2×10^{-5} 〔Pa〕

ii) 音の大きさ：人間の聴覚は音の周波数によって感度が異なる．測定には図42に示す〈指示騒音計〉が用いられ，人間の周波数に対する感度特性に準拠した〈A特性〉での測定が行われる．単位は〔dB (A)〕，〔ホン〕を用いる．

iii) 吸音特性：「入射したエネルギーに対する反射音以外のエネルギーの割合」を〈吸音率 (sound absorption coefficient)〉とし，材料の吸音特性を表す．〈吸音率〉の測定には，〈管内法〉や〈残響室法〉がある．図43に〈残響室法〉の概要を示す．また，代表的な材料の〈吸音率〉を表6に示す．

iv) 遮音特性：音源室からの音は受音室に，界壁からの透過音，開口部からの回折音，躯体を通じての振動音として伝わり，図44にその概念を示す．このうち，界壁の遮音の度合いを示す〈透過損失 (transmission loss)〉(TL) は式3で求められる．

なお，同一の壁体であっても周波数ごとの〈透過損失〉は異なり，そのパターンも壁体によって異なる．

(b) **音環境指標**　騒音の周波数分析に基づく指標として〈NC値〉がよく用いられる．また，室内空間の音響特性を表すものとして〈残響時間〉や〈総合透過損失〉などが用いられる．

(3) 温熱環境

(a) 温熱環境要素 人体と環境との間の熱平衡に影響を及ぼす環境要素すなわち温熱環境要素として，一般に〈代謝量〉・〈着衣量〉・〈気温〉・〈湿度〉・〈気流〉・〈熱放射〉の6つがあげられる．このうち，〈代謝量〉・〈着衣量〉は人間の側によって決まる要素であり，他の4つは環境によって決まる要素である．次に，これらの要素の測定方法について述べる．

i) 代謝量：人体内部の生体活動によって生産されるエネルギー量であり，人体の活動状況によって大きく異なる．また，〈代謝量〉は安静時における人体の表面の面積1m²あたりの〈代謝量〉58.2W/m²を1met（メット）とし，これを単位として表される．図45(a)にその目安を示した．

ii) 着衣量：衣服の断熱性を表す値であり，皮膚表面から着衣外表面までの熱抵抗によって表現される．また，0.155℃m²/Wの熱抵抗を有する衣服の断熱性を1clo（クロ）とし，これを基本単位として測定値を表す．図45(b)にその目安を示した．なお，〈着衣量〉の正確な測定には〈サーマルマネキン〉が用いられる．

iii) 気温：環境の空気の温度であり，〔℃〕を単位として測定値を表す．測定には〈アスマン通風乾湿計〉・〈自記温度計〉・〈白金測温抵抗体〉・〈サーミスタ測温体〉・〈熱電対〉などが用いられる．

iv) 湿度：空気中の水蒸気の量であり，〈相対湿度〉（単位〔％〕）または〈絶対湿度〉（単位〔kg/m³〕，〔kg/kg'〕）で表される．測定には，〈アスマン通風乾湿計〉・〈毛髪湿度計〉・〈電気式湿度計〉などが用いられる．

v) 気流：空気の動きのことであり，一般的に〈風速〉（単位〔m/s〕）が測定される．測定には，〈熱線風速計〉・〈超音波風速計〉・〈カタ寒暖計〉などが用いられる．

vi) 熱放射：人体と壁・床・天井などの周囲面との間でやりとりされる放射熱（ふく射熱）に関係し，一般に〈平均放射温度〉t_r（単位〔℃〕）によって表され，式4のように求められる．

(b) 温熱環境指標

i) 新有効温度：ある環境における人体の平均皮膚温および発汗状態（ぬれ面積率）と同じ状態を生じさせる〈相対湿度〉50％における気温として表され，ET*（イーティースター）と呼ばれる．図46に一般的なオフィスを想定した標準環境におけるET*であるSET*の快適範囲を，湿り空気線図上に示した．

ii) PMV：〈PMV (Predicted Mean Vote)〉は〈予想平均温冷感申告〉と訳され，6つの温熱環境要素の測定値によって得られる値であり，その環境下で大方の人が感じる温冷感の予想値となり，式5で求められる．なお，これは図47に示す温冷感尺度上の数値として予想される．

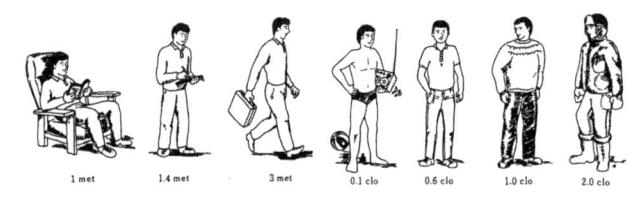

図45 代謝量と着衣量（参考文献8）

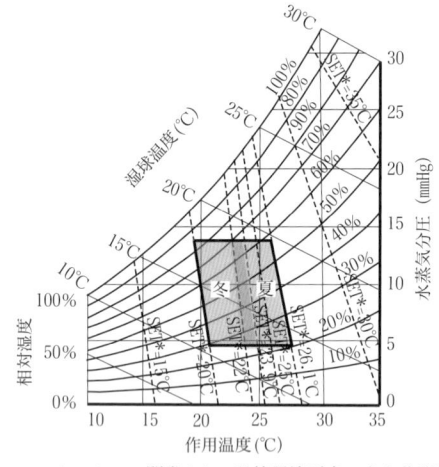

ET*はGaggeらによって開発され，温熱環境要素のうち代謝量・着衣量・気温・湿度・気流・熱放射を考慮して理論的に求められたものである．湿り空気線図上に，標準環境でのET*（SET*）の値が等しくなるような空気状態を破線で示した．

図46 湿り空気線図上の新有効温度

$$t_r = \Sigma F_{pi} t_i \quad [℃] \qquad 式4$$

t_i：周囲面の表面温度〔℃〕
F_{pi}：周囲面と人体の形態係数〔℃〕

なお，周囲面の表面温度の測定には放射温度計・サーモカメラ・熱電対などが用いられる．また，放射温度の測定にはグローブ温度計がよく用いられる．

$$PMV = (0.303e^{-0.036M} + 0.028) \\ \times (M - W - E_d - E_s - E_{re} - C_{re} - R - C) \qquad 式5$$

M：代謝量
W：仕事量
E_d：不感蒸泄による蒸発熱損失量
E_s：発汗による蒸発熱損失量
E_{re}：呼吸による蒸発熱損失量
C_{re}：呼吸による顕熱損失量
R：着衣外表面からの放射による熱損失量
C：着衣外表面からの対流による熱損失量

PMVはFangerによって提唱され，人体と環境の間の熱平衡における理論と多数の被験者による実験結果に基づいて作成された式5によって求められる．なお，快適域として$-0.5 < PMV < 0.5$がASHRAE（アメリカ暖房冷凍空調学会）によって推奨されている．

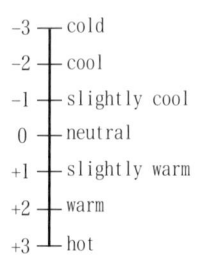

図47 ASHRAEの7段階温冷感尺度

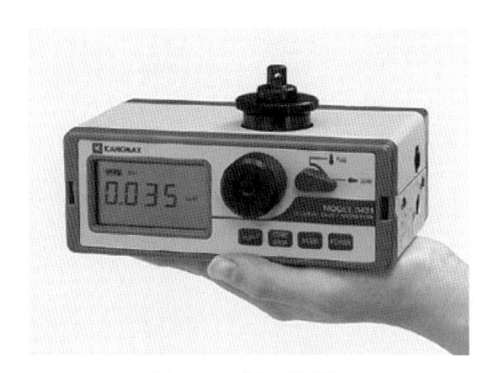

図48 デジタル粉塵計

表7 室内環境基準

評価項目	許容値	備考
温度	17℃〜28℃	
湿度	40%〜70%	
気流速度	0.5m/s 以下	空調をしていない室では，夏季において気流速度はもっと大きい方が快適に感じる．
二酸化炭素(CO_2)	1000ppm 以下(0.1%)	
一酸化炭素(CO)	10ppm 以下(0.01%)	不完全燃焼で発生するほかに，一酸化炭素を含む都市ガスのガス漏れによっても起こる．0.32%で30分，1%では数分以内に生命の危機が生じる．
浮遊粉塵	0.15mg/m³ 以下	粒径 10μm 以下の粉塵
ホルムアルデヒド	0.1mg/m³ 以下	温度が上昇すると建材等から放散する量が増大する．室温23℃で換算すると 0.08ppm 以下．
二酸化窒素	0.04〜0.06ppm 以下	大気汚染防止法による．

表8 室内空気汚染物質の例

汚染物質	発生場所	症状
レジオネラ菌	冷却塔の水中や土壌	劇症肺炎を起こし，死亡することもある
アスベスト（石綿）	断熱材料・防火材料・吸音材料	塵肺や肺癌を起こす．
ホルムアルデヒド	合板・接着剤・害虫駆除剤・防虫剤	眼がチカチカしたり，めまいなどアレルギー炎症を起こす．
有機リン系化学物質	壁紙の難燃剤・害虫駆除剤・防虫剤	眼がチカチカしたり，めまいなどアレルギー炎症を起こす．
V.O.C（揮発性有機化合物）	ワックス・塗料・開放型燃焼器具	気分が悪くなる・無気力になる・アレルギー症状を起こす．
ホルムアルデヒド	放射性物質・土壌・骨材・石炭	肺癌を誘発する．
オゾン	乾式コピー機	眼・鼻・喉に炎症を起こす．

(4) 空気環境

(a) **空気環境要素** 空気汚染源として，空気中に浮遊している固体である〈浮遊粉塵〉が測定対象とされる．また気体では一般に二酸化炭素（CO_2）と一酸化炭素（CO）が測定対象とされる．

i) 浮遊粉塵：空気中にはさまざまな物質が漂っているが，それらの大きさのレンジは非常に広く，大きさによって人体への影響度が大きく異なる．一般に，$0.5〜2\mu m$ の粒径をもつものが肺胞内に沈着するとされている．〈浮遊粉塵〉の大きさは「粒子と同一の沈降速度を有する比重1の球の直径」として定義される相対沈降径によって表される．〈浮遊粉塵〉の濃度の表記法には，〈重量濃度〉[mg/m³]，〈個数濃度〉[個/ℓ]，〈相対濃度〉[cpm・OD]がある．測定方法には〈ボリュームサンプラ〉などを用いて，粉塵を捕集して重量を計測する方法と，図48に示す〈デジタル粉塵計〉などを用いて，粉塵による光の散乱や透過によって，相対的に濃度を求める方法がある．

ii) CO_2：室内における CO_2 の発生の原因は主として，人の呼吸と燃焼器具の使用であるが，その測定には〈ガス検知管〉や〈光干渉計〉などが用いられる．測定濃度の表記には単位として[%]，[ppm]，[m³/m³]が用いられる．

iii) CO：CO は人体にとって有毒であるが，CO_2 と同様に無色無臭である．CO による中毒は約200ppm の濃度で現れ，2000ppm になると短時間で死に至る場合もあるとされている．測定にあたっては〈ガス検知管〉・〈ガスクロマトグラフ〉などが用いられる．

(b) **空気環境指標** 空気環境を総合的に評価することは非常に困難であるが，従来から〈浮遊粉塵濃度〉や〈CO_2 濃度〉などが空気汚染の指標として用いられてきた．

i) 浮遊粉塵濃度：〈ビル管理法（建築物の衛生的環境確保に関する法律）〉では〈大気塵〉・〈粘土〉・〈花粉〉・〈細菌〉などさまざまな物質を対象とするが，対象とする粉塵の粒径は $10\mu m$ 以下としている．

ii) CO_2 濃度：CO_2 は濃度が 4〜5% 以上にならないと有害ではないとされている．しかし，CO_2 濃度が高い状態では，他の有害物質や臭気が多く発生していることが多い．そこで，測定が容易なことから，CO_2 濃度が従来より〈空気汚染指標〉として用いられている．表7に〈ビル管理法〉および〈大気汚染防止法〉に基づく環境基準を示す．

また，近年は空調設備の普及や使用される建築材料の違いなどから，室内空気の汚染が顕著になり，〈シックビル症候群〉および〈シックハウス症候群〉と呼ばれる現象が現れている．これらの現象を惹き起こす，汚染源となる物質の例を表8に示す．

(5) 触環境

(a) 触環境要素

i) 触感の要素：被験者にさまざまな材料に触わらせて，その時に受けた感じを自由に回答させたアンケート調査の結果[注14]，建築材料の〈触感〉を表すための要素となる基本感覚量として，〈温冷感（Warmth）〉・〈硬軟感（Hardness）〉・〈粗滑感（Roughness）〉の3つを採り上げた．

ii) 基本感覚量の測定：40種類の建築仕上げ材料を試料として，基本感覚量を求めた．図49に，そのうちのいくつかの試料について，測定値を示す．

iii) 基本感覚量による触感の評価：基本感覚量とした〈温冷感〉・〈硬軟感〉・〈粗滑感〉と対応する直交座標によってできる空間を〈WHR空間〉と名付けた．次に，基本感覚量の値に基づき，試料とした40種類の建築仕上げ材料の〈WHR空間〉における位置を矢印の先で示したのが図50である．これを見ると，いくつかの試料の集合（クラスター）があることがわかる．なお，図中の各集合にはそこに属する代表的な試料の名を添えた．

この図から〈WHR空間〉においては，触感の似た試料が近くに集合している．このことは，建築仕上げ材料の〈触感〉の評価要素として，〈温冷感〉・〈硬軟感〉・〈粗滑感〉を考えることの妥当性を示していると考えられる．

(b) 触環境指標

i) 触感の色彩表示：建築仕上げ材料の〈触感〉が3つの基本感覚量によって表現できることがわかった．このことから〈温冷感〉を色相に，〈硬軟感〉を明度に，〈粗滑感〉を彩度に対応させることによって，〈触感〉の類似性を色彩の類似性として表現できると考えた．こうして得られた各試料の色彩を示したのが図51である[注15]．これから，〈触感〉の類似した試料はその色彩も類似することがわかった．

ii) 触感による建築空間の評価：実在する空間について，その仕上げ材料の〈触感〉を色彩で表したものが図52である．この図は伝統的な日本建築の室内空間の仕上げ材料の〈触感〉を色彩によって表現したものである．これから，伝統的な日本建築においては，人間が直接に触れる床や壁は，温かく軟らかい材料で仕上げられ，漆塗りの建具の枠や金属製の釘隠しなどが視覚的なアクセントとして使われていることがわかる．

このような検証をいくつかの実在建築物について行うことにより，ここで示した手法が建築空間の触環境を視覚的に表わして評価するために有効であることがわかった．

注14　参考文献18において，渡辺が行ったアンケート実験の結果に基づいている．実験にあたっては，多数の被験者に視覚を遮った状態で，試料とした建築材料を触らせ，受けたイメージを自由に回答させている．

注15　多変量解析の手法である〈多次元尺度構成法〉を用い，触感の類似した試料は，図における位置が近くなるようになっている．

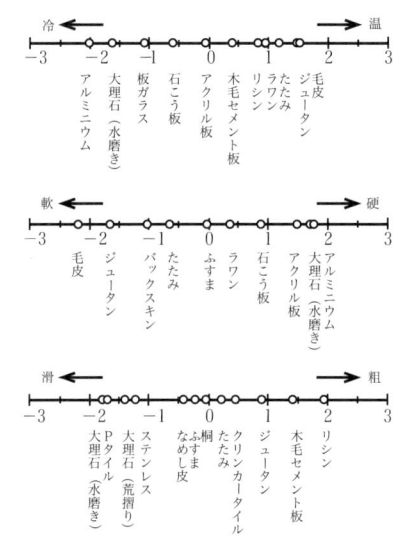

図49　各試料の基本感覚量（参考文献19）

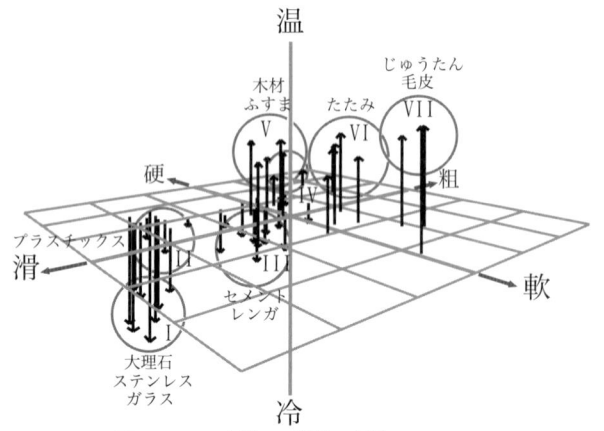

図50　WHR空間への試料の布置（参考文献19）

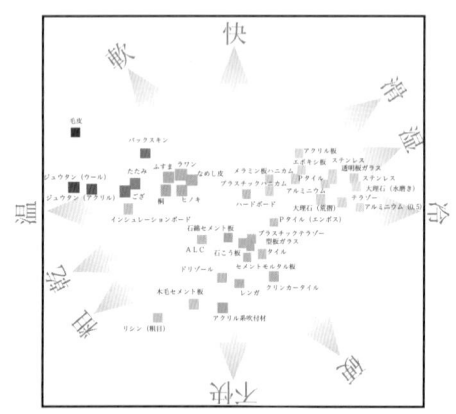

図51　触感の色彩表示（参考文献19）

図52　仕上げ材料の触感の色彩表示（参考文献19）

(a) 日本の住宅　　(b) 西洋の住宅
図 53　日本と西洋の建築

(a) 伝統的な町並み（撮影：小松）　　(b) 近代的な街並み
図 54　街並みの変容

(a) 普通写真

(b) 紫外線の反射
図 55　紫外線の反射（参考文献 22）

(a) サンフランチェスコ修道院　　(b) 三仏寺投入堂
図 56　文化の伝承装置としての建築物

4-2　内部環境と外部環境

(1) 室内環境

建築物とくに住宅は，自然環境の中で人間が生活するための器として造られてきた．化石燃料によるエネルギー消費が困難な時代にあっては，それが存在する自然環境に適応し，エネルギー消費を小さくする必要があった．また，建築物の構築には多量の資材を必要とし，それらは身近にあって安定して手に入ることが重要であった．

このような条件の下で，建築物はその土地の気候や地勢に適応する形で造られた．高温多湿な気候下にある日本では，図 53(a)に示したように通風性が確保できる構法の住宅が産み出された．これに対し，冬の寒さに対応する必要があった土地では，図 53(b)に示したように通風性は犠牲にしても，断熱性に優れた厚い壁による構法が産み出されたと考えられる．このような特徴は，当然のこととして室内環境の違いも産み出すことになる．

(2) 街並み

街並みは建築物の集合によって造られる．すなわち「街並みは家並み」と言える．そのため，建築物の外装材は街並みの仕上げ材料ともなる．さまざまな要因から，使われる建築外装材の変化が激しい現代の街並みは，伝統的な街並みに比べて図 54 に示すように，大きく変容している．それは形態的な変化に留まらず，さまざまな面での変化を惹き起こす．

たとえば，使われる外装材の違いは，その紫外線反射強度も大きく異なるものにしている．図 55 は現代の建築物とその周辺を，普通フィルムで撮影するとともに，紫外線の反射の様子を撮影したものである[注16]．これから，コンクリートや金属などは紫外線の反射が強く，樹木や釉薬で仕上げられたタイルや樹脂の吹付け部分は紫外線の反射が弱いことがわかる．このように，建築物の外装材の変化は，目に見えない形で街並みの特性の変容を惹き起こす．

(3) 風土

〈風土〉の解釈にはさまざまな説がある．ここでは「気候や地勢および文化の影響を受けて出来上がった，その土地の個性」としてとらえる．建築物はこの〈風土〉によって造り出されると言ってもよい．また，建築物は環境を造り出し，そこに居る人々に大きな影響を与える．たとえば，図 56 に示した建築物は自然と人間の関係のあり方を形として，人々に伝えているとも考えられる．それは人々の心に影響を与え，新たな〈風土〉を造り上げることになる．

注16　普通のガラスは紫外線を吸収するため，ガラスを使ったレンズではフィルムに到達するまでに，紫外線は減少してしまう．そのため，紫外線の反射を撮影するためには，紫外線を吸収しない特殊なガラスで作ったレンズを使用する．

4-3 実在建築物における環境の創造

次に，実在建築物において，これまで述べてきた事柄がどのように活かされているかについて，いくつかの例を挙げる．

(1) 室内環境

図57は，伝統的な京都の町家の夏と冬の室礼(しつらい)の例を示したものである．ここにおける違いは，夏の蒸し暑さや冬の寒さに対応し，人間にとって適度な温熱環境を得ようとする工夫であると考えられる．

(2) 街並み

図58に示す伝統的な街並みは統一された建築物群が創り出すものであり，洋の東西を問わずに視覚的な均斉を産み出すだけでなく，そこで生活する人々に平等な居住性を与えていると考えられる．

(3) 風土

図59に示したように，多くの人々が目にする宗教的な建築物において，〈自然〉と人間の営みである〈建築〉のあり方を見せることは，人々に〈人間〉と〈自然〉の共存の方法を形として示すことになり，〈風土〉の形成に大きく影響を与えると考えられる．

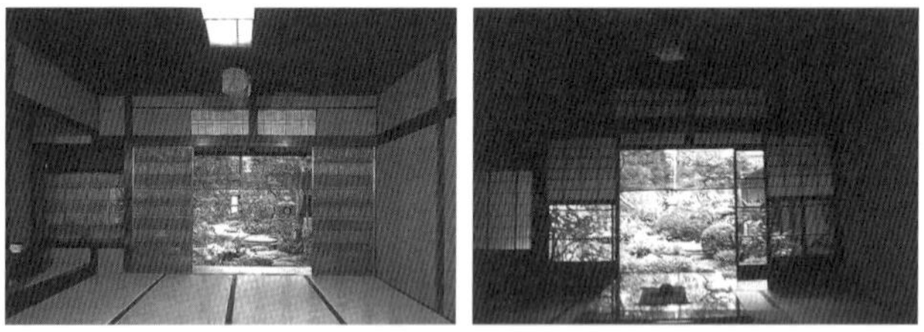

〈参考文献〉
1) 山内昭雄・鮎川武二『感覚の地図帳』講談社，2001
2) 関邦博・坂本和義・山崎昌廣 編『人間の許容限界ハンドブック』朝倉書店，1990
3) 宮城音弥『心理学入門 第二版』岩波書店，1965, p.40, p.50
4) 苧阪良二 他『講座心理学3 感覚』東京大学出版会，1969, p.4
5) 時実利彦『脳の話』岩波書店，1988
6) 鳥居修晃・立花政夫『知覚の機序』培風館，1993
7) 松田隆夫『知覚心理学の基礎』培風館，2000
8) 田辺新一「住宅における温熱快適性の評価」『すまいろん』1997春号，財団法人住宅総合研究財団，1997.4
9) 八木昭宏『知覚と認知』培風館，1997
10) 下條信輔『〈意識〉とは何だろうか』講談社，1999
11) 前野隆司『脳はなぜ「心」を作ったのか』筑摩書房，2004
12) 大山正・東洋『認知心理学講座1 認知と心理学』東京大学出版会，1984
13) H.Hertzberger 著，森島清太 訳『都市と建築のパブリックスペース』鹿島出版会，1995
14) J.J.Gibson 著，古崎敬ほか訳『生態学的視覚論』サイエンス社，1985
15) 日本建築学会 編『建築人間工学事典』彰国社，1999
16) 大野秀夫 他『快適環境の科学』朝倉書店，1993
17) 前川純一「大学講座 建築学 環境編 第3巻」『建築音響』共立出版，1968
18) 渡辺正朋「建築仕上げ材料の質感に関する研究」東北大学修士論文，1968.2
19) 武田雄二「仕上げ材料の可視化による建築空間の特性評価」日本インテリア学会論文報告集13号，2003.3
20) 国立天文台 編『理科年表 平成16年』丸善，2003
21) Robert Schmidt 編，岩村吉晃ほか 訳『感覚生理学』金芳堂，1980
22) 武田雄二「建築材料の紫外線反射特性の概要の把握 環境形成材料の紫外線反射に関する研究（その1）」日本建築学会構造系論文報告集第505号，1998.3

(a) 夏の例
(小島冨佐江『京町家の春夏秋冬』文英堂より)

(b) 冬の例
(小島正子ほか『ある京町家の100年』透土社より)

図57 京都の町家の室礼

(a) 日本　　(b) 西洋

図58 街並みの例

図59 風土の形成

第3章
人間の行動を知る

吉村英祐

　芦原義信が「空間は基本的に一つの物体とそれを知覚する人間との間に生ずる相互関係によって形成される．この相互関係は主として視覚によって規定されるが，建築空間として考える場合には，嗅覚，聴覚，触覚等も共に関係があると考えられる．同じ空間でも，雨，風，日照のぐあいで，大いに印象の異なる場合もあるのである」（『外部空間の設計』彰国社）と述べているように，人間は柱，壁，天井や建築のような人工物，自分自身を含めた人間の存在，地形，天候，温度，湿度，風，光，におい，色，音などから，さまざまな刺激や情報を得，それらをもとに空間を知覚し，行動している．すなわち，空間とは単なる三次元的な広がりではなく，人間と相互に影響し合う存在である．したがって，「快適な空間」「安全な空間」「高齢者や障がい者が暮らしやすい空間」をデザインするためには，空間と人間の対応，その空間における人間の心理や行動，人間相互の影響に対する深い理解が不可欠である．

人間は自分のまわりの環境から，さまざまな影響を受けて行動している．

〈1〉 空間・環境と人間

1-1 人間と空間

人間は，木，土，布，石，煉瓦，コンクリート，金属，ガラスなどのさまざまな材料を用い，無限に広がる空間から必要な部分を切りとり，新たな空間（space）をつくりだす．だが，人間にとって意味があるのは，空間を囲む壁・床・天井などではなく，それらに囲まれた内側の部分である．このことは，金魚にとっての空間は金魚鉢自体ではなく，それによって囲まれている水の部分であることにたとえれば，理解しやすいであろう（図1）．

空間は，一見何もない虚のようであるが，そうではない．空間の内部にいる人間は，周囲の光，音，空気，熱，湿気，におい，色，素材などから情報や刺激を受けている（図2）．このことは，感覚遮断実験により視覚・聴覚・触覚などが刺激されない状態に長く置かれた人間は落ち着かず，やがて幻覚を訴えるようになることからも理解できよう．

人間は，空間から孤立した存在ではない．空間は人間との関わりがあって，はじめて意味を持つようになる．

1-2 空間と環境

人間は，その周囲にいる別の人間からも情報や刺激を受ける（図3）．このことは，教室や食堂で座席を選ぶときやロビーでの立ち位置を決めるときに，他人の存在を意識することからも認識できる（図4）．その意味では，人間も空間を構成する要素の一つであるといえる．

人間と空間の関わりは，たとえば小学校における休み時間の児童の行動を観察することでも知ることができる（図5）．児童たちは，学校という空間において，机や家具を動かしたり自ら移動したり集団で行動したりすることで，空間に能動的に関わっている．人間は，空間をデザインすることで，環境（environment）にはたらきかけている．

人間がつくりだす環境を構築環境（built-environment）という．建築空間や都市空間は，もっとも身近な構築環境である（図6）．建築空間や都市空間をデザインすることは，床，壁，天井，開口部，家具などで空間を構成し，素材，光（照明・採光），音，温度，湿度などを制御することで，人間にとって必要な環境をつくりだすことである．

環境をとらえる指標は，広さ，大きさ，明るさ，快適さ，使いやすさ，わかりやすさ，安全・安心など，さまざまである．だが，これらの評価値を高めることが，必ずしもよい環境をつくることにはならない．時には，あえて狭かったり使いにくかったりする環境をつくることもあり，これもデザインという行為である．

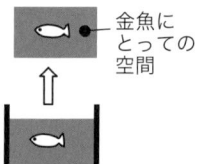

図1 金魚にとっての空間

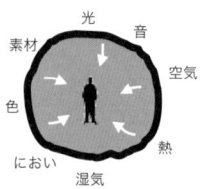

図2 空間から受ける情報・刺激

図3 互いに影響しあう人間

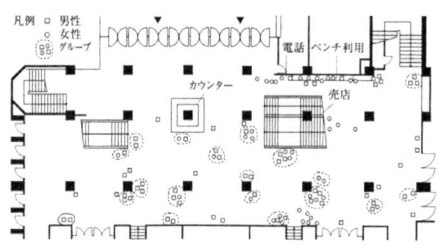

図4 ロビーにおける人の分布
（岡田光正ほか『建築計画1』鹿島出版会）

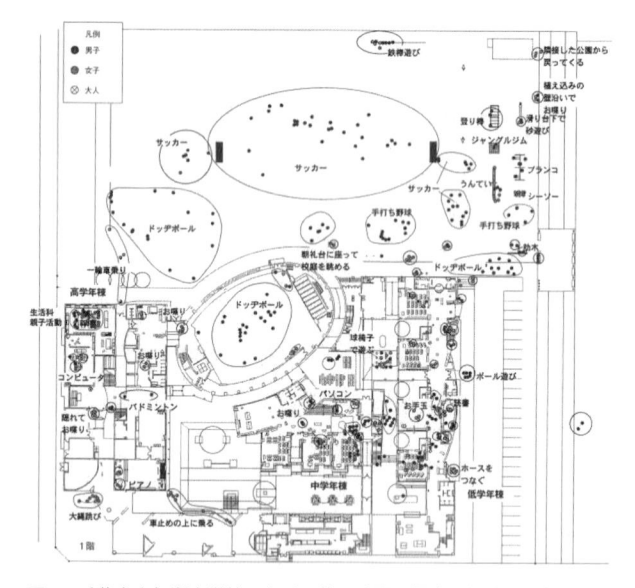

ロビーにおける人間の分布は均等ではなく，柱や壁のまわりに集まる傾向がある．人間が立つ位置は，柱・壁などの位置，明るさ，周囲の人間の影響などを受けている．

図5 千葉市立打瀬小学校における休み時間の児童の行動と分布（『SD』1999年7月号，鹿島出版会）

ロンシャンの教会（フランス，撮影：島田晶子）

国立代々木競技場第一体育館（東京，撮影：前田裕之）

建ち並ぶビル群（大阪・御堂筋）

人工の丘（札幌・モエレ沼公園）

図6 人間がつくるさまざまな環境

図7　ほぼ等間隔に並んで留っている鳥

バス停で並んで待つ行列

ほぼ等間隔で並ぶカップル（京都・鴨川）

図8　人間のスペーシング

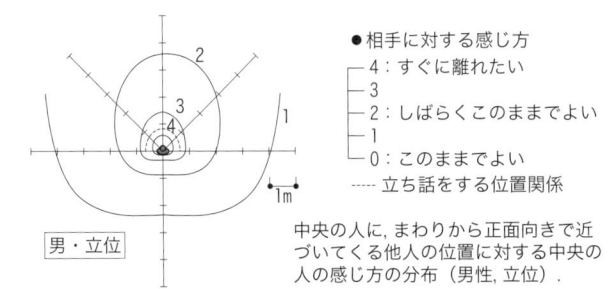

図9　実験で求めたパーソナルスペース
（高橋鷹志ほか『環境行動のデータファイル』彰国社）

親と子 　　　　立ち話をする二人 　　　ロビーで座って会話

図10　人間どうしの距離のとりかた

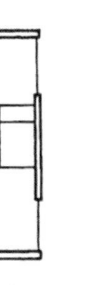

直径1.5mの輪に収まる団らん 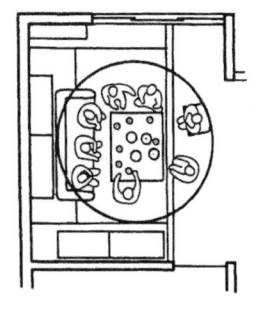　　直径3mの輪に収まる団らん

図11　家族が集まる場面での対人距離
（高橋鷹志ほか『シリーズ〈人間と建築〉1 環境と空間』朝倉書店）

〈2〉人間と領域

2-1　スペーシングとパーソナルスペース

　電線や手すりに，鳥がほぼ等間隔に並んで留っているのを見たことがあるだろう（図7）．動物には，各個体のまわりに他者に侵されたくない目に見えない「なわばり」があり，それによって互いの距離を決めている．このような現象をスペーシング（spacing）といい，人間にもみられる（図8）．スペーシングは，線状に並ぶ一次元だけでなく，面的な広がり（二次元）でもみられる．

　人間は「なわばり」の中に他人が侵入すると気詰まりを感じ，相手から顔や体の向きをそらす，離れるなどの行動をとる．社会心理学者のロバート・ソマー（R.Sommer）は，「侵入者が入れないようにその人の身体を取り囲む，目に見えない領域」を，パーソナルスペース（personal space；個人空間，個体空間）と名付けた．

　実験によると，正面を向いて前方から他人が近付いてくるときは，50cmあまりではすぐに離れたくなるが，3〜4m離れていれば，しばらくはこのままでよいと感じる．このようにして調べた前後左右のパーソナルスペースの広がりは前方が広く後方が狭い，ほぼ左右対称形になる（図9）．これは，他人の接近に対しては前方がもっとも不寛容，後方がもっとも寛容，側方がその中間であることを意味する．

2-2　人間どうしの距離のとりかた

　人間どうしの距離のとりかたは，親子・家族，友人，他人によって，またそのときの互いの心理状態や行為などにより，さまざまに変化する（図10）．親子は互いにくっつくようにして座り，知人どうしの会話では，互いに1m以内に接近して行われる．また，食卓や居間での家族の集まりの大きさをはかった調査（図11）によると，4，5人で食卓やこたつを囲む団らんは直径1.5mの輪におさまり，さらに多人数での団らんや接客では3mの輪におさまる．

　対人距離（体の中心間で測った人間どうしの距離）は，その大きさによりさまざまな意味がある．対人距離が0.5m以内に縮まるのは，強い愛情の表れか，相手に怒りの感情をもつかのいずれかであり，会話が行われる対人距離は0.5〜1.5m，会話ができる対人距離の接近限界は1.5〜3m，相手の表情がわかりあいさつを交わす限界は20mである．図11に示した直径1.5mの輪は会話のできる上限距離に対応し，直径3mの輪は会話に適した対人距離に対応する．人間にスペーシングの考えをあてはめたエドワード・ホール（E.T.Hall）は，人間どうしの距離のとりかたを以下の4段階に分類し，意味付けと解釈を行っている．

①密接距離（45cm以内）：ごく親しい人間に許される距離．接触などによる非言語コミュニケーションが可能．

②個体距離（約45〜120cm）：手を伸ばせば相手に触れることができる．プライベートな関係が成立する．
③社会距離（約120〜360cm）：個人的でない用件，社会的な集まりにみられる距離．
④公衆距離（約360cm以上）：講演などの公的な機会にみられる距離．

対人距離とコミュニケーションの程度の関係をまとめたのが，図12である．

2-3 ベンチシートの席の占め方

人がテーブル席やベンチシートに座るときは，先に座っている人の位置や，後から来た人がどこに座るかなどを勘案し，他人の影響がもっとも少ない場所に座る．そのため，最初に座る1人目は端を選び，両端が埋まると次は両者からの影響がもっとも少ない中央に座る傾向がある（図13）．

2-4 人間の向き・位置の相互関係

複数の人が集まる場合，会話が促進される身体の向きや座る位置をソシオペタル（sociopetal），会話を妨げる向き・位置をソシオフーガル（sociofugal）という．6人掛けのテーブルに座る2人の位置関係で考えると，隣り合う席がもっともソシオペタルであり，逆に対角線に座った2人の位置関係はもっともソシオフーガルである（図14）．広場のベンチに座っている人や，すいている電車内で立っている人を観察すると，相互の位置関係がソシオペタルかソシオフーガルかで，人間関係が推定できる（図15）．

上述のように，パーソナルスペースには方向性があり，前方に比べて後方や側方にいる他人との距離に対しては寛容であるため，他人どうしであっても互いに背を向ければあまり気にならない．背もたれがなく座る方向を限定しないベンチでは，背中合わせになって互いにかなり詰めて座る状況が観察できる（図16）．

図12 人間どうしの距離の分類と意味づけ
（高橋鷹志ほか『環境行動のデータファイル』彰国社）

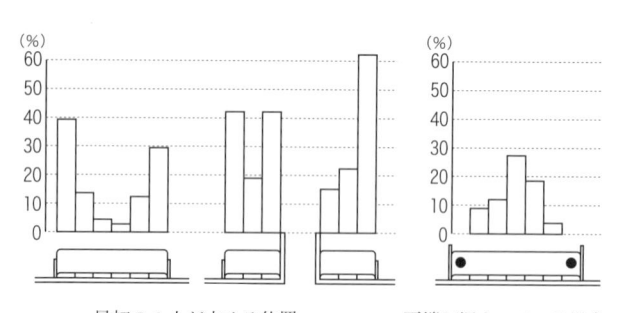

図13 ベンチシートの席の占め方
（高橋鷹志ほか『環境行動のデータファイル』彰国社）

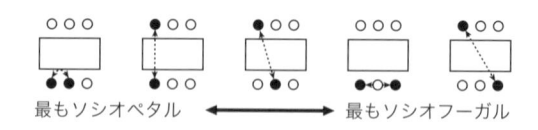

図14 6人掛けのテーブルにおける2人の位置関係
（日本建築学会『建築設計資料集成3 単位空間Ⅰ』丸善）

中央の3人組はソシオペタル，それ以外の1人で座っている人はソシオフーガルな位置関係

すいている早朝の電車内での見知らぬ人どうしは，互いにソシオフーガルな位置関係を保つ

図15 顔や体の向き・位置・互いの距離から人間関係が推定できる

（上）知らないどうしが背もたれのないベンチで互いに反対向きに座っている

（左）コの字型に外向きに座れる場所で，背中合わせになって座っている

図16 他人どうしが詰めて座っているようす

★7人掛けのシートに7人座らせるくふう

7人掛けの電車のシートであっても，実際は6人しか座っていないことが多い．定員通り7人を座らせるためには，両端が埋まった次の3人目をちょうどシートの中央に座らせ，中央と両端に2人分の幅が確保されるようにしなければならない．そこで，シートの中央部分の1/7を薄い色に変え，3人目がちょうど真ん中に座るようにくふうしたところ，7人が座れることが多くなったという．

左：中央部を薄い色に変え席，右：色分けした部分にそって座る人

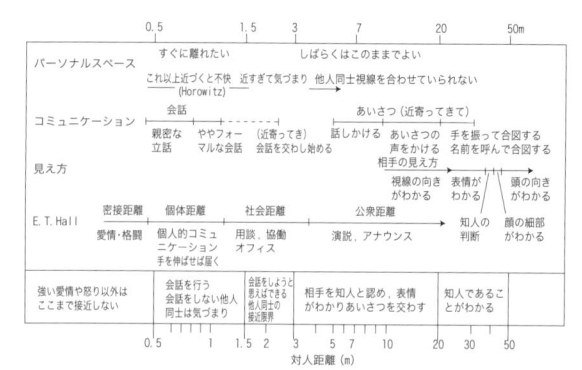

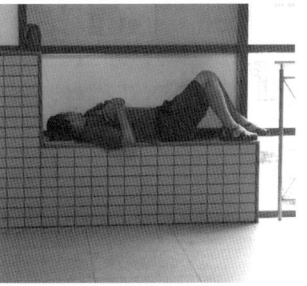

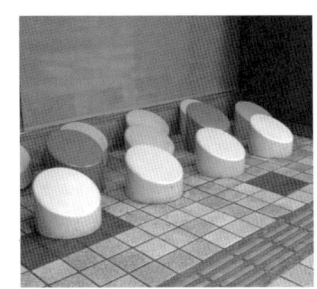

〈3〉環境と行動

3-1 人間の行動と空間デザイン

壁・柱・床・天井などは，空間の境界面や構造体として人間が行動する範囲を限定し支えると同時に，人間にさまざまな情報や刺激を与え，人間の行動に直接働きかける．空間の形状・大きさ・位置などを変えることが空間操作であり，空間をさまざまに操作することで，人間の行動を誘導・制御することができる．「使いやすさ・使いにくさ」「わかりやすさ・わかりにくさ」「快適・不快」「安全・危険」「安心・不安」などのレベルを要求機能や目的に応じて設定し，人間の行動を的確に予測し制御しうる空間をデザインするためには，空間と人間の反応対応関係を充分に理解していなければならない．

3-2 アフォーダンス

人間は，座りやすい部分を椅子代わりに腰掛け，充分広い水平の台状の部分を見つけて寝ころび，ちょっとした水平部分に飲み干した空き缶を放置し，足がかりとなる部分を見つけてよじ登ろうとする（図17）．これらの部位は，「○○ができそうだ」という知覚をひきおこす資質を備えている．ギブソン（J.J.Gibson）は，この資質をアフォーダンス（affordance）と名付けた．利用者は，このような環境の資質，情報（行為の可能性）を自ら発見し，行動しているのである．なお，アフォーダンスは，英語のafford（「ある行動を可能にする」の意味）をもとにした，ギブソンによる造語である．

3-3 特定行為の抑制・排除

目の粗いグレーチング（格子状あるいはスノコ状の床材）は，車のタイヤの通行や靴を履いての歩行をアフォードするが，足の細い羊の歩行はアフォードしない．図18は，この性質をうまく利用して，羊牧場の柵内への入口の床を目の粗いグレーチングにし，扉がなくても羊が逃げ出さないようにした好例である．

アフォーダンスは，公共の場での座り・ごろ寝，物の放置，危険なよじ登りなど，設計者が予期していない行為，施設管理に不都合な行為として現れることがある．図19は，特定の行為を抑制・排除することを意図したデザイン例，図20は危険行為を排除・抑制することを目的としたデザイン例である．バルコニーの柵が横桟形式であると，子どもがよじ登って墜落する危険性があるし，吹き抜け周りの手すり壁の頂部が平らであると，ついそこに物を置いてしまうが，うっかり落とすと非常に危険である．

3-4 床の傾斜角度と人間の行動

床や屋根の勾配（傾き）の表し方には，百分率（％），分数（n 分の1または1:n），角度（°）の3種類があり（図21），それぞれの対応関係は図22のようになる．

床の傾斜角度は，そこでの人間の行動に大きく影響する（図23）．傾斜角度が4°（1/14）以下では，歩行速度・歩幅・歩数のいずれも，水平歩行のときとほとんど変わらない．健常者にとって上り下りによい限界は5°（1/11.4）付近であり，10°（1/5.7）を超えると歩行に適さず，14°（1/4）では休息に不快である．ケヴィン・リンチ（Kevin Lynch）は，「4％（1/25，2.3°）以下の勾配はほとんど平坦に見え，あらゆる種類の集約的な活動に利用されうる．4％から10％（1/10，5.7°）の勾配はゆるやかに見え，うちとけた運動に適する．10％以上の勾配は急に見え，道路には好ましくない」と述べている．

車いす歩行の場合も通常の歩行と同様，床面の勾配が4°以下であれば，速度を落とさずにかなり長い距離を上ることができる．車いすが動き始めてから1.5m移動したときの速度をかろうじて維持できる勾配，登坂後にたいしたことはないという者が半数以下となる勾配は4°である．通常の歩行も車いす歩行も，勾配4°付近を境に変化することは興味深い．4°は，設計において重要な勾配である．

●床の傾斜による人体への影響

人間は，床の傾きが5/1000（長さ10mに対し5cmの沈下）あたりから，床の傾斜に気がつきだすという．この傾斜は，建築のトラブルを巡る過去の判例で，不同沈下と判断される値でもある．傾斜が6/1000程度になると建物や床の傾斜を意識する人が多くなり，8/1000（1/125）程度で床に置いた丸いものが転がり始める．10/1000（1/100）程度で生活上支障が出はじめ，15/1000程度（約1/67）で建物の構造上問題が生じ，17/1000程度（約1/59）でめまいなど身体に不具合が生じるという．陸屋根の水勾配は，歩行用で1/100程度，非歩行用で1/50程度とするのは，人体への影響の点からも，理にかなっていることになる．

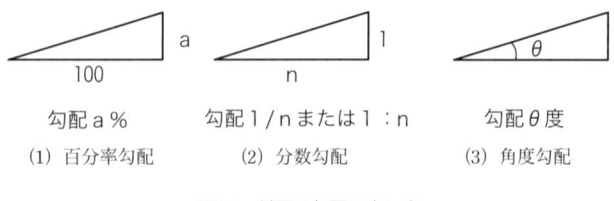

手すり子を縦格子にすると足が掛からないため，よじ上れない

金属の棒を立てて並べ，斜面を登れないようにしている

急傾斜の金属パネルを取り付け，上れないようにしている

天端に水平部分をなくして物を置けないようにしている

図20　危険行為の排除・抑制を意図したデザイン例

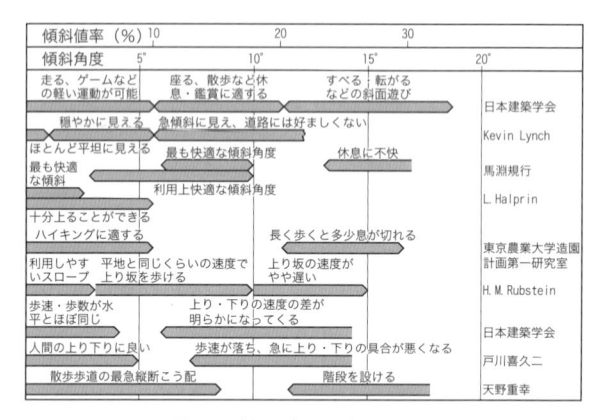

図23　床面の勾配と人間の行動
（日本建築学会『建築設計資料集成3　単位空間Ⅰ』丸善）

床の勾配は，歩行による上り下りの限界である勾配5°（1/11.4）で設計されている．

図24　テート・モダン内部の傾斜床

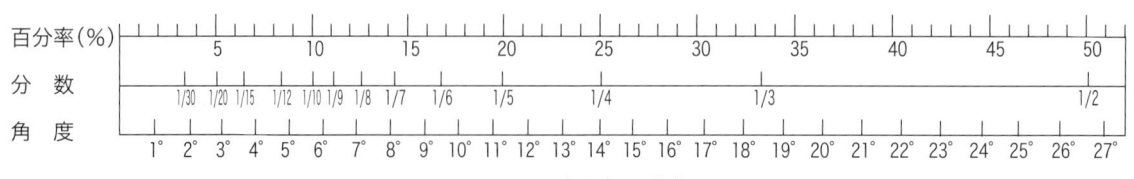

勾配 a %
(1) 百分率勾配

勾配 1/n または 1:n
(2) 分数勾配

勾配 θ 度
(3) 角度勾配

図21　斜面の勾配の表し方

図22　異なる勾配表記の換算

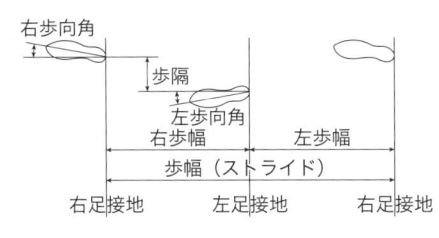

図25 歩幅と1歩幅
（日本建築学会『建築設計資料集成［人間］』丸善）

標準的な歩行周期は約1Hz（1歩の所要時間が約1秒）である．平均歩幅が150cmとすると，歩行速度は150cm/sとなる．また，歩向角の平均は15°である．

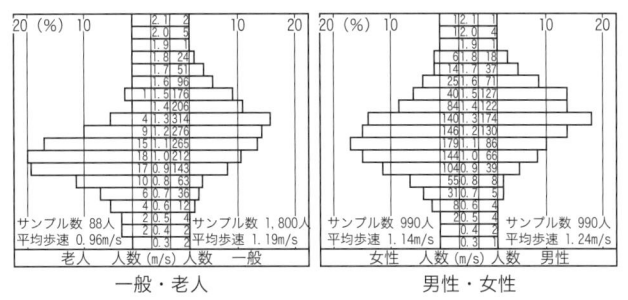

図26 属性による歩行速度の違いとばらつき
（日本建築学会『建築設計資料集成［人間］』丸善）

図27 密度と歩行速度の実測例
（日本建築学会編『建築・都市計画のためのモデル分析の手法』井上書院）

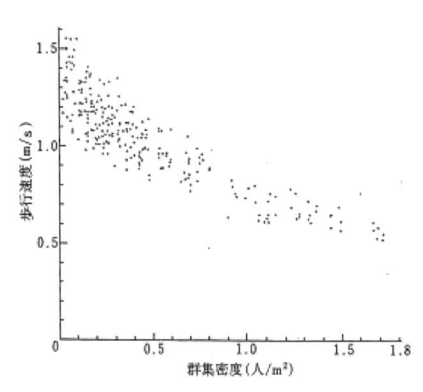

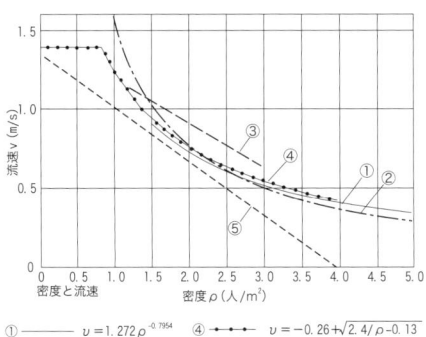

多数の実測結果を一つのグラフにプロットすると，密度が高くなるにつれて歩行速度が低下するようすが浮かび上がる．図28の①③⑤式は，実測結果の回帰式である．

①②④は曲線モデルで，非常に似た形をしている．②が戸川式．④前の人に衝突しないように減速したり前後間隔を保つと仮定して数学的に導いた式．⑤は歩行速度の上限（1.4m/s）と密度の上限（4人/㎡）を決めている．③⑤は直線モデル．

① $v = 1.272\rho^{-0.7954}$
② $v = 1.5/\rho$
③ $v = 1.48 - 0.28\rho$
④ $v = -0.26 + \sqrt{2.4/\rho - 0.13}$
⑤ $v = 1.365 - 0.341\rho$

図28 密度と歩行速度の関係式
（日本建築学会『建築設計資料集成3 単位空間I』丸善）

新宿西口地下通路（東京） 　　心斎橋筋商店街の対向流（大阪）

図29 左側通行

〈4〉 歩行行動

4-1 歩行行動の特性

歩行は，移動を目的とした人間の基本行動である．連続した直線歩行において，右（左）足の踵から前方の左（右）足の踵までの測定距離が左（右）歩幅，1歩の両足の踵間の距離が1歩幅，2歩を歩いたときの同じ側の踵間の距離が歩幅（ストライド）である（図25）．日本人の平均1歩幅は約75cm，平均歩幅は約150cmである．

4-2 歩行速度

「周囲の他の歩行者などの干渉がなく，生理的にも楽な速度で継続的に無意識に歩行している状態」を，自由歩行という．一般に自由歩行速度は1.2～1.5m/sであるが，歩行者の心理状態（多忙・不安・恐怖・思索など），属性（性別・年齢・身長・体重・体調・身体障がいの程度など），服装，履物，荷物，歩行目的（通勤・買物・散歩など），時期（季節・曜日・時間帯など），路上の障害物，単独歩行かグループ歩行か，天候（天気・気温・風速など），明るさ，混雑の程度，歩行面の傾斜角度などの，さまざまな要因に左右される．図26は，歩行速度のばらつきの一例である．

4-3 密度と歩行速度

歩行空間の混雑の程度を表す指標として，密度がよく用いられる．ここでいう密度とは，単位面積当たりの歩行者数（人/㎡）のことである．密度0.5人/㎡程度未満は，自由に追い越しができる自由歩行状態である．密度が1人/㎡を超えるあたりから自由歩行が困難になり，密度が高くなるにつれて歩行速度がしだいに低下する（図27）．4人/㎡を超えるとすり足状態になり，さらに高密度になると流れが停止し，群集事故が起こりかねない危険な状態になる．

歩行速度をv（m/s），密度をρ（人/㎡）としたとき，両者の関係を表す式がいろいろ提案されている．図28の②$v = 1.5/\rho$は，もっとも単純明快で実用的なモデル式（戸川式）として広く使われているが，ρが0に近づくにつれてvが無限大に発散し，逆にρがいくら大きくなっても$v = 0$にならないという問題点がある．他のモデル式は，vの上限やρの適用範囲を設けることで，上記の問題点を回避している．

4-4 左側通行

歩行者は通路の中央よりも左側を歩く傾向がある．対向流の場合，密度が0.3人/㎡を超えるあたりから，自然に左側通行になる傾向がある（図29）．

4-5　回避行動

歩行者が前方に障害物を発見すると，右または左にゆるやかに回避しはじめる（図30）．前方の障害物が人と，人と同じ大きさの物の場合，前者のほうが回避を始める位置が手前になる傾向がみられる．

4-6　スラローム行動

人間はまっすぐ歩いているつもりでも，サインカーブのように左右交互に周期的に蛇行したスラローム（スキーヤーが描く曲線）の形を描いて歩く（図31）．

4-7　近道行動

歩行者は，エネルギーあるいは時間の消費ができるだけ少なくなるように行動する傾向がある（近道行動）．近道行動の代表が，空間的距離を評価指標とする最短経路選択であるが（図32），時間的距離，心理的距離を小さくする近道行動もある．空間的距離による近道行動は，目的地が眼前に明確に認知されている場合に特に強く現れ，植栽の踏み荒らしや無謀な道路横断を誘発する（図33）．時間的距離が優先される場合は，混雑を避けるため，空間的距離が長くても，より短時間で目的地に到達できる経路をあえて選ぶ．

図34は，敷地内を斜めに横切る近道を設け，近道行動を誘発して客を誘引することを狙った興味深い事例である．

4-8　床面の傾斜による歩行行動への影響（図35）

床面の傾斜角度が4°（1/14）以下では，歩行速度・一歩幅・歩数のいずれも水平歩行のときとほとんど変わらないが，4°を超えるあたりから登りの歩行速度が低下しはじめる．下りは逆に速くなるが，10°を超えると再び低下する．1分あたりの歩数も，4°を超えるあたりから登り・下りとも減り始めるが，さらに急になると再び増えはじめる．車いす歩行の場合も，斜路の勾配が4°以下であれば，速度を落とさずにかなり長い距離を上り下りできる．

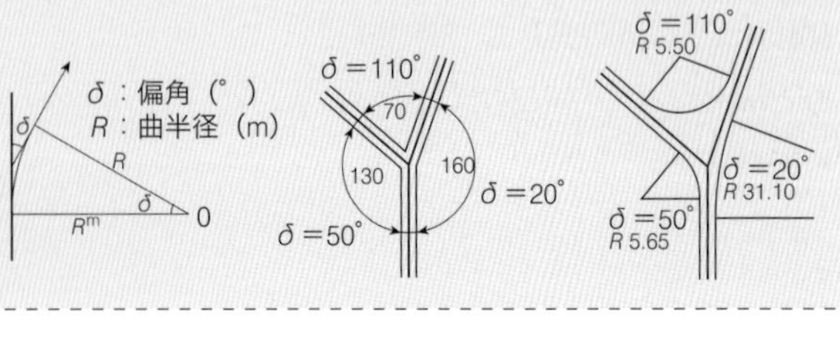

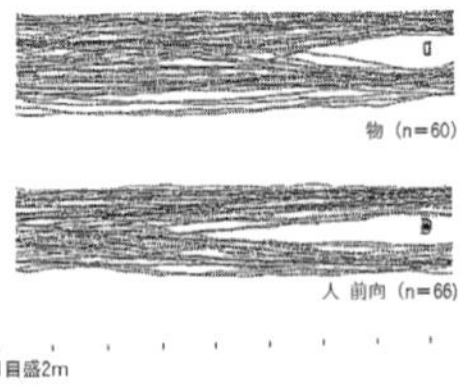

図30　回避行動（日本建築学会『建築設計資料集成［人間］』丸善）

芝生に描かれたゆるやかなカーブの踏み跡

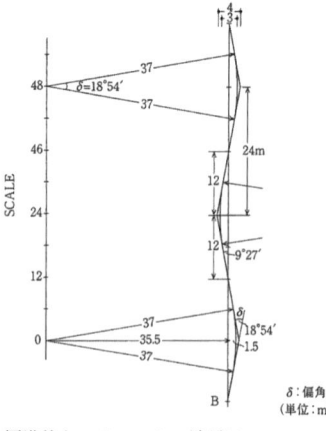

標準的なスラロームの波長は20〜30m，振幅は4m程度に収まる

図31　スラローム行動（右図：日本建築学会『建築設計資料集成［人間］』丸善）

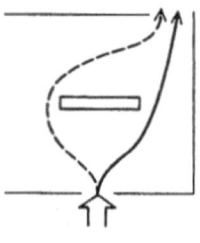

破線より実線の経路を選ぶ傾向が強い

図32　近道行動
（日本建築学会『建築設計資料集成3　単位空間Ⅰ』丸善）

コーナー部や目標地点が目の前に現れたときに近道行動が特に強く現れる．踏み荒らされた植栽が，新たな近道行動を誘発する．

図33　近道行動の例

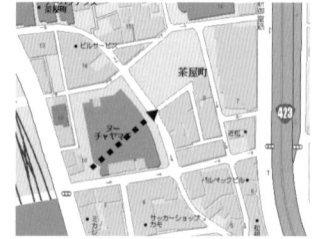

商業施設の敷地内に斜めに横切る通路をとることで，歩行者が通り抜ける近道行動を誘発させ，集客をはかった巧みな例（大阪市北区　NU茶屋町）．

図34　近道行動の応用例

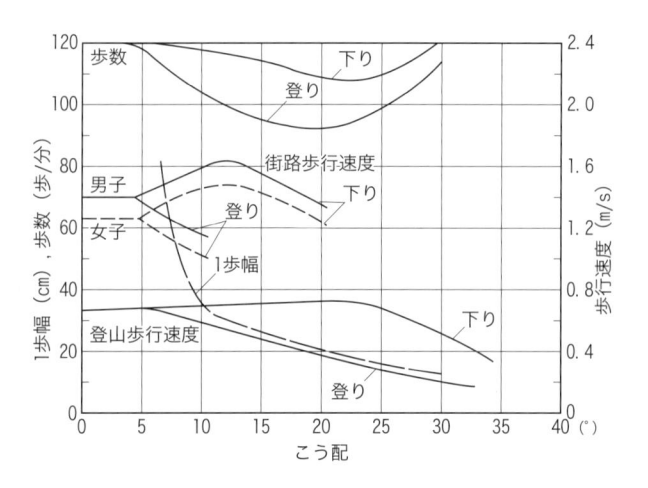

園路の隅切り形状の決定方法

岸塚正昭は，平らな空地（草地）の中に自然に踏みならされた小道の中心線を測定し，曲がりの角度と曲半径の間に $39 - \delta = 13.5\log(R - 5.8)$ という関係が成り立つこと（ただし偏角 δ が80°を超えると R は極限値5.8mで一定になる）を見いだした．この式から，下図中央のような園路の交差部の隅切り形状を決定したのが右端の図であり，R は人間の幅を60cmとして R m からその半分である30cmを引いて用いる．

（出典：江山正美「スケープテクチュア」pp.77-83）

δ ：偏角（°）
R ：曲半径（m）

図35　歩行面の傾斜による歩行行動への影響
（日本建築学会『建築設計資料集成3　単位空間Ⅰ』丸善）

左：3.6m四方（12.96㎡）に46人を入れた状態（約3.6人/㎡）
（写真提供：東京理科大学直井研究室）

右：写真の下側から可動壁を押し28人を2㎡に詰め込んだ状態（14人/㎡）．正面（写真の上側）の壁にかかる圧力は250kgf/m以上．

図36　真上から見た静止状態の群集

ワールドカップサッカー（日本対チュニジア戦）終了後に長居陸上競技場からJR鶴ヶ丘駅に向かう長蛇の列（2002年6月14日）

阪神タイガースの優勝を祝うために大勢のファンが道頓堀付近に集結し，騒然となった．写真は，高密度になって身動きがとれなくなった状態（2005年9月29日）

図37　多数の人間の集まり

二重橋事件の事故発生直前の皇居前広場の状況．1954年1月2日の皇居一般参賀で大勢が二重橋に押し寄せ，1人が転んだのがきっかけで数十人が転倒し，16人が亡くなった．この教訓が生かされず，2年後にも新潟の弥彦神社で，初詣の参拝客124人が本殿前で亡くなっている．

図38　二重橋事件（鳥海 勲『災害の科学』森北出版）

表1　おもな群集事故

事件名	発生年月日	概要	死亡者数（人）	負傷者数（人）
京都駅事件	1934.1.8	兵士の見送りに来ていた群集がホーム階段で崩れた	77	74
日暮里駅事件	1952.6.18	線路上の陸橋の突き当たりの壁が群集の圧力で外れ人が落下した	6	7
二重橋事件	1954.1.2	皇居一般参賀に押し寄せた群衆が折り重なって倒れた	16	30数人
弥彦神社事件	1956.1.1	初詣客が対向して混乱し玉垣が崩れて人が重なり落ちた	124	94
横浜体育館事件	1960.3.2.	歌謡ショーの入場で先を争った群集が入口でつまづき将棋倒しなった	12	14
明石花火大会事故	2001.7.21	歩道橋上で身動きのできなくなった群集が倒れこんだ	11	247

◉明石花火大会事故
　2001年7月21日の夕刻，兵庫県明石市のJR朝霧駅と大蔵海岸をつなぐ朝霧歩道橋上が，花火大会を見に来た人で混み始めた．花火の打ち上げが終わる頃は身動きがとれないほどの混雑になり，橋上の群集と海岸から歩道橋を上がって駅に戻ろうとする群集が押し合いになった．やがてバランスが崩れて数百人の群集が倒れ込み，死者11人，負傷者247人を出す大惨事となった．事故発生当時，歩道橋上には6400人以上が滞留しており，大きく曲がった手すりなどから，事故発生場所付近の群集密度は14人/㎡以上，群集圧力は1mあたり200kg以上であったと推定されている．

朝霧歩道橋の南端にある階段を上がりきった付近で事故が発生した

群集の圧力で大きく外側に曲がった手すり

〈5〉群　集

5-1　静止状態の群集密度

　群集を構成している人数 n（人）を群集の専有面積 A（㎡）で割った値 n/A（人/㎡）を，群集密度という．図36は，静止状態の群集を真上から見た一例である．静止している群集の状態は，おおよそ次のとおりである．

○ 1人/㎡：雨の日に群集の一人ひとりが傘をさしている状態．JR新幹線のグリーン車の密度．

○ 2人/㎡：床座で少し詰めた状態．ゆったりした劇場の客席の密度．長期にわたって人間を収容する場合の限界．

○ 3人/㎡：窮屈な映画館の座席．前後左右を詰めて並んで待っている群集．通勤電車に表示定員が乗っている状態．

○ 4人/㎡：野球場のスタンドのベンチに並んで腰掛けた状態．混雑率150％（定員の1.5倍）の通勤電車内．停止している群集の安全確保上の限界密度とされる場合が多い．

○ 5〜6人/㎡：周囲と軽く触れあう程度．満員のエレベータ内の状態．週刊誌は読めるが落とした物は拾いにくい．混雑率200％の通勤電車内．

○ 7〜8人/㎡：肩や肘に圧力を感じはじめる．人と人の間にかろうじて割り込め，手の上げ下げもできる．

○ 9人/㎡：人と人の間に割り込むことは困難である．

○ 10人/㎡：周囲から体圧を感じるようになる．以後，群集密度が高くなるにつれて圧力が指数的に高まる．

○ 11〜12人/㎡：周囲からの体圧が強くなり，あちこちから悲鳴が出るようになる．

○ 13人/㎡：うめき声や悲鳴が急に多くなる．

○ 14人/㎡：呼吸が困難な人が増える．超満員の通勤電車のドア付近．群集による圧力は，水平長さ1mあたり250kgf以上に達する．

5-2　高密度群集の危険性

　初詣，花火大会，野外コンサート，競技大会，祭りなど，多数の人間が集まる場では，長い行列や大きな群集が発生する（図37）．待ち時間が非常に長くなり，密度も高くなるとイライラしたり気分が悪くなったりする人が出はじめ，群集密度がさらに高くなると全体の動きは個人の意思と関係がなくなり，やがて統制を失って群集事故が発生する危険性が高まる．海外では，イスラム教の聖地メッカの巡礼やサッカースタジアムで毎年のように群集事故が発生しているが，日本でも京都駅事件，日暮里駅事件，二重橋事件（図38），弥彦神社事件，横浜体育館事件などの群集事故で，多数の死傷者が出ている（表1）．最近では，死者11人を出した明石花火大会事故（2001年）が記憶に新しい．

第3章　人間の行動を知る

5-3 待ち行列の線密度と長さ

バス停，タクシー乗り場，自動券売機，現金自動預け払い機（ATM），遊園地，博覧会会場などで人が線状に並んでいる状態を，待ち行列（queue）という．

待ち行列の長さ1m当たりに並んでいる人数を，線密度（人/m）という．行列の線密度は1列で2.5人/m（頭の中心で測った前後間隔が40cm），2列で3.5〜4.5人/m（同45〜57cm），3列で5〜5.5人/m（同55〜60cm）程度になる．これより，たとえば500人の待ち人数の発生が予想される場合，行列の長さは1列行列で200m，2列行列で140m，3列行列で100m程度になると概算できる．

5-4 群集を制御する

大規模なイベントを開催する場合は，群集事故の発生を防止するため，群集の性質を充分に理解し，事前に慎重な雑踏警備計画を立てなければならない．そのためには，群集の状況を正確に把握し，整理係員と群集に常に正しい情報を流し，全体の連続的な流動性を失わないように適切に群集を制御することが，きわめて重要である．

群集制御の手法には，人数に応じた通路幅にする，群集の流れを絞らない，滞留スペースを設ける，群集流の専用経路を設ける，異種動線や逆方向の動線を分離する（一方通行にするなど），動線を長くするなどがある（図39）．図40は，退出時や避難時の観客の集中による混雑緩和のため，出入り口に近づくにつれて通路幅を広げた例である．また，大相撲の取り組み終了後の弓取り式，プロ野球の試合終了後のアトラクションなどは，退出群集の流出ピークを緩和させる効果が大きい．

その他，高低差を斜路（スロープ）でつなぐ（図41），屋外の場合は滞留人数や待ち行列を収容する充分な広さの日除け・雨除けを設ける（図42），固定柵に頼らず臨機応変に処置する（図43）ことも，群集処理に重要である．

◻一列行列方式
　一列待機方式，あるいは利用者の動線がフォークの先に似ていることからフォーク並びとも呼ばれる．自動券売機，現金自動預け払い機（ATM）や現金自動支払い機（CD），便所などのように，サービスの窓口が複数ある場合，それぞれの窓口に一列に並び順番を待つ方式では，先に並んだ人が必ずしも先にサービスを受けられるとは限らない．この欠点をなくしたのが一列行列方式（到着順に一列に並び，先頭から順にサービスを受ける）であり，JRのみどりの窓口，銀行のATMコーナー，公衆トイレなどで採用されている．

待ち位置を足形で示した男子トイレ 　　行列の動線はフォークの先のように分かれる

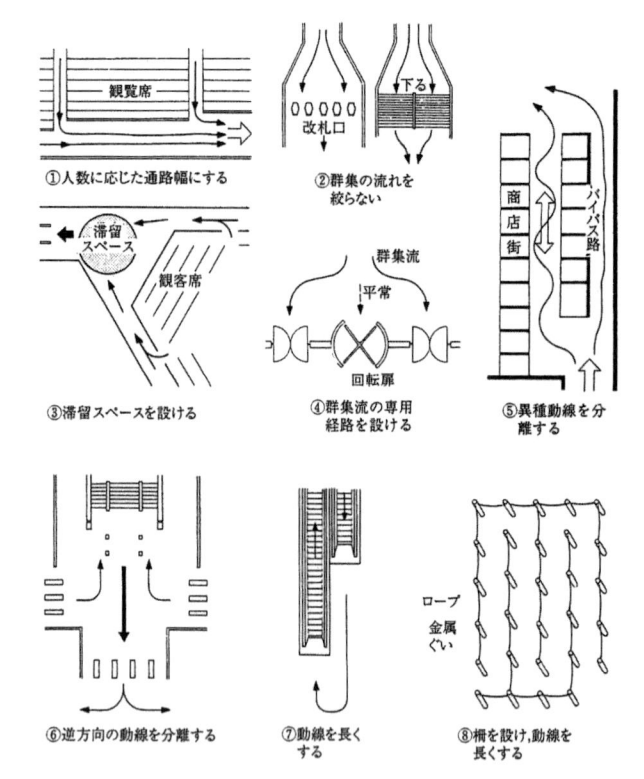

図39　群集制御の手法（日本建築学会『建築設計資料集成［人間］』丸善）

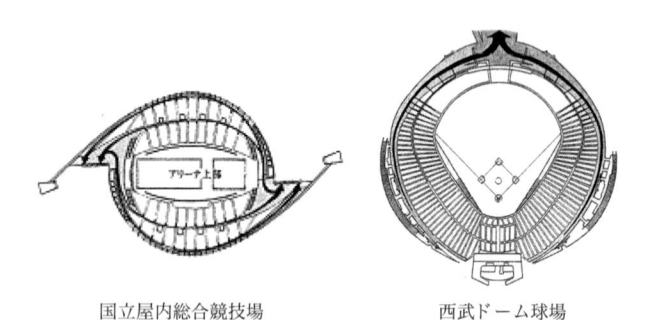

国立屋内総合競技場　　西武ドーム球場

図40　観客の流量に応じて通路を広げた例（日本建築学会『建築設計資料集成［人間］』丸善）

通路から観客席への出入り口の段差をスロープにしている（ホームスタジアム神戸） 　　入場者の待ちスペースをスロープにしている（愛・地球博）

図41　階段のかわりにスロープにしている例

図42　入退場者を風雨や日射から守る大きな庇（東京ドーム）

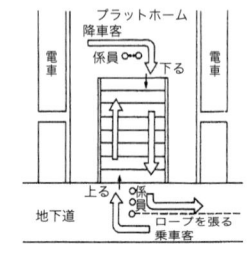

図43　混雑状況に応じて係員が立ち位置を変えている例（日本建築学会『建築設計資料集成［人間］』丸善）

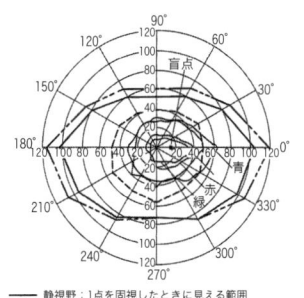

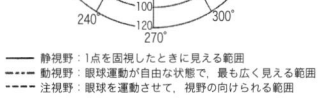

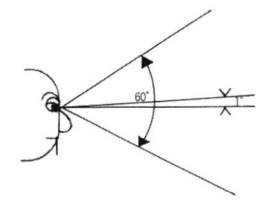

図44 人間の視野（左図：日本建築学会『建築設計資料集成3 単位空間I』丸善、右図 芦原義信『外部空間の設計』彰国社）

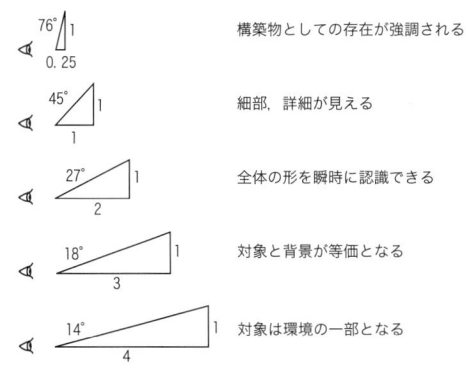

図45 視角と建物の見え方（メルテンスの理論）
（日本建築学会編『建築・都市計画のための空間学事典 改訂版』井上書院）

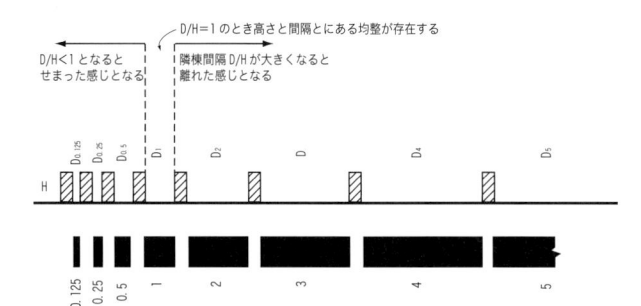

図46 隣棟間隔とD/H（芦原義信『外部空間の設計』彰国社）

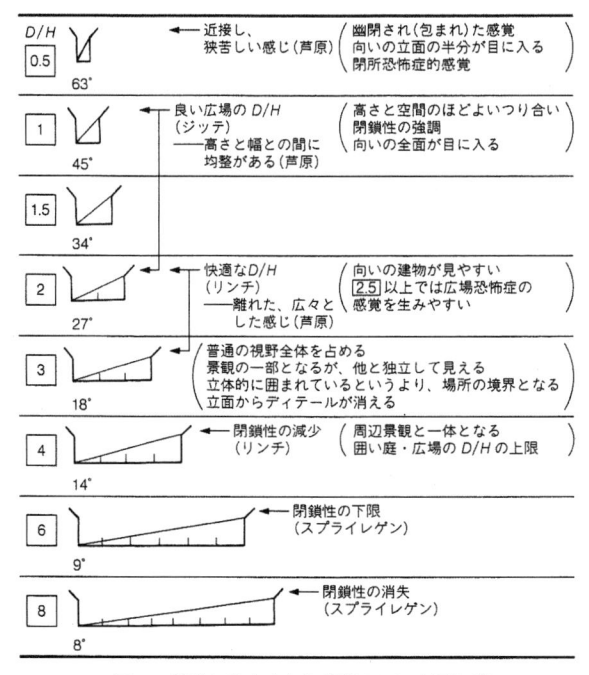

図47 建物にはさまれた空間のD/Hと囲み感
（日本建築学会『第2版 コンパクト建築設計資料集成』丸善）

〈6〉 空間の知覚

6-1 視野・視角・視線と対象の見え方（図44）

目を固定し、1点を固視したときに見える範囲を視野（静視野）という。視野は60°の頂角を有するコーン（円錐）に近似できるが、詳細には動視野（眼球運動が自由な状態の視野）は正面方向に対して左右方向にそれぞれ約120°、水平面に対して仰角（水平からの見上げ角度）、俯角（水平からの見下ろし角度）がともに約60°、注視野（眼球を運動させて視線が向けられる範囲）は上下左右とも40°～50°程度である。高速で移動する場合、たとえば時速100kmでは静視野が1/5程度、両眼視野は40°程度に狭まる。1点を固視して、詳細な情報を得る場合の視角（眼球の瞳孔中心から測った視対象が眼に張る角度）は、1°強である。

水平方向に対する視線は、立っているときで約10°、座っているときで約15°下向きになっているため、案内表示や展示物は、0°～30°下向きにあるものが見やすい。

メルテンス（Märtens, H）によれば、建物を仰ぎ見る場合、見る対象の高さの2倍離れたところから見る（仰角27°）のが全体を鑑賞するのに適しており、3倍離れる（同18°）と対象と背景が等価になり、4倍離れる（同14°）と対象は環境の一部となるという（図45）。

6-2 空間の囲み感・閉鎖性

建物の高さをH、建物の間隔をDとしたとき、空間の囲み感は、D/H（ディーバイエイチ）という単純な指標で記述できる（図46）。$D/H=1$のとき、高さと間隔にある均整が存在する。$D/H<1$では値が小さくなるほど迫った感じになり、閉鎖性が増す。逆に、$D/H>1$では値が大きくなるほど、離れた広々とした感じになる。快適な囲み感が得られるのは$D/H=1\sim2$で、$D/H>2$から広々とした感じが強まる。$D/H=4$になると建物が周辺環境と一体化して閉鎖性が減少し、$D/H=8$になると閉鎖性が失われる（図47）。

6-3 広場の閉鎖性

同じように四周を建物で囲まれている広場でも、碁盤目状の街区の一街区にとられて四隅に隙間がある（入り隅が

□団地の隣棟間隔

初期の公団住宅の団地は、5階建ての住棟がほぼ東西方向に平行に配置されていた（南面平行配置）。南北の隣棟間隔は、最も太陽高度が低い冬至でも1階の住戸の日照時間を4時間以上確保するよう決められている。太陽高度は高緯度になるほど低くなるので、住棟の高さ（H）に対する団地の隣棟間隔（D）の比D/Hは、沖縄県の那覇で約1.3、東京で約1.9、札幌で約2.7と、高緯度地方ほど大きくなる。

左：草加松原団地の住棟配置（上が北）

右：千里ニュータウン藤白台の団地住棟の隣棟間隔（左が北）

ない）広場と，四隅が入り隅空間になっている広場を比較すると，後者のほうが格段に閉鎖性が高い（図48）．

一般に，同じ高さの壁で空間を囲むとき，壁の長さが同じであれば，四隅を空けるよりも入り隅にしたほうが，閉鎖性が高くなる（図49）．これは，入り隅空間は視線を受け止めるが，四隅が空いていれば視線が壁に沿って外に流れ出てしまうためである．また，四隅の隙間から人が出入りすると，壁添いや対角線の動線が発生し，囲まれた空間全体が落ち着かなくなるが，四隅が閉じていれば入り隅部は動線から外れるため，落ち着いた空間になり，休憩・会話などの行為が発生しやすい．

高低差のある二つの広場を階段でつなぐ場合，階段の幅・位置によって人が通るところが変わる（図50）．階段とその上下の両端付近は人の通り道になるので，一般に落ち着かない空間になり，それ以外の入り隅部分は人があまり通過しないため，落ち着いた空間になりやすいのは，図49の場合と同じである．広場にテーブル席を設ける場合は，どこが落ち着いた空間になるかをよく見極める必要がある．

6-4 空間の領域化

均一に広がる空間を，ある目的に沿って複数の空間に分けることを，空間の領域化という．空間の領域化の目的は，落ち着いた居場所の形成，人間の滞留場所や動線の制御，敷地の管理範囲の明確化，コミュニティのまとまりの形成など，さまざまである．領域のつながりの強弱は，向こう側の領域への行きやすさ，見えやすさ，コミュニケーションのとりやすさなどに左右される（図51）．

6-5 領域化の手法

領域化の基本的な手法を以下に示す．複数の手法を組み合わせることで，多様な領域化が可能になる．

(1) 床にラインを引く

人間は，地面や床に引かれたラインの両側を異なる領域として認識し，その意味やルールを理解し行動することができる．球技のフィールドを示すライン，運動場のトラックの走行ライン，相撲の土俵，駐車場のライン，行列の並び方を指示するラインなどがこれにあたる．

(2) 縄・鎖・バー等で仕切る（図52）

「縄張り」（縄を張って境界を定めること）という言葉があるように，何もない空間の一部に縄を張ったりバーで仕切ったりすることで心理的な境界が生まれ，そこを境に二つの領域に分けられる．

(3) 柱を立てる（図53）

何もない空間に1本の柱を立てると，柱の周りに領域が生まれる．2本の柱が並ぶと柱どうしが干渉しあい，柱を結ぶ見えない境界線が空間を二つの領域に分ける．神社の鳥居は，神聖な境内と俗世を分ける結界の意味を持つ．

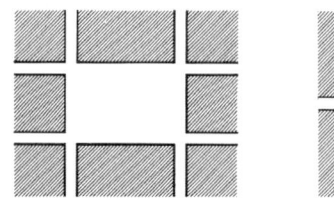

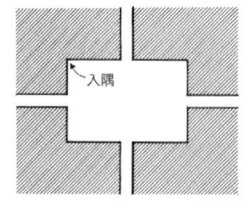

図48 入り隅のない広場（左）・入り隅のある広場（右）（芦原義信『外部空間の設計』彰国社）

壁の高さ・全長が同じである場合，四隅を空ける（左）よりも入り隅にしたほう（右）が，閉鎖性が高くなる．
図49 空間の入り隅と閉鎖性（芦原義信『外部空間の設計』彰国社）

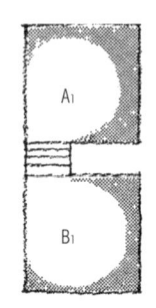

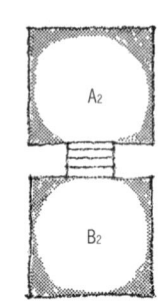

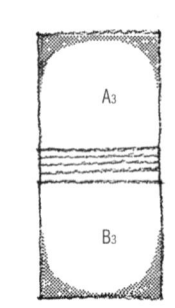

動線から外れる部分（アミがけの範囲）が落ち着いた空間になりやすい．
図50 高低差のある二つの広場を階段でつなぐ場合の入り隅空間（芦原義信『外部空間の設計』彰国社）

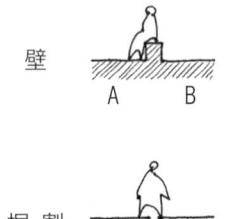

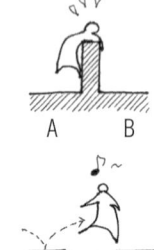

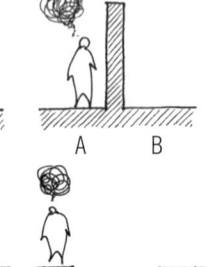

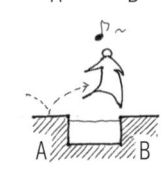

図51 領域のつながりの強弱

芝生の立ち入り禁止を示す縄．左右で芝生の傷みが違う
ベルトパーティションで近寄れないようにした彫刻
図52 縄やベルトで示された境界

結界としての鳥居（靖国神社） 　　宮城県美術館の列柱（仙台市）
図53　柱によって生まれる領域

図書館の個人用ビデオ鑑賞ブースの壁 　　人間の背より高く長い壁は両側を明確に領域に分ける
図54　壁によって生まれる領域

つくばカピオの外部空間（茨城県つくば市） 　　宮城県図書館の"地形広場"（仙台市）
図55　床面の段差によって生まれる領域

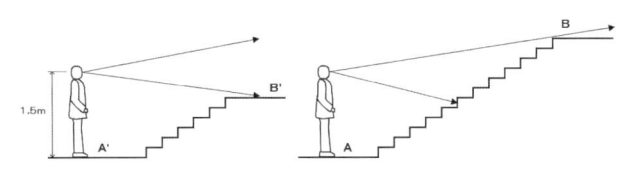

階段の下（A'）から次の踊り場（B'）の床面が見えると、A'とB'が同じ領域として認識される　　階段の下（A）から次の踊り場（B）の床面が見えないと、AとBが別の領域として認識される
図56　階段の踊り場高さによる領域感の違い

下から7段・4段・4段……に分割された階段（新宿パークタワー／東京都） 　　下から4段・5段・5段に分割されたアプローチ階段（新風館／京都市）
図57　踊り場を分割して上りの抵抗感を緩和している階段

柱を一列に並べると方向性が生まれ、柱をつなぐ見えない線で二つの領域に分けられる．四本の柱で囲まれると、その内部は外部と別の領域として認識されるようになり、さらに本数が増えて環状になると、領域がより明確になる．

(4) 壁を立てる（図54）

何もない空間に1枚の壁を立てると、壁の両側が別の領域になる．壁を折り曲げてできる入り隅部にも、領域が生じる．2枚の壁を並べると、その間に新たな領域が生じるが、2枚の壁のなす角度によって領域が変化する．壁の高さが高いほど、また壁が長いほど領域が明確になる．

(5) 隔てる

床を一定の幅と長さで立ち上げたり溝を掘ったりすると、そこを境に二つの領域に分かれる．立ち上がりの寸法や溝の幅・深さ寸法が大きくなるほど、領域が明確に分かれる．

(6) 床面の高さを変える（図55）

床面に段差があると、その両側は別の領域として認識されるが、壁の場合と同じく、立ったときの目の高さと段差の大小関係が、領域の境界の明確さに大きく関係する．

階段の場合は、階段の下から次の踊り場の床面が見えるように段数をおさえると、階段の下と上が同じ領域として認識される（図56）．したがって、階段の踊り場の高さを視線の高さ以下にすることは、階段を上るときの心理的抵抗を和らげる効果が期待できる（図57）．

(7) 天井高を変える

床面の高さが同じ場合、天井高を変えると、天井が高い部分と低い部分が異なる領域になる．

(8) 床面の明るさ・色・パターンを変える（図58）

床面に照明で明暗をつける、床材の色を塗り分ける、床の仕上げ材料や仕上げ方法を変えることで、床面を領域に分けることができる．

(9) 床を傾斜させる

傾斜した床面と水平の床面は別の領域として認識され、またそこで発生する行動も異なる．傾斜角度が浅かったり傾斜が徐々に変化したりする場合は、境界が不明確になる．

(10) 空間を折り曲げる

横長の長方形の均質な空間を中央部で少し折り曲げると、そこを境に、二つの領域に分けられる．折り曲げ角度が大きくなるにつれて領域相互の見通しが悪くなり、死角が生じる．折り曲げ角度が90°を超えると明確に二つの領域に分かれ、180°になると全く別の領域として認識される．

図59は、領域化の手法をモデル的に示したものである．これらの手法を目的に応じて組み合わせることで、さまざまな領域のつながりをデザインすることができる．

6-6　空間の分節化

全体の関連を保ちながら空間を区切ることを、空間の分

節化（articulation）という．空間の分節化には，以下の二つの種類がある．

① 巨大なボリュームを分節化することで，威圧感や圧迫感を和らげるとともに，外観に変化を持たせることができる．集合住宅の住棟配置を折り曲げたり雁行させたりする（図60），建築空間を機能や与えられた意味ごとに区切り，外観に素直にあらわすなどの例がある．

② 細長い空間を適当な長さに区切って変化をつけ，単調さや退屈さをなくす．神社の長い参道を歩くと，ある部分を境に急に周囲の風景，進行方向，道の勾配，参道の幅などが変わり，雰囲気も変わることがあるが，その境目が参道空間の分節点となっている．この手法は，大規模商業施設のモールや，住宅地の街路のデザインでの応用が可能である．

〈参考文献〉
高橋鷹志ほか『環境行動のデータファイル』彰国社，2003
高橋鷹志ほか『シリーズ〈人間と建築〉1 環境と空間』朝倉書店，1997
日本建築学会編『建築設計資料集成3 単位空間Ⅰ』丸善，1980
日本建築学会編『建築設計資料集成［人間］』丸善，2003
芦原義信『外部空間の設計』彰国社，1975
岡田光正ほか『建築計画1［新版］』鹿島出版会，2002

床下から照明で照らされた部分が一つの領域になる（東京国際フォーラム）

床の模様のパターンの違いが領域を生み出す（東京芸術劇場）

図58 床面パターンを変えて領域を生み出す

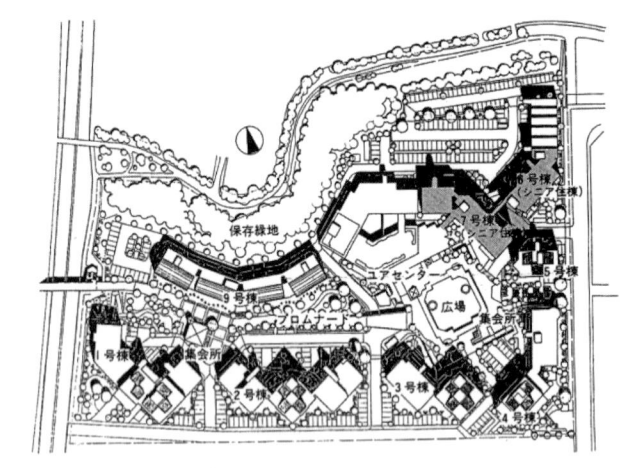

住棟を雁行させたり曲げたりすることで，住棟から受ける威圧感や圧迫感をやわらげるとともに，街路景観にも変化がつけられる．
図60 空間の分節化の例（プロムナード仲町台，彰国社編『建築計画チェックリスト［新訂版］集合住宅』彰国社）

(1) 床にラインを引く
(2) 縄・鎖・バー等で仕切る
(3) 柱を立てる
(4) 壁を立てる
(5) 隔てる
(6) 床面の高さを変える
(7) 天井高を変える
(8) 床面の明るさ・色・パターンを変える
(9) 床を傾斜させる
(10) 空間を折り曲げる

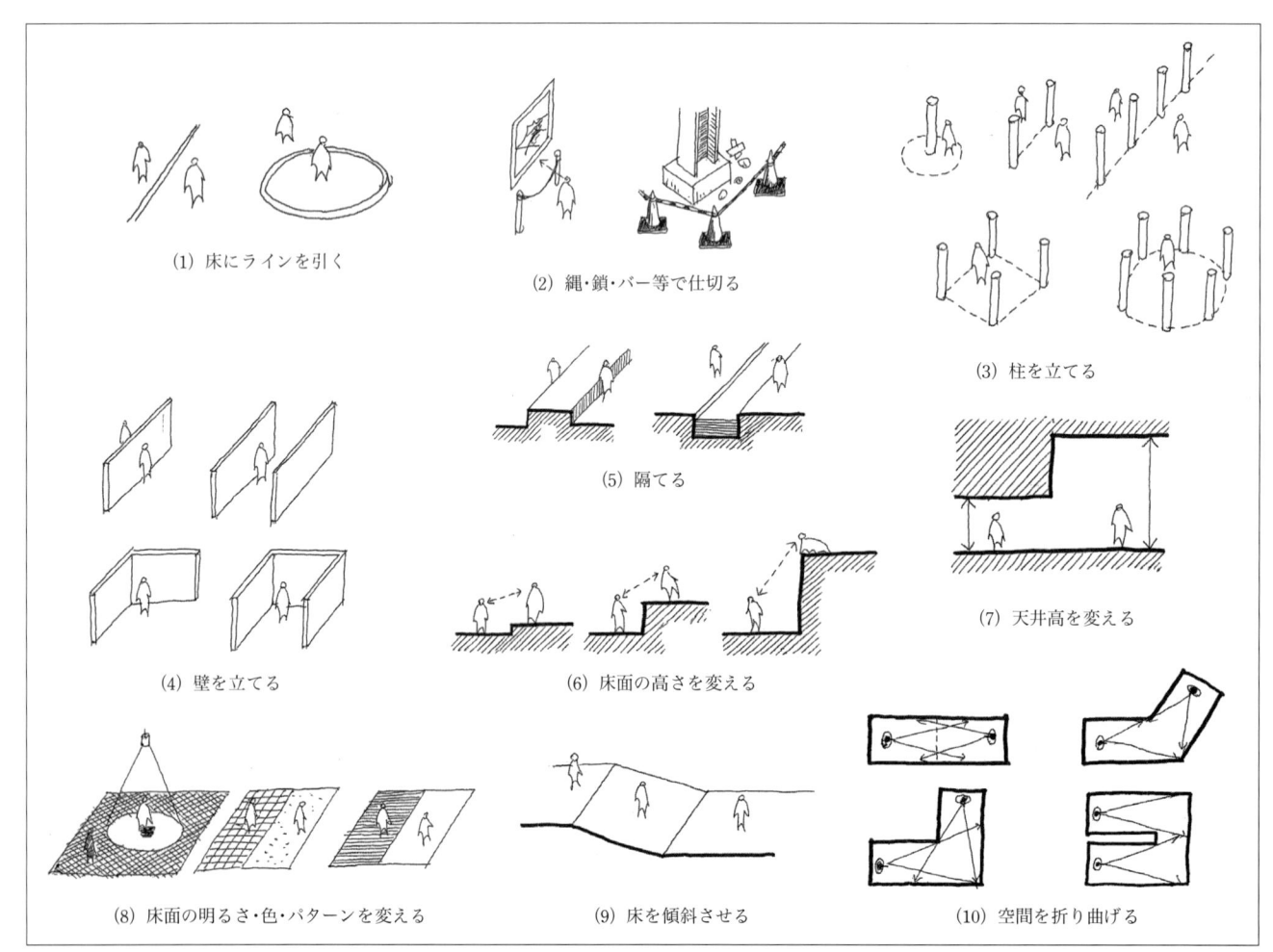

図59 空間の領域化の手法

第4章
建築を計画する
吉村英祐

　本章は，第3章の内容とあわせて，「建築を計画する」うえで必要な計画・設計の基礎的な考え方を学ぶことをめざしている．その内容は，「建築設計と建築計画」「寸法とスケール」「外部空間と建物の配置」「機能と空間構成」「開口部とそのまわりの計画」「通路空間の計画」「寸法・規模の計画」「安全と建築計画」「建築計画と維持保全」と多岐にわたるが，それぞれの内容は，あえて必要最小限にとどめている．あまり詳細かつ専門的なことを書き並べると，全体の構成や流れが見えにくくなり，かえって理解や知識の定着に支障をきたすと考えたからである．

　各章の内容は，相互に補完しあいながら有機的に関連している．人間をより深く理解するためには第1章～第3章を，建築の安全・安心については第5章を，建築の長寿命化や地球環境問題との関わりについては第6章を参照し併読することで，建築計画に対する理解がいっそう深まるであろう．

さまざまな建築で埋め尽くされた都心部．敷地単位での建築計画が「最適」であっても，その集合がいいものになるとは限らない．

〈1〉建築設計と建築計画

1-1 建築の用・強・美

　芸術は，美の本質を追究する人間の高度な精神活動である．美は人間の精神によろこびと感動を与えるが，建築の美も例外ではない．建築には，彫刻と同じ三次元の芸術という側面があるが（図1），彫刻がひたすら美を追求する純粋芸術であるのに対し，建築は人間の生活や活動に必要な空間を提供するもので，内部に人が入る空間を有していること，またそのために構造的に安定していること，暑さ・寒さ・風雨などの厳しい自然環境や地震・火災などの災害から人命や財産を守るシェルターであるという重要な役割があり，この点で建築は彫刻と決定的に異なる．

　紀元前1世紀頃の古代ローマの建築家ウィトルウィウス（Vitruvius）は，彼の著書である『建築十書』の中で「建築はfirmitas（強），utilitas（用），venustas（美）の理が保たれるようにつくられるべきである」と述べている（図2）．「強・用・美」は，現在に当てはめれば「構造・機能・形態」となるであろう．ウィトルウィウスの時代の建築家は，原理（arché；アルケー）を知って技術（techné：テクネー）を駆使する人（architectón＝arché＋techné）であり，建築のあらゆる面に通じているオールマイティ的存在であった．

　建築技術が著しく進歩し，また社会情勢が大きく変化した現在は，従来の構造・機能・形態に加えて環境・経済・技術・材料などが加わり，これらが相互に複雑に関連する（図3）．建築計画は，狭義には「機能」に相当するが，広義にはその他の要素までを対象とする非常に幅広い概念であり，設計の前段階としてきわめて重要な位置を占める．

　20世紀建築の最高傑作の一つにあげられる国立屋内総合競技場（1964年）は，その力強い造形と体育館としての機能，吊り屋根構造，設備，非常時の避難群集の処理が完全に一体となっており，構造・機能・形態がみごとに一体となった，奇跡ともいえる建築として特筆される（図4）．

1-2 建築のイメージ

　建築をつくるにあたっては，建築形態のイメージを描くこと，またそれを具体的な形にしていく作業がきわめて重要になる．だが，建築は芸術的側面だけでなく，人間の生活や活動に寄与するという社会的・機能的な側面も併せ持つため，単体としての安全性・機能性・快適性や，周辺の景観・町並み・環境との調和，関係法令の遵守，工期，予算，施主の要求などを同時に考慮しなければならない．これらの諸条件は，時には相互に矛盾したり不整合を生じたりするし，たとえ技術的に可能であっても，コストや工期などの面から計画を変更あるいは断念せざるを得ないこともある．

彫刻的な造形のロンシャン教会堂（1955年／ル・コルビュジェ）．建築は内部に人が入り，人を守るシェルターでもある点で彫刻と区別される．（撮影：島田晶子）
図1　彫刻のような建築

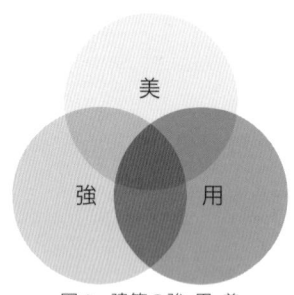

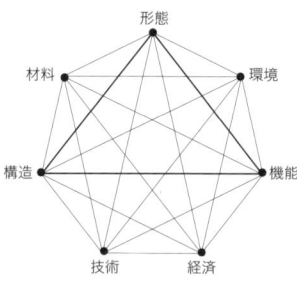

図2　建築の強・用・美　　図3　建築の構成要素の関係

第一体育館の外観．屋根は吊り構造．三日月形をずらした平面形は，15000人の大観衆の流れをスムーズに処理するうえでも有効である．

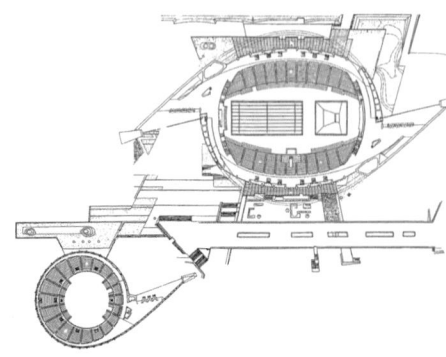

配置図兼平面図．上が第一体育館，左下が第二体育館．相互に呼応する求心的な平面形（「新建築」1998年5月号，新建築社）．

図4　国立屋内総合競技場（1964年／丹下健三）

図5　シドニー・オペラハウス（1973年／ヨーン・ウッツォン，撮影：西田大祐）

2007年に世界遺産に登録されたシドニーのオペラハウス（図5）は、1957年の国際コンペでの当選案をもとに建設された。当初のスケッチをもとにした入選案は、ヨットの帆を思わせる斬新で美しいデザインであったが、帆のようなパラボラシェルが構造的に不合理であったため、実施設計では大幅に設計変更された。建築不可能とまで言われた難工事を乗り越え、当初予算の14倍の建設費と着工から14年の歳月をかけてようやく完成したのは、設計者の執念ともいえる造形や美へのこだわりが関係者の心に伝わったからであろう（図6）。

1-3 建築をつくるプロセスにおける建築計画の意義

建築は、一般に家電製品や自動車のように実物大の試作品をつくることができない。建築計画は、試作するかわりのプロセスとして事前に調査・分析を行い、人の動きや心理、使われ方、居住性、快適性、安全性、規模、採算性などを的確に予測することに、その意義と役割がある。

建築をつくるプロセスは大きく企画、基本計画、設計の三段階に分けられ、設計はさらに基本設計と実施設計にわけられる（図7）。各段階の概要を以下に示す。

①企画：建築する目的・意図の明確化、敷地の選定、規模、予算の概算、法規、要求される機能、事業計画（採算性、運営方式）などの要求条件・制約条件を検討する。

②基本計画：目標を決定し、データの収集・分析により要求条件や制約条件を満たす建築が実現可能か否かを検討し、計画条件を決定する。

③基本設計：設計条件に基づき概略設計を行うが、①や②に戻って再検討（フィードバック）することも少なくない。

④実施設計：基本設計に基づいて詳細設計を行うと同時に、施工計画や積算も詳細な検討が行われる。この段階での作業の手戻りは、工期やコストに大きく影響するが、工事が始まってからも設計変更や追加設計が生じることがある。

1-4 建築計画の新しい課題

日本の建築は、学校、図書館、病院などの特定の用途や機能に特化して計画・設計され、竣工後30〜40年ほどで解体されるサイクルが繰り返されてきた。だが、省資源やCO_2排出量の削減が求められる環境の時代を迎え、建築計画の対象は従来のように新築だけでなく、既存建物のコンバージョン（用途変更）、改修により機能・安全性・快適性・環境性能などを高めるリノベーションなどの手法により長寿命化をはかることが、新たな課題となりつつある（図8）。

ウッツォンによるスケッチ

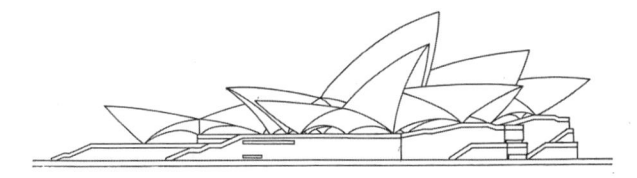

コンペ当選案（東側立面図）

実施案（東側立面図）

実施案は、すべて同一の球体から切り取られた球面シェルに変更されたため、当選案のイメージや形状とはかなり異なっている。

図6　シドニー・オペラハウスの案の変遷
（「a + u」1973年10月号，エー・アンド・ユー）

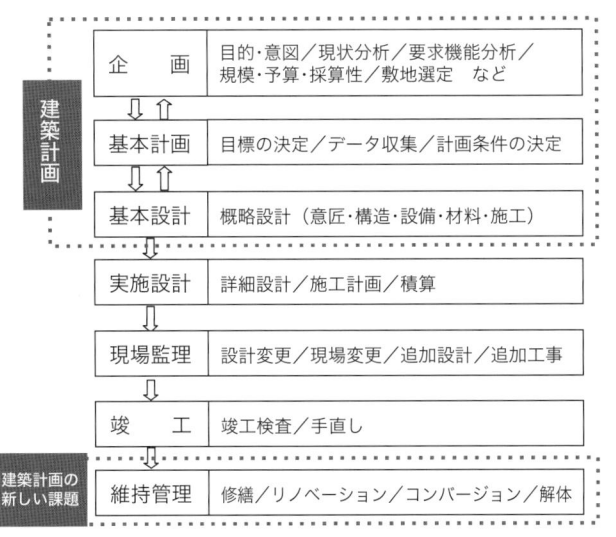

図7　建築をつくるプロセス

阪神・淡路大震災で被災した建物の外壁を保存した海岸ビル（設計：竹中工務店／神戸市）

旧国立国会図書館支部上野図書館を国立国会図書館国際子ども図書館として再生した例（設計：安藤忠雄＋日建設計／東京都）

図8　再生・活用された建築

〈2〉 寸法とスケール

2-1 ヒューマンスケール

人体，人間の感覚・行動に合った建築・都市空間の大きさ，あるいはそれを実現，測定するための人体，人間の感覚・行動に基づく尺度をヒューマンスケールという．

現在，一般に広く使われているメートル（m），センチメートル（cm），ミリメートル（mm）などの寸法体系（メートル法）は，「すべての時代に，すべての人々に」の標語でフランス革命の最中に生まれた．当初の1メートルの定義は，「パリを通る赤道と北極間の子午線の長さ（地球の約1/4周）の千万分の1」であったが，現在は物理的に精密に定義されている．地球の全周距離が約4万kmであるのは，そのためである．なお，1メートルは1ヤード（yard: 0.9144m）の近似値として決められたという．

メートル法以前のヨーロッパでは，肘から中指までの長さをもとにしたキュービット（45.72cm），足の踵から爪先までの長さをもとにしたフィート（30.48cm）などが使われ，日本では間，尺，貫，升などに代表される尺貫法が使われるなど，世界各地で独自の寸法体系が発達していた（図9，表1）．

現在では，世界的にメートル法を使うことになっており，日本でも商取引における尺貫法の使用が禁止されて久しい．しかし，イギリスやアメリカでは現在もヤードやインチがよく使われており，日本では在来工法の木造住宅の柱間や建材の規格寸法に間や尺，土地の面積や建物の床面積に坪，酒などの液体の計量に升や合などの単位が根強く残っているのは，人体寸法に基づくヒューマンスケールであり，使いやすいからであろう．

2-2 人体寸法とプロポーション

「万物の本質は数である」「世界は数（整数）とその比例による法則によって秩序づけられている」．これらは，ピタゴラス学派による言葉である．また，古代ローマ時代の建築家ウィトルウィウス（Vitruvius）は，「人体の各部は整数比の関係を持つ」と述べた．ルネッサンス時代には古代の建築理論の研究により，比例こそが宇宙の調和を決定し，美しさを生むものとして重要な構成原理とされ，16世紀イタリアの建築家パラディオは，「円と正方形は最も美しく，かつ最も調和した形態である」と考えた．レオナルド・ダ・ヴィンチが描いた人体図（図10）は，この考え方をよく表している．だが18世紀以降，プロポーションは人間の感覚によるべきであるという考え方が主張されるようになり，比例の持つ神聖な意味はしだいに失われた．

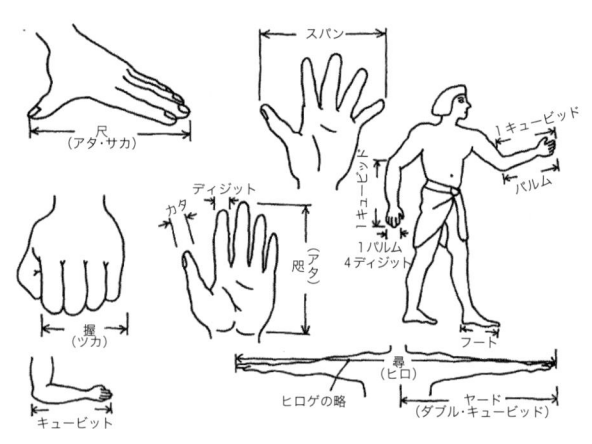

図9 人間の手足をもとにした寸法（岡田光正ほか『建築計画1 新版』鹿島出版会）

表1 ヒューマンスケールに基づく寸法単位

- ●イギリス・アメリカで用いられる寸法単位
  1フィート（feet）＝12インチ（inch）＝30.48cm
  1インチ＝2.54cm
  1ヤード＝2キュービット（cubit）＝3フィート＝0.9144m
- ●日本における尺貫法
  ［長さ］
  1里＝36町（3,927.3m）
  1町＝60間（109m）
  1丈＝10尺（3.03m）
  1間（けん）＝6尺（1.818m）
  1尺＝10寸（30.3cm）＝0.9942フィート（≒1フィート）
  1寸＝10分（3.03cm）
  1分＝10厘（3.03mm）
  ［面積］
  1町＝10段（たん）（9917.36㎡）
  1段（反）＝10畝（991.736㎡）……稲作の1日の仕事量の目安
  1畝（せ）＝30坪（99.1736㎡）
  1坪＝3.3058㎡（1間×1間）
  ［重さ］
  1貫＝1,000匁（3.75kg）
  1斤（きん）＝160匁（600g）
  1匁（もんめ）＝3.75g
  ［体積］
  1石（こく）＝10斗（180.39リットル）
  1斗（と）＝10升（18.039リットル）
  1升＝10合（1.8039リットル）
  1合＝10勺（しゃく）（0.1804リットル）
  1勺＝0.0180リットル

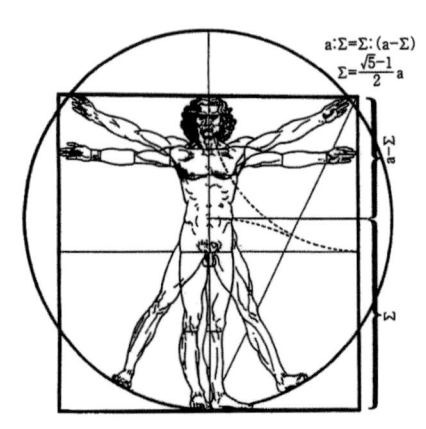

レオナルド・ダ・ヴィンチはウィトルウィウスが『建築十書』のなかで記した「人体の中心は"へそ"にあり，仰向けに寝た人間の両手両足は"へそ"を中心にして描かれた円に内接する」という内容を表す図を描いた．身長＝両手を拡げた長さ，円は，へその位置が中心になるように描かれている．

図10 レオナルド・ダ・ヴィンチによる人体のプロポーション
（日本建築学会編『建築設計資料集成［人間］』丸善）

$b : a = a : (a+b)$
$a^2 = ab + b^2$
$a^2 - ab - b^2 = 0$
$b=1$ とすれば $a^2 - a - 1 = 0$ から
$a = (1 + \sqrt{5})/2 \fallingdotseq 1.618$

図11 線分の黄金分割と黄金比

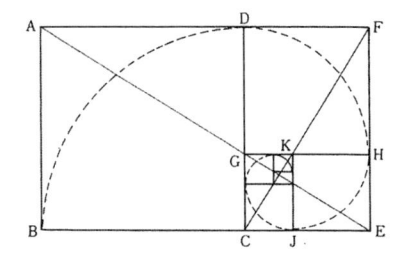

AB=AD
AB/AE=ϕ
DF=DG
DF/DC=ϕ
KH=KJ
GC/GH=ϕ
…

図12 正方形による黄金長方形の分割と黄金比螺旋

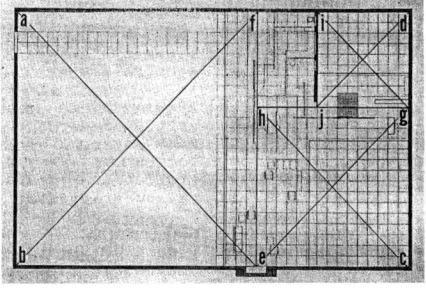

ミース・ファン・デル・ローエの代表作である「三つの中庭をもつコートハウス」や「IITチャペル」の平面形はほぼ黄金長方形になっており，正方形を順次描いていくと，正方形の辺と壁の位置が一致する．

図13 三つの中庭をもつコートハウスに見られる黄金長方形の分割
（佐野潤一「ミース・ファン・デル・ローエの作品における黄金比についての研究」日本建築学会計画系論文報告集№453）

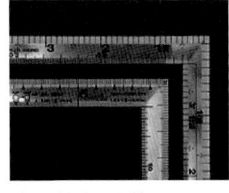

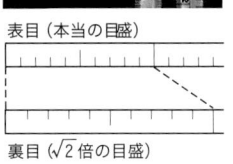

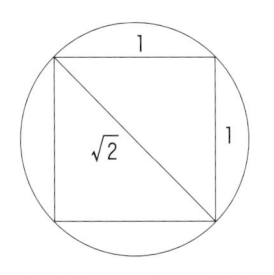

表目（本当の目盛）
裏目（$\sqrt{2}$倍の目盛）

裏目で丸太の直径を測れば，その目盛りが丸太から切り出せる正方形の角材の一辺の長さになる．

図14 曲尺の表目と裏目

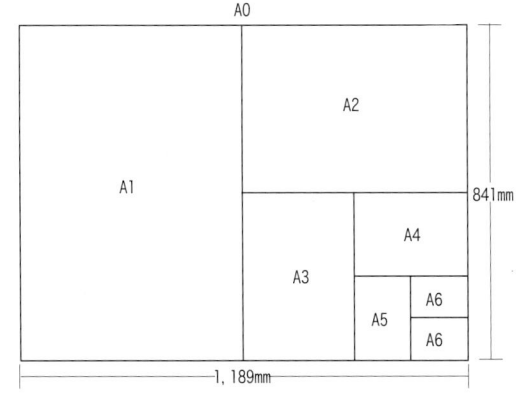

縦横比が$\sqrt{2}$の矩形を二等分してできる二つの矩形の縦横比も$\sqrt{2}$になるので，無駄がなく合理的である．

図15 用紙の$\sqrt{2}$分割

2-3　黄金比と黄金分割

ある長さの線分を二分するとき，小さい部分の大きい部分に対する比が，大きい部分が全体に対する比に等しくなるようにしたときの比を，黄金比（golden ratio）という（図11）．黄金比は，エジプトのピラミッドやギリシャのパルテノン神殿などに見出される．黄金比の値は $(1+\sqrt{5})/2 \fallingdotseq 1.618$ であり，ϕ で表すことが多い．線分を黄金比（$1:\phi$）に分割したのが黄金分割（golden section）であり，長らく西欧の古典的造形の規範とされてきたが，黄金比が審美的な意味を持って建築世界で語られるようになるのは，19世紀以降である．

縦：横の比が $1:\phi$ の黄金長方形内に短辺を一辺とする正方形を描くと，黄金長方形が残る．この過程を繰り返すと，黄金比螺旋が描ける（図12）．20世紀の巨匠と呼ばれた建築家ミースは，黄金長方形分割を建築平面の分割に利用したといわれる（図13）．

2-4　白銀比（$\sqrt{2}$）

正方形の対角線と1辺の比である$\sqrt{2}$は白銀比といい，日本建築で古くから使われてきた．たとえば，曲尺の裏目は，表目の$\sqrt{2}$倍の目盛り幅となっている（図14左）．これより，曲尺の裏目で丸太の直径を測れば，その丸太から切り出せる正方形の柱の一辺の大きさがわかる（図14右）．

$\sqrt{2}$は，工業化に対応しやすい面があるため，身近に使われている．たとえば，縦横の辺の比が $1:\sqrt{2}$ の長方形（$\sqrt{2}$長方形）を長辺側で二分割してできる長方形は，やはり$\sqrt{2}$長方形になるが，この性質は工業生産上非常に都合がよい．A列やB列の紙の縦横の寸法比が $1:\sqrt{2}$ になっているのは，そのためである．

A3判やA4判などはA列と呼ばれ，世界共通である（表2左）．A0（841mm×1,189mm）は面積が1.0m²で，縦横の比が $1:\sqrt{2}$ である．A0を図15のように順次半分に切っていくと，A1（594mm×841mm），A2（420mm×594mm），A3（297mm×420mm），A4（210mm×297mm）…となり，縦横の比はすべて $1:\sqrt{2}$ である．

B4判やB5判などは，B列と呼ばれる（表2右）．B列は日本固有で，江戸時代に徳川家の御用紙だった美濃紙の半分のサイズ（半紙）が明治政府の公文書，戦後の日本工業規格（JIS）へと引き継がれたものであり，半紙がほぼB4判にあたる．B0（1,030mm×1,456mm）は面積が1.5m²で，B0をA0と同様に順次半分に切っていくと，B1（728mm×1,030mm），B2（515mm×728mm），B3（364mm×515mm），B4（257mm×364mm），B5（182mm×257mm）…となり，縦横の比はA列と同じくすべて $1:\sqrt{2}$ である．

2-5 モデュール

建築の設計や組立ての時に基本となる寸法をモデュール（module）という．モデュールは，単位となる寸法だけをさす場合と，組織された寸法群の体系をさす場合がある．前者の一例がISO（国際標準化機構）によるbasic moduleである10cm，後者の一例がJIS A0001によるモデュールである（図16）．モデュール数列には加算性，分割性，倍数性，約数性が必要であり，またモデュールが人間の感覚に合い，また設計上使いやすいためには，小さな寸法ほど細かく，大きな寸法ほど粗くなる等比級数的な体系が必要である．

ギリシャ神殿は，柱の基部の直径をもとに「モドゥルス（modulus）」と呼ぶ単位を定めて美的比例をつくる規範とし，建築の各部の寸法，その単位から比例的に導かれたサブ単位を用いて設計された．このように，モデュールを体系的に用いて建築各部の寸法を相互に関連づけるように調整することを，モデュラー・コーディネーション（modular coordination;MC）といい，工業化住宅の設計などに用いられている（図17）．日本で桃山時代に編み出された「木割法（きわりほう）」は，柱間と柱太さが一定の関係を持ち，この比例をもとに建築各部の細かな寸法を割り出していくものであるが，この考え方はまさにモデュラー・コーディネーションである．

2-6 モデュロール

20世紀の巨匠建築家ル・コルビュジェは，"へそ"を中心とした人体比例の中に見られる黄金比とフィボナッチ数列を身体の各部にあてはめた寸法体系を考案し，1948年にモデュロール（modulor）として発表した（図18）．モデュロールは，身長6フィート（6×30.48cm $= 182.88$cm $\fallingdotseq$ 1,829mm）の人間を基準に，人体寸法を黄金比で分解し，空間と部品の関係をモデュールによりシステム化する寸法体系である．モデュロールには，赤数列と青数列がある．赤数列の基準は1,829mmの黄金比である1,130mm（へその高さ），青数列の基準は1,130mmの2倍の2,260mm（手を上に軽く伸ばした指先の高さ）であり，1,130mmを黄金分割すると698mmと432mmになる．432，698，1,130はフィボナッチ数列（$432 + 698 = 1,130$）になっており，698/432 $\fallingdotseq$ 1.628でほぼ黄金比ϕになる．モデュロールの寸法体系は，さまざまな人体動作とよく対応する（図19）．

> **◆フィボナッチ（Fibonacci）数列**
> 1,1,2,3,5,8,13,21,34,55,89,144……のように，ある連続する二つの項の和がその次の項となる数列をフィボナッチ数列という．フィボナッチ数列には，前項との比が黄金比に収束するという，おもしろい性質がある（21/13 $\fallingdotseq$ 1.615, 34/21 $\fallingdotseq$ 1.619, 89/55 $\fallingdotseq$ 1.618, ……）．フィボナッチ数列は，植物枝や葉脈の間隔，花の中心部に並ぶ種子の配列，巻貝の渦巻き，人体寸法など，自然界に多数見られる．

表2　A判・B判の用紙サイズ

A判		B判	
A0	841 × 1189	B0	1030 × 1456
A1	594 × 841	B1	728 × 1030
A2	420 × 594	B2	515 × 728
A3	297 × 420	B3	364 × 515
A4	210 × 297	B4	257 × 364
A5	148 × 210	B5	182 × 257
A6	105 × 148	B6	128 × 182
A7	74 × 105	B7	91 × 128
A8	52 × 74	B8	64 × 91
A9	37 × 52	B9	45 × 64
A10	26 × 37	B10	32 × 45

875	175	35	7	14	28	56	112	(224)	(448)
125	25	5	1	2	4	8	16	32	64
375	75	15	3	6	12	24	48	96	192
(1125)	225	45	9	18	36	72	144	288	576
(3375)	675	135	27	54	108	216	432	864	(1728)

JISの建築モデュール（JIS A 0001）は主として構成材のサイズを定めるためのものであり，人体寸法との関わりは薄い．1, 2, 3, 5というフィボナッチ数列を基本に7の倍数を加えて展開している．（ ）内の数値は除外する．

図16　建築モデュールの例（JIS A 0001）

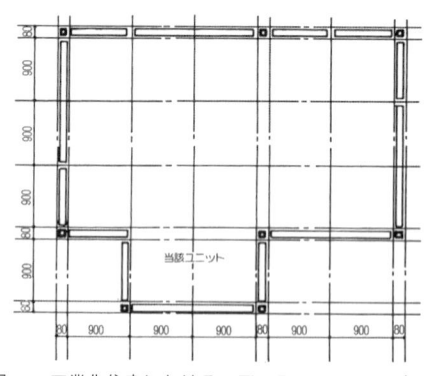

図17　工業化住宅におけるモデュラー・コーディネーション（松村秀一監修『工業化住宅・考』学芸出版社）

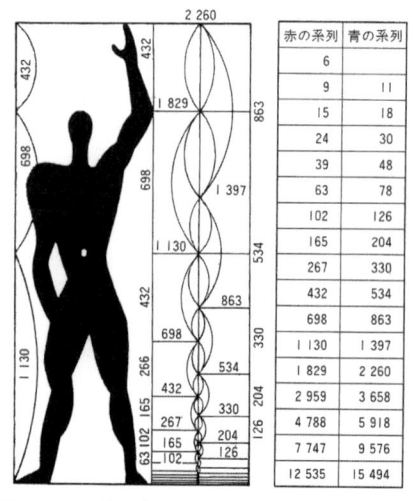

基本モデュールを900mm，柱寸法を80mmとするダブルグリッド方式の例．

赤の系列	青の系列
6	
9	11
15	18
24	30
39	48
63	78
102	126
165	204
267	330
432	534
698	863
1 130	1 397
1 829	2 260
2 959	3 658
4 788	5 918
7 747	9 576
12 535	15 494

「モデュロールは人体寸法と数学とから生まれた，寸法をはかる道具である．腕をあげた人間が空間占拠を限定する点を与える，足，へそ，頭，上にあげた手の指の先とによる三つの間隔は，内にフィボナッチと呼ばれる黄金比を含む．一方，数学的にはもとのものに最も簡単で，最も力強い変化を与えている．それは単位，2倍，黄金比である．」（ル・コルビュジェ『モデュロール』吉阪隆正訳）

図18　コルビュジェのモデュロール（岡田光正『建築人間工学 空間デザインの原点』理工学社）

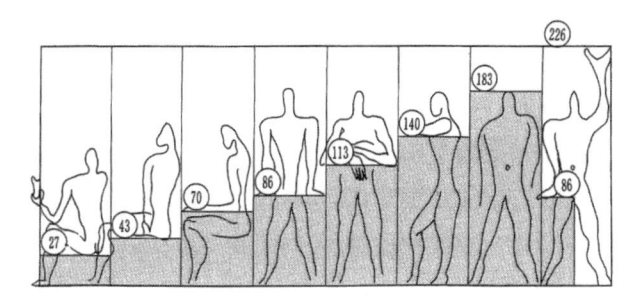

図19 モデュロールと人体動作の関係（古賀紀江『建築人間工学事典』彰国社）

表3 畳の寸法の比較

名称	内法制・心々制	長さ		幅		京間の畳に対する面積比率
		尺	cm	尺	cm	
京間	内法制	6.3	191	3.15	95.5	1.00
中京間	内法制	6.0	182	3.00	91.0	0.91
関東間	心々制	約5.8	176前後	約2.9	88前後	0.85

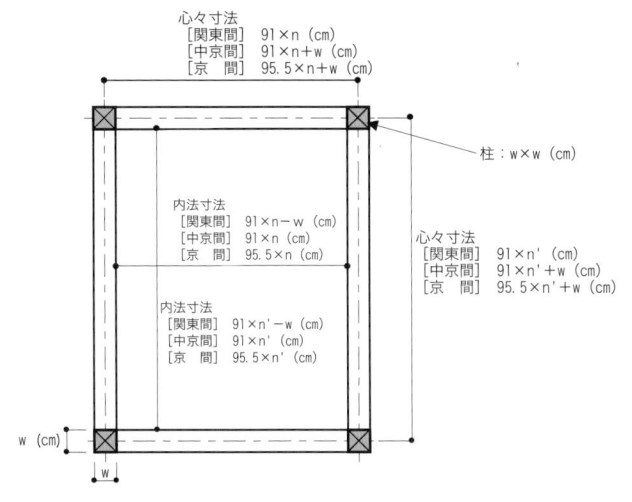

6畳間（n = 3, n' = 4）の関東間の場合，四隅の柱の太さ w = 10.5 (cm) すなわち3寸5分とすると，畳の寸法は短辺が（91 × 3 − 10.5）/3 = 87.5 (cm)，長辺が（91 × 4 − 10.5）/2 = 176.75 (cm) となる．

図20 京間・中京間・江戸間の比較と心々制・内法制

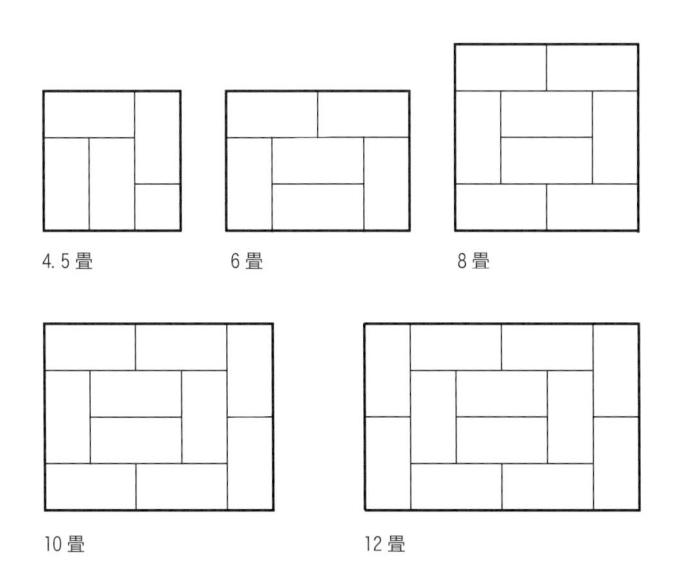

図21 4.5畳から12畳までの畳の敷き方（祝儀の敷き方）

モデュロールは，実際にはほとんど普及しなかったが，尺度とは身体寸法に端を発するものであるという概念を取り戻した功績は大きい．

2-7 内法制・心々制と畳の寸法

「起きて半畳，寝て一畳」という言葉があるように，畳の寸法は人間の生活行為になじみやすいヒューマンスケールの一つである．伝統的な畳の寸法には，関西以西と北陸に多く用いられる京間（関西間，本間），名古屋を中心とした中京間，東日本に多い関東間（江戸間，田舎間）がある（表3）．中京間の畳の寸法は3尺×6尺（91cm×182cm）であり，中京間の畳2枚の広さが1坪（3.3㎡）である．

規格化された一定の大きさの畳を基準として，部屋の広さや柱の位置を決定する方法を，内法制という．内法制は，柱の内法間の寸法が畳の短辺寸法の倍数であり，柱の心々間の寸法は（畳の短辺長さの整数倍）＋（両側の柱の太さ）になる（図20）．京を中心とする京間や，中京地方に多い中京間，北陸の町屋や民家は内法制であり，畳の縦横比はちょうど1:2で，サイズはすべて同じである．

これに対して，柱の心々間の寸法を3尺（91cm）の倍数とする方法を，心々制という．心々制では，部屋の広さが柱の心々寸法から両側の柱の半分の太さを引いた寸法になるため，畳の寸法は中京間よりも小さく，また縦横比も1:2にはならないため，畳の寸法は1枚ずつ微妙に異なる（図20）．したがって，心々制では畳の位置を変えると，うまく敷き詰められなくなる．関東地方を中心とする民家などにみられる関東間は，心々制である．

以上のように，間，尺，寸の寸法体系や畳を基準にして柱心をおさえる方法は，まさにモデュラー・コーディネーションの考え方そのものである．

2-8 畳の敷き方

畳の敷き方には，①床の間の前に敷く畳の長手方向が床の間に平行になるように敷く，②畳の長手方向を出入り口に平行に敷く（床の間がない場合はこれを優先する），③畳と畳の合わせ目がT字形になるように敷く（畳の縁が十字に交差するのを避ける），という約束がある（祝儀の敷き方）．6畳より広い場合は，6畳間の祝儀の敷き方を基本形として敷く（図21）．葬儀など縁起の悪いときには，畳の角が十字になるように同じ方向に畳を敷き変えたが（不祝儀の敷き方），畳の大きさがすべて同じでないと敷き換えができないため，実際には敷き変えることは希である．

〈3〉外部空間と建物の配置

3-1 敷地条件を読む

　敷地にはそれぞれ固有の条件があり，一つとして同じ条件の敷地はない．隣り合う敷地であっても，まったく条件が異なることさえある．敷地内での建物配置を決めるためには，まず敷地条件をよく調べる（敷地条件を読む）必要がある．敷地条件には，「敷地固有の条件」「法による規制」「建物の用途」の三つが密接に関係し連動しており，各条件は時間の経過とともに変化していく（図22）．

　敷地固有の条件としては，①面積・形状，②起伏・高低差・傾斜，③方位，④眺望，⑤日照・風向（卓越風），⑥敷地境界線（道路境界線，隣地境界線），⑦前面道路（接続状況，幅員，歩道の有無，交通量），⑧敷地内の既存建物，⑨隣地および周辺の状況，⑩騒音源（道路，駐車場，工場，航空機），⑪地中の状況（埋設物，遺跡，文化財），などがある．

　また，敷地や建物は建築基準法，都市計画法，消防法などによるさまざまな規制を受ける．たとえば，建築基準法には建蔽率・容積率，高さ制限，斜線制限，日影規制，用途地域による用途規制など，建築物の形態や用途，道路との関わりについて，さまざまなルールが定められている（これらを集団規定という）．そのほかにも，各自治体による建築条例，景観や住環境を守るための規制などがあり，これらが建物の形態や配置に影響する（図23）．また，敷地固有の条件や法による規制は，計画建物の用途（住宅，事務所ビル，病院，学校などのビルディングタイプ）によっても異なる．

　だが，敷地固有の条件は時間とともに刻々と変化する．法規の改正，建物の増改築や用途変更（コンバージョン）が行われると，建物が受ける規制そのものが変わってくる．「一用途一寿命」のスクラップ・アンド・ビルドの時代から，建物を長く大切に使っていく時代を迎えた現在，時間の経過による変化を織り込んだ，いわば「四次元の計画・設計」がますます重要になっている（図24）．

時間軸（経年変化）

時間の経過による変化を織り込んだ「四次元の計画・設計」が重要
図22　敷地条件を読む

狭い前面道路の敷地いっぱいに建てたため，道路斜線による規制がそのままビルの外形に現れている．

自然の地勢を活かした造成により，斜面地住宅や曲線道路を生み出している．壁面後退，緑化，敷地の区画変更禁止，建物用途の制限などを住民が自主的に取り決め，良好な住環境を保っている．（コモンシティ星田 HUL－1地区）

図23　敷地にかかるさまざまな建築規制

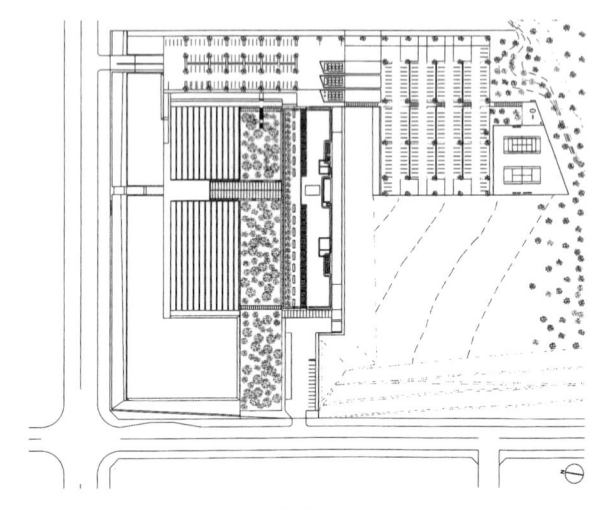

2002年に第1期として延べ面積6万m²（600万冊収蔵）で開館した．後方（南側）への増築により最大16万m²（2,000万冊収蔵）まで増築可能で，21世紀中に出版される図書資料をすべて収蔵する計画になっている．2020年2月に書庫約2万5,000m²の増築工事が完了し，新たに500万冊が収蔵可能になった．

図24　100年後まで見こした配置計画（国立国会図書館関西館，上配置図：「新建築」2002年11月号，新建築社）

◆建築面積と建蔽率・延べ面積と容積率

　建物の外壁またはこれに代わる柱の中心線で囲まれた部分の水平投影面積を建築面積といい，建築面積の敷地面積に対する割合を建蔽率という．また，各階の床面積の合計を延床面積（法令用語では「延べ面積」），延床面積の敷地面積に対する割合を容積率という．

　住宅地では，建蔽率や容積率が低く抑えられるが（建蔽率40％，容積率80％など），都心の一等地では，たとえば商業地域では建蔽率100％まで可能であり，容積率も東京の西新宿や大阪の西梅田などでは，1000％以上に指定されている地域がある．

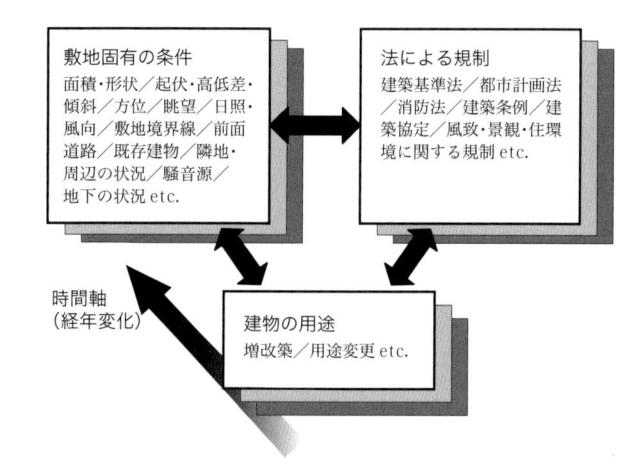

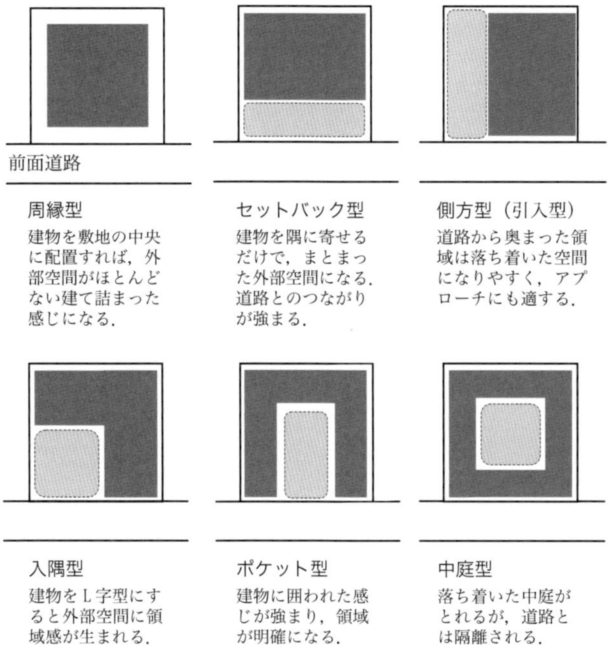

周縁型
建物を敷地の中央に配置すれば，外部空間がほとんどない建て詰まった感じになる．

セットバック型
建物を隅に寄せるだけで，まとまった外部空間になる．道路とのつながりが強まる．

側方型（引入型）
道路から奥まった領域は落ち着いた空間になりやすく，アプローチにも適する．

入隅型
建物をL字型にすると外部空間に領域感が生まれる．

ポケット型
建物に囲まれた感じが強まり，領域が明確になる．

中庭型
落ち着いた中庭がとれるが，道路とは隔離される．

図25 建物の配置と外部空間（建蔽率60％の場合）

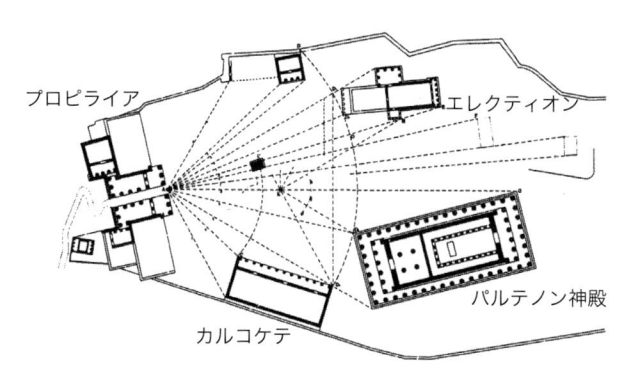

一見，配置のルールがないように見えるが，左端のプロピライアとその右のブロンズ戦車（カルコケテの上の点）に視点を定め，パルテノン神殿（右下），エレクティオン（右上）などの主要な建物の配置を決定している．各視点からの半径のなす主要な角度は30°である．
図26 アクロポリスの神殿配置（岡田光正ほか『建築計画1 新版』鹿島出版会）

西方向を見た俯瞰．地形や植生をできる限り保存しながら，建物群を谷に挿入している．左上から右下につながる2棟の建物は南北を向いている（右が北）．展示室の屋上にあたる広場を，さまざまな大きさ・形・角度の建築群が囲む．（設計：磯崎新アトリエほか，2002年）
図27 岐阜県現代陶芸美術館の建物配置

大阪城公園からの一望．左からクリスタルタワー，ツイン21（2棟），IMPビル，OBPキャッスルタワー．クリスタルタワーは都市計画道路片町徳庵線の軸線の真上に建ち，アイストップとなるとともに，OBP地区の「扇の要」的な存在である．近隣の大阪城に配慮し，最高軒高は150mに規制している．
図28 大阪ビジネスパーク（OBP）の建築群

3-2 建物の配置・形状と外部空間の形態

敷地内の建物配置や外部空間のとりかたは，建蔽率，容積率，建物の形状，階数，高さ，規模，棟数などにより大きく変わってくる．地価の高い都心に建物を計画する場合は，事業採算性や収益性を高めるため，容積率や斜線制限の限度いっぱいにボリュームを確保することが多い．一方，容積率をあえて使いきらず，居住環境の質の向上や敷地周辺への影響の緩和のため，隣棟間隔を大きくとったり，外壁面を敷地境界線から後退させたりすることもある．

図25は，一面が道路に面する平坦な正方形の敷地に，建蔽率60％の建物を1棟配置する単純なモデルにより，建物の配置と外部空間の関係を検討したものである．これより，同じ建蔽率でも建物の配置によって，外部空間の性格が大きく異なることがわかる．セットバック型を連続させたり，外部空間を中心に側方型や入隅型を左右対称に並べたりすることで，敷地境界を越えた外部空間のつながりができる．

3-3 群建築の配置

古代ギリシャの神殿の配置は，まず全敷地を見渡せる最初のもっとも重要な点（一般には主要な入口）を定め，そこを視点として，①視点から主要な建物の三つの角までの距離は，三つの角が見えるように決定される，②すべての主要な建物は，視点から全体が見えるか，他の建物にまったく隠される，③視点から主要な建物まで引いた線（半径）は，視点で互いに決まった角度をなす（アクロポリスの場合は30°）など，計八つの原理にしたがって行われたという（図26）．このように，配置に関するルールを設定し，それに基づいて各棟の高さ，隣棟間隔，配置角度，空間の囲み方，視線，動線などを配置することで建物相互の関係に秩序が生まれ，群としてのまとまり・秩序・美しさが感じられるようになる（図27）．

東京の新宿新都心，品川グランドコモンズ，汐留シオサイト，横浜みなとみらい（MM）21，大阪ビジネスパーク（OBP，図28），オオサカガーデンシティは，超高層や高層の建築が建ち並び，大規模な群建築を形成している．これらは軒高，道路境界線からの壁面後退距離，道路に面したオープンスペースや緑地のとりかたなどについて自主的に共通のルールを設け，各建物がそれを遵守することで，敷地や建物の所有者，設計者，建物用途，階数，規模などが異なる各建物の個性を生かしながら，全体として統一感や秩序を持たせ，有機的につなげることをめざしている（図29）．このようなルールは個々の建物の形態・配置・規模を制約するが，敷地単位でばらばらに計画した場合よりも，地区全体のイメージ・景観・環境を格段に向上し，建物の資産価値も高まることが期待できる．

3-4 軸

洋の東西を問わず，軸は都市計画，公園や庭園の計画，建築の配置計画や平面計画など，さまざまなスケールにおいて用いられてきた．軸には，空間に秩序を与え，建物の配置を相互に関係づけ，統合する役割がある．軸は枝分かれを作らず，1本の筋を明確に通すのが基本である．

軸の基本形としては，直線軸，屈曲軸，蛇行軸と，それらが同じ向きに並んだ平行軸，2本の軸が交差する交差軸，ある1点を始点とする複数の軸が外側に広がる放射軸がある（図30）．直線軸はビスタを生み，曲線軸は進むにつれて次々と新たな風景が展開する．

軸による空間の配列方法には，①軸に乗せる，②軸に沿わせる，③軸をはさむ，④軸をきざむ，などがある（図31）．軸に対して左右対称に配置すると，荘厳，威厳，崇高などの意味が強まる．寺院，神社，宮殿，議事堂などの建物や配置を左右対称にするのは，そのためである．

3-5 軸の持つ意味

軸が指す方向は，何らかの意味を持つ．あるいは，軸を設定する場合は，その方向に何らかの意味づけが必要である．軸の方向は，軸にどのような意味を与えるかで決まる．軸に与える意味によっては，軸の向きは周辺や敷地内の他の建物の配置とは無関係に決められる．

軸に与える意味には，以下のような種類がある．

①方位の軸

方位軸は太陽の運行と密接に関連する．太陽を神と崇めた古代エジプトでは，ピラミッドの底辺の正方形が正確に東西南北を向くように配置した．東西南北にそれぞれの方位をつかさどる神がいる（東－青龍，西－白虎，南－朱雀，北－玄武）とする，中国の四神相応の思想に基づいてつくられた平城京や平安京の条坊制の格子の方向も，東西南北に一致する．初期の大規模団地は，住戸の南面採光の重視と住戸間の日照条件の公平性を担保するため，住棟は東西軸の南面平行配置が多い．

②景観・眺望の軸

眼前に海面や広大な緑地が広がっている，富士山が望めるなどの敷地では，眺望や景色を最優先して建物の軸線の向きを設定する場合がある．

③地形の軸

自然の地形を極力変えず，等高線，海岸線，稜線，谷筋に沿って建物を配置する場合の軸で，多くは曲線軸になる．

④敷地の軸

敷地の道路境界線や隣地境界線に規定される軸．狭い敷地や細長い敷地で，明確に現れやすい．

⑤歴史の軸

建物の配置を古くからある街道，旧市街の街区，古い建

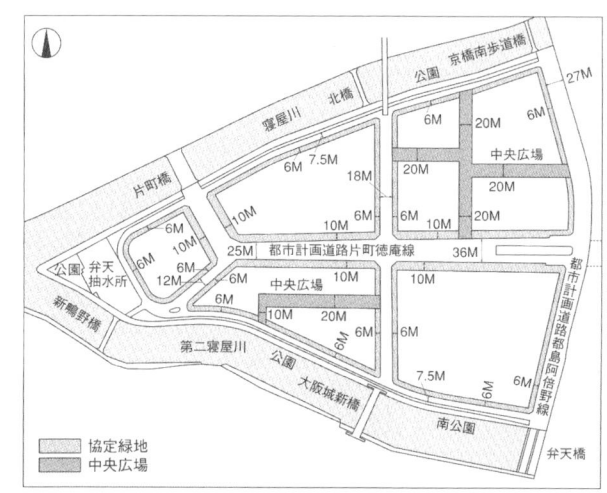

OBP地区全体の容積率は500%におさえられている（新宿は1000%）．地区の中央を東西に貫くメインストリート（幅員25～36m）などの道路で五つに分けられたスーパーブロック（最小でも1.3ha，最大5.6ha）は，周囲に建築協定による緑地帯（幅員6mまたは10m）がとられ，複数の土地所有者で分割されるスーパーブロックには，幅員20mの中央広場が設けられている．

図29　大阪ビジネスパーク（OBP）の街路計画
（日建設計都市建築編集研究所「OBP 大阪ビジネスパーク」日建設計）

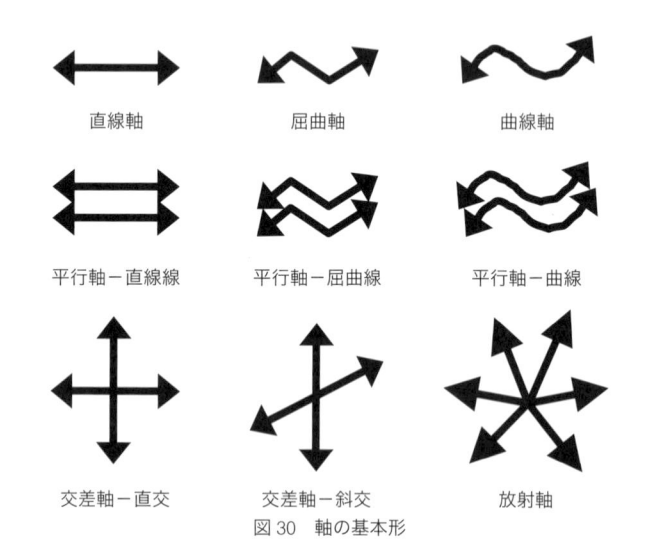

図30　軸の基本形

▶ビスタとアイストップ

見通しのよい直線の街路空間のように，奥行きが深い風景がビスタ（vista）である．ビスタの焦点となる場所，直線軸の終端部，交差軸の交差部や放射軸の中心部などに配される造形要素をアイストップといい，軸に力強さを与える．

神宮外苑の並木道のビスタ．正面の絵画館がアイストップとして軸線の性格を強めている．

OBPの東西軸の西端にアイストップとして計画されたクリスタルタワー．

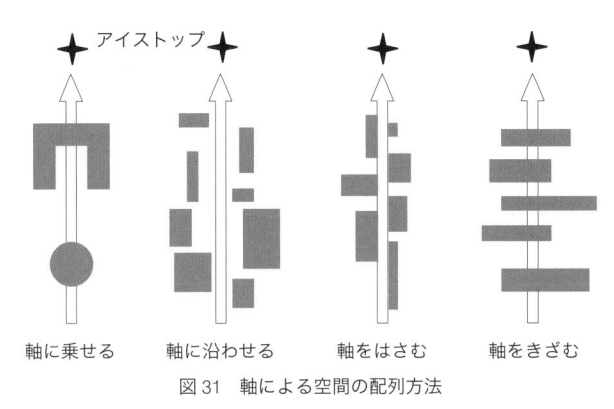

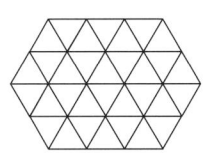

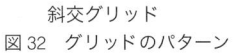

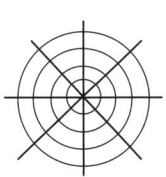

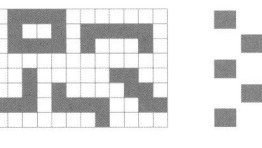

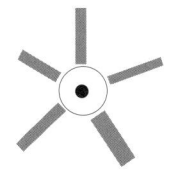

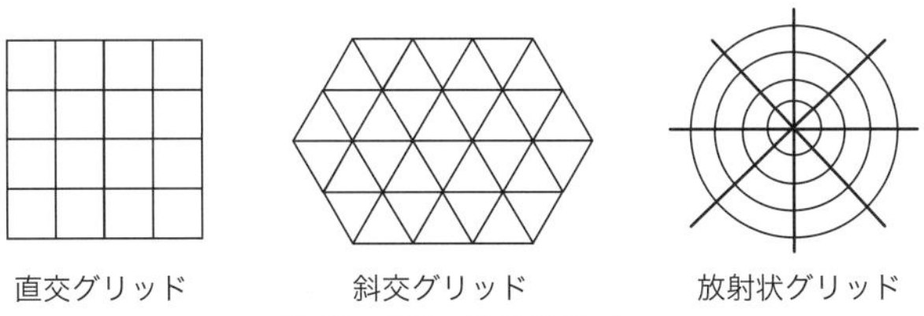

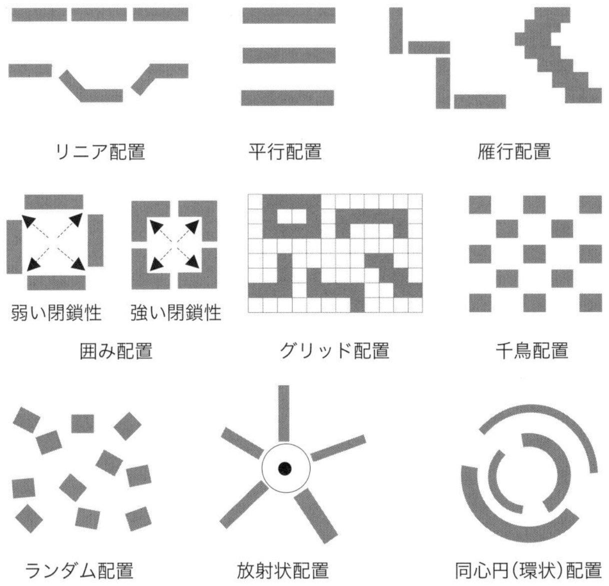

物の遺構の方向に合わせる，その地域の歴史を物語る建物や遺跡に向かって軸を設定するなど，過去の歴史に対する敬意や，時間の積層に関与する意思を示す軸．

⑥ **成長の軸（時間の軸）**

脊椎動物の成長のアナロジーとして，都市が時間とともに線状に成長・発展していく方向を規定または予見する軸．

⑦ **宗教の軸**

回教寺院の礼拝堂は，聖地メッカの方向に配置される．西方浄土という仏教思想は，西のかなたの仏を拝むため，西向きを重視する．兵庫県小野市の浄土寺浄土堂は東西軸で，阿弥陀三尊が西を背にして立つ．山を御神体として崇める宗教は，その山頂に向かう方向を神聖な軸に設定し，正門や祭壇などの重要施設を軸線に合わせて配置する．

3-6 グリッド（格子）

グリッドは，平面的に広がる配置に秩序を与える．もっとも一般的なグリッドは，交差角度90°の直交グリッドであるが，交差角度60°の正三角形グリッドや，放射状グリッドもある（図32）．

放射状グリッドは，中心が象徴性を持つ求心的な性格と，中心から外に向かって成長・発展していく際の原点や扇の要となる拡散的な性格の両面をあわせ持つ．放射状グリッドの中心に象徴的なものを置くことで，求心性が高まる．

3-7 建物配置の基本パターン

建物の配置パターンには，①リニア配置，②平行配置，③雁行配置，④囲み配置，⑤グリッド配置，⑥千鳥配置，⑦ランダム配置，⑧放射状配置，⑨同心円配置，などがある（図33）．①，②，③，④の事例を図34に示す．

リニア配置は直線，折れ曲り，曲線などの軸に沿った配置で，建物相互のつながりや方向性が明確である．平行配置は，日照条件の公平さを重視する集合住宅団地の配置に適するが，外観や外部空間が単調になりやすい．雁行配置は，あるまとまりごとに斜め方向に配置をずらしていくもので，外観を分節化することでリズム感が生まれる．囲み配置は内部に中庭的な領域が生まれる．中庭の四隅を空けると閉鎖性が弱く，入り隅にすると閉鎖性が強まる．グリッド配置は，整然とした統一感がある．千鳥配置は斜めにも方向性が生まれ，平行配置にないおもしろさがある．ランダム配置は自然発生的であるが，各棟の向き，間隔，視線，プライバシーなどを周到に計画しデザインしないと成立しない．放射状配置と同心円（環状）配置は，ともに放射状グリッドが基本である．両者の違いは配置を半径に合わせるか，円弧に合わせるかによる．

〈4〉機能と空間構成

4-1 建築の機能と空間

建築の「用・強・美」のうち,「用」にあたるのが建築の機能である.建築は,ある目的を達成するために必要な機能・規模を満足するように計画・設計・建設される.たとえば,博物館は,①歴史,芸術,民俗,産業,自然科学等に関する資料の収集・保管,②それらの展示公開,③収集した資料に関する調査研究,を目的とする施設であり(博物館法第2条),小学校の目的は「心身の発達に応じて,義務教育として行われる普通教育のうち基礎的なものを施すこと」(学校教育法第29条)であり,病院は「医師又は歯科医師が,公衆又は特定多数人のため医業又は歯科医業を行う場所であって,20人以上の患者を入院させるための施設を有するもの」(医療法第1条の5)と定められている.

このような設置目的や設置基準に忠実かつ素直に従い,一般解としての空間構成を追求する結果として,同じ種類の施設の建物は,平面図や外観に類似点が多く現れるようになる.また,事務所ビルや集合住宅のように,高い経済性・効率性・普遍性を追求した結果,やはり似たような外観や内部空間の構成(平面・断面)になる(図35).その他,用途ごとに異なる建築基準法の採光規定で決まる窓の大きさ,病院や集合住宅におけるバルコニーの設置義務や設置指導なども,用途ごとの外観の類似性を強化する.

4-2 ビルディングタイプと「らしさ」

その結果,建築は外観や内部空間の構成から「博物館」「図書館」「小学校」「病院」「事務所」「百貨店」「集合住宅」などの用途が推定できるようになる(図36).このように,施設の種類ごとに現れる形態的・外観的特徴をビルディングタイプという.すなわち,病院は病院らしく,学校は学校らしく見え,また設計する場合もそれらしくデザインするというサイクルができあがり,建築はますますその用途「らしく」見えるようになる.こうなると,「らしくない」デザインにすると利用者が混乱する反面,周辺住民の拒否反応を緩和する効果も期待できる(図37).

「らしさ」を感じるのは,ほぼ「一用途一寿命」(解体されるまで当初の用途のまま使われ続ける)という,日本の建築事情によるところが大きい.欧米には,建設から百年以上経過した建物が数多く存在するが,その多くは「駅舎→美術館」「工場→集合住宅」「事務所→ホテル」「倉庫→ショッピングモール」などのような用途変更が行われている.その結果として生じる用途変更後の用途と外観のギャップには,時として新鮮な驚きがある(図38).

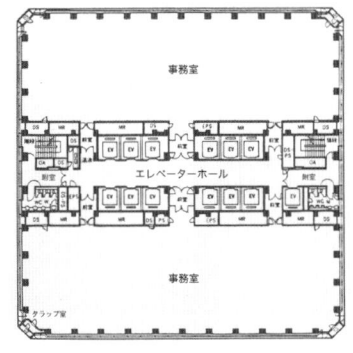

図35 経済性・効率性を追求した事務所の基準階平面図(ツイン21,「建築と社会」1985年10月号,日本建築協会)

平面形は一辺38.4mの正方形,事務室の奥行きは13m.事務室面積を最大にとれるよう,特別に開発した薄型の空調機が事務室の壁に並べられている.

エレベータは13基(うち右端の1基は非常用エレベータ)あるが,この階に停止するのは左側の6基だけである.

事務所  / 集合住宅  / 大規模商業施設  / 病院

図36 さまざまなビルディングタイプ

外壁に「119番」と大きく書かないと消防署に見えないのだろうか  / 周辺住民に配慮して清掃工場らしくない外観デザインや煙突にしている

図37 外観と用途が一致しない「らしくない」建築

図38 外観を残して火力発電所を美術館に用途変更した例(テート・モダン,2000年,ロンドン)

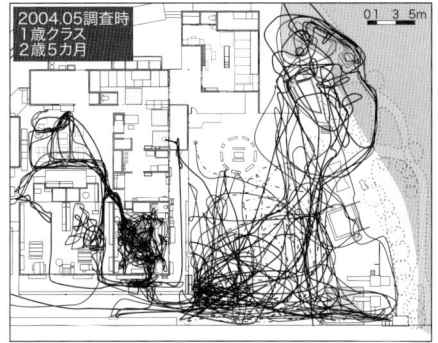

図39 保育園における園児の終日の生活行動調査
(山田あすか『ひとは、なぜ、そこにいるのか』青弓社)

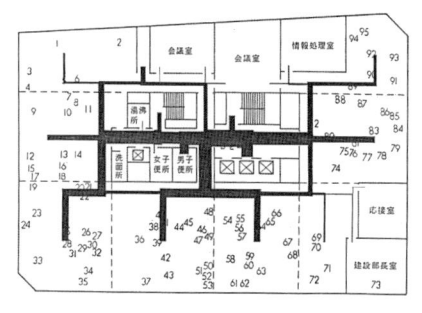

図40 某社自社ビル6階における社員の動線調査

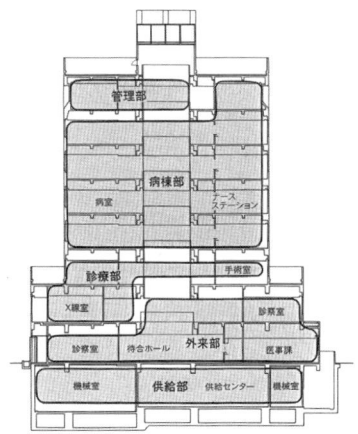

自分の席からエレベータ，便所，よく利用する階段，その他頻繁に通る経路を平面図に記入してもらったものを，破線で示したゾーンごとに集計・整理したもの．数字は回答者（95人）の席の位置を示す．

図41 病院の部門別ゾーニングの例(谷口汎邦編修『建築計画・設計シリーズ16 医療施設』市ヶ谷出版社)

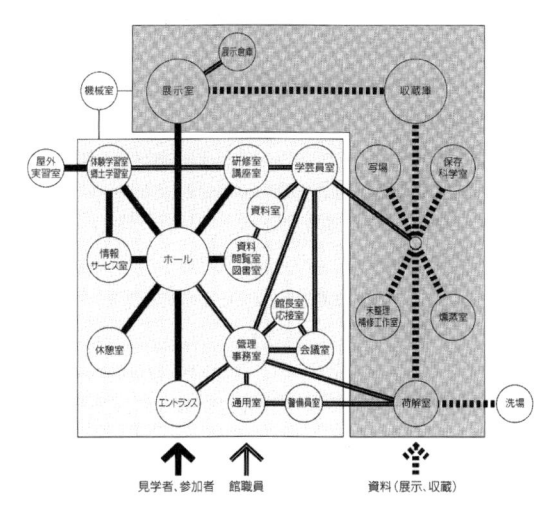

病院は病棟部，診療部，外来部，供給部，管理部という五つの部門で構成される．左は基壇堂塔型（基壇タワー型ともいう）の病院の部門の立体的ゾーニング)を示したもの．

図42 博物館の所要室の機能構成 (戸尾任宏「SPACE MODULATOR」No. 82, 日本板硝子)

4-3 動線

建築・都市空間における人・車・物の動きの量，方向，つながりなどを示す線を動線という．平面図に動線を描き込んだものが動線図であり，矢印で動線の方向を示したり，動線を通過頻度に比例した太さで描いたりすることで，より動きの状況がわかりやすくなる．図39は，保育園における園児の行動を観察し，平面図に園児の行動軌跡を描いたものである．また図40は，某企業の本社ビル別館6階における社員の移動経路を示したものであり，記入された動線の本数に比例するように，線の太さを描いてある．

動線図を描くことで，①頻度の高い動線が長くなっていないか，②性質の異なる動線が交差していないか（人と車，客と従業員，清潔物と汚染物など），③侵入してはいけない場所を通る動線がないか，④複雑な経路がないか，⑤火災時に避難できなくなる部分がないか，などをチェックし，建築計画にフィードバックすることができる．ただし，期待感を高める，群集の流れをスムーズにするなどの目的で，あえて動線を長くしたり折りたたんだりすることがある．

4-4 グルーピングとゾーニング

空間を構成する各部分を機能別にグループ化し，機能面の類似性や相互のつながりの関係性や強弱を考慮して配置することを，グルーピングという．小学校の普通教室を低学年と高学年にまとめる，大規模商業施設の店舗を飲食店と物販店にまとめる，病院を外来部・診療部・病棟部などにまとめることなどが，グルーピングの代表例である．

一方，空間を，①機能（病院の外来部と病棟部，物販店の売り場とバックヤードなど），②要求される静寂さのレベルの違い，③要求されるセキュリティやプライバシーのレベルの違い，④利用時間帯の違い，⑤利用者の属性の差（男女・年齢など），⑥敷地の高低差，などに応じて平面的または立体的に分けることを，ゾーニングという（図41）．

グルーピングした各部分のつながりを線で結んだ図が，機能図である．機能図の線は動線の概略を示すが，線の長さや経路は現実とは異なる．図42は，ある博物館の機能図であり，①各部の機能のうち同種のもの・密接に関連するものをまとめる，②それらを「人間中心の環境」と「保存環境」の二つのゾーンに分ける，③「見学者」「館職員」「資料」という異種の動線を交錯させない，ように描かれていることが読みとれる．

機能図をもとに，空間のつながりやボリュームをある程度意識して描かれるのが，ブロックプランである．ブロックプランは，建物の配置や空間の立体的なつながりが具体的に理解できるように描くのがよい．図43に，病院のブロックプランの例を示す．

第4章 建築を計画する 67

4-5 コア

住宅の台所，浴室，洗面，便所などのいわゆる水回り部分や機械室などを中心にコンパクトにまとめたものが，設備コアである．住宅の便所，洗面，浴室などの水回りを設備コアとして1か所に集中配置することは，設備計画や平面計画において合理的であり，また平面計画の自由度が増す（図44）．

中・高層建築において，エレベータシャフト，階段室，便所，配管・配線・空調ダクトの経路としての縦穴などをコア内に集中配置することは，平面計画や設備計画の面から，非常に合理的かつ経済的である（図35，図45）．

4-6 コアのタイプと特徴

コアのタイプには，センターコア，偏心コア，外部コア，ダブルコア，分散コアがあり，それぞれ以下のような特徴がある．各タイプの実例を図46に示す．

①センターコア

床面積がもっとも有効に使える．地震時の水平力によるねじれが少なく，構造上のバランスがよいので，構造コアとしてもっとも好ましい．各面からの眺望・採光・通風が可能．コアが外観を乱さないため，美しいファサードになる反面，単調で画一的になりやすい．基準階面積が小さいと，外壁とコアの距離が小さくなるため，使い勝手が悪い．コアの平面形が正方形に近いと，コア内の避難階段が互いに接近するため，火災時の避難に不利である．

②偏心コア（片寄せコア）

基準階面積が小さく，センターコアでは充分な奥行きがとれない場合に適する．地震時の水平力により，ねじれが生じやすいので，構造計画に注意を要する．コア内の避難階段が互いに近いと，火災時の避難に不利である．

③外部コア

コアによる平面計画への制約が少ないが，地震時の水平力でもっともねじれが生じやすいので，耐震上は不利である．偏心コアと同じく火災時の避難に不利であり，大規模になればコア以外の部分にも避難階段が必要になる．

④ダブルコア（両端コア）

両端のコアの間に無柱の空間が確保できる．コアどうしが離れているので，火災時に避難階段が同時に煙に汚染される可能性が低く，避難上有利である．コア間の距離が大きい場合は，中央部分の耐震性の検討が重要になる．1層を分割貸しする場合は，両方のコアを廊下でつながなければならず，事務室面積が減るので，貸しビルには適さない．

⑤分散コア

コアの剛性を高め，大型の梁をかけて巨大な架構を組むことで，無柱の大空間ができる．コアが外観に大きく現れる．各コアに避難階段をとれば，避難計画上有利になる．

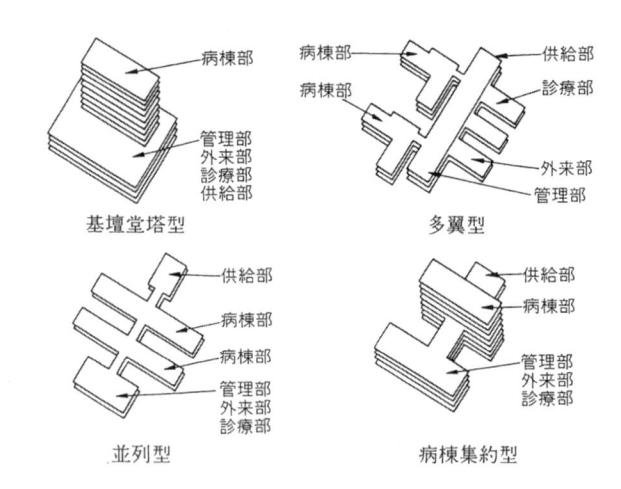

図43　病院のブロックプラン例（谷口汎邦編修『建築計画・設計シリーズ16 医療施設』市ヶ谷出版社）

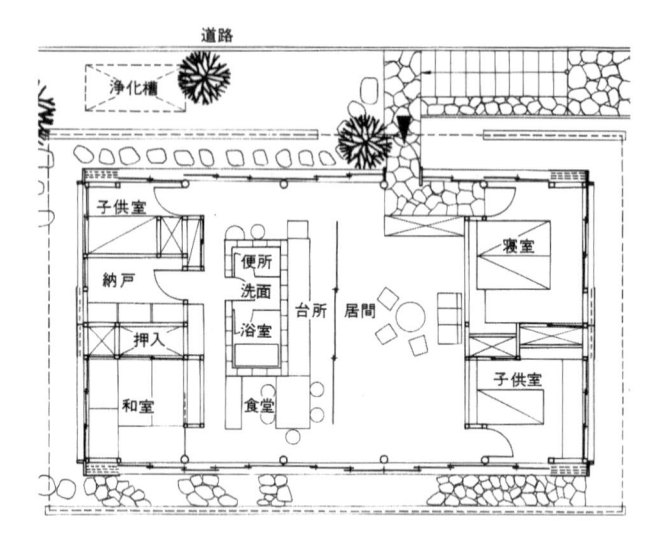

木造トラスの採用によりスパンを24尺（約7.3m）とばすことで，設備コアの意味が明確になるとともに，水回り諸室の小窓が出ない，すっきりした外観を実現している．

図44　コアのあるH氏の住まい（1953年，増沢洵，日本建築学会建築計画委員会『設計製図資料8 住宅平面図集-1』彰国社）

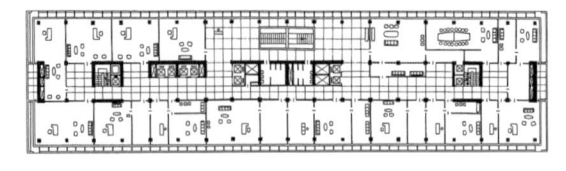

平面を貫く細長いコアに地震力を負担させることで，外壁に細い柱を並べ，美しいプロポーション，外観を乱さないコア配置とあいまって，美しいファサードを実現している．この手法は，その後の事務所ビルの主流となったが，実際にはコアは扉，空調ダクト，設備配管で穴だらけで，構造上の大きな矛盾を内包していた．

図45　旧東京都庁舎（1957年，丹下健三，現存せず）

① センターコア

香川県庁舎
(設計：丹下健三，「新建築」1998 年 4 月号，新建築社)

世界貿易センタービル
(設計：日建設計，岡田光正ほか『建築計画1 [新版]』鹿島出版会)

新宿三井ビル
(設計：日建設計，岡田光正ほか『建築計画1 [新版]』鹿島出版会)

② 偏心コア（片寄せコア）

パシフィックセンチュリープレイス丸の内
(設計：日建設計，「新建築」2002 年 1 月号，新建築社)

鹿島本社ビル
(設計：KAJIMA DESIGN，「新建築」2008 年 4 月号，新建築社))

③ 外部コア

平塚ビル
(設計：日建設計，『設計の技術 日建設計の 100 年』日建設計)

キーエンス本社・研究所ビル
(設計：日建設計，『設計の技術 日建設計の 100 年』日建設計)

④ ダブルコア（両端コア）

日本 IBM 本社ビル
(設計：日建設計，岡田光正ほか『建築計画1 [新版]』鹿島出版会)

⑤ 分散コア

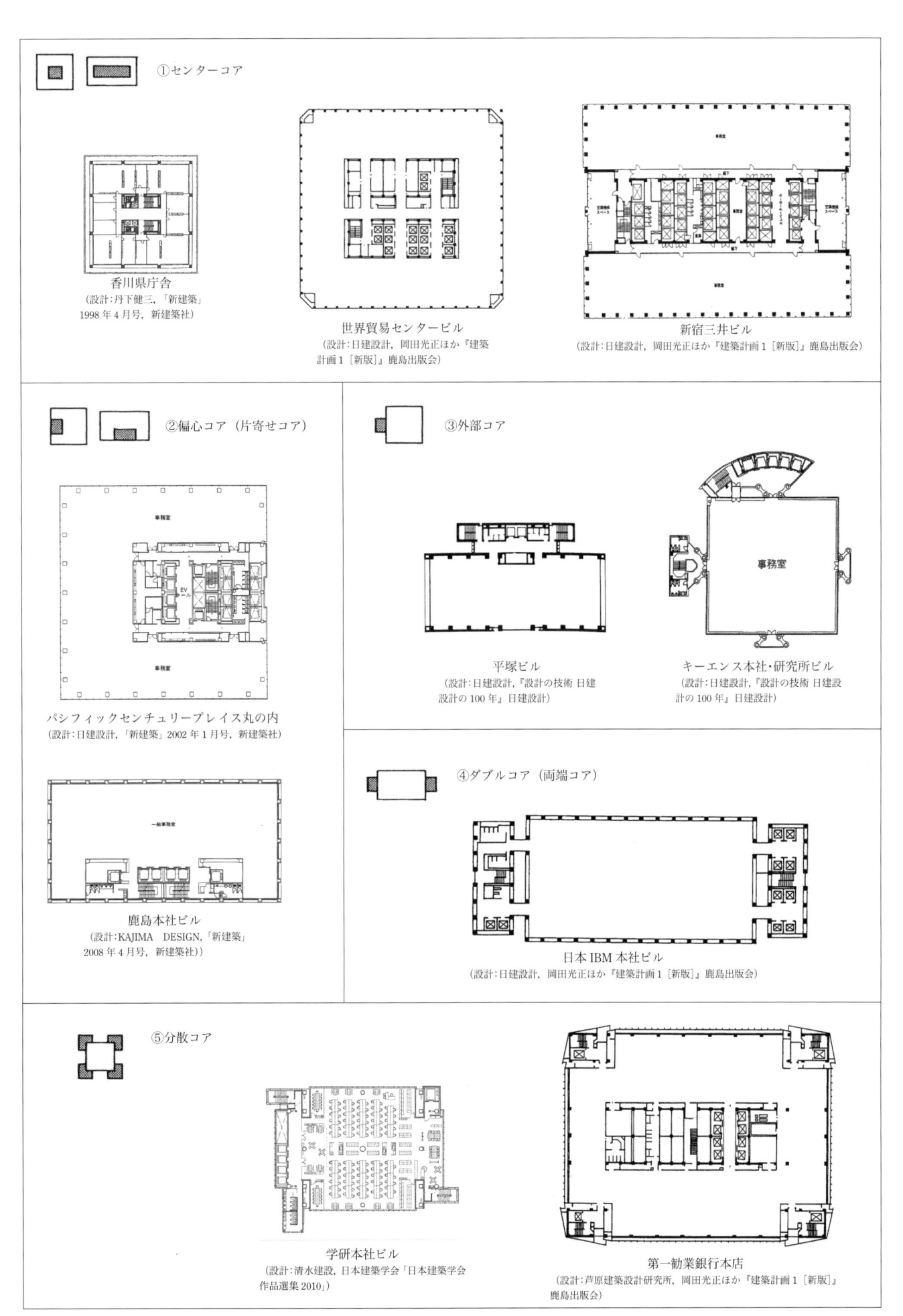

学研本社ビル
(設計：清水建設，日本建築学会「日本建築学会作品選集 2010」)

第一勧業銀行本店
(設計：芦原建築設計研究所，岡田光正ほか『建築計画1 [新版]』鹿島出版会)

図 46　コアタイプの実例

第 4 章　建築を計画する

〈5〉 開口部とそのまわりの計画

5-1 開口部の機能

開口部は，建築物の屋根，壁，床，天井などの一部が開放された部分のことで，出入り口と窓の総称である．開口部には通常，柱や壁に固定された枠に建具が取り付けられているが，建具や枠がなく，ただ空いているだけのものもある．開口部はファサードのデザイン要素としても重要であるため，建築家は窓の位置，大きさ，プロポーションの決定に力を注いできた（図47）．

戸は，人・物・車が出入りする場所であるため，下枠は床面とほぼ同じ高さか，楽に乗り越えられる程度の高さにおさえられる．車いす，患者を運ぶストレッチャー，台車が通る戸は，下枠をなくして完全フラット仕上げとする．

窓は，原則として人が出入りしない開口部であるため，下枠は通常，床面より高くする．外部への出入り口を兼ねる場合は，下枠の扱いは戸と同じになる（掃き出し窓）．窓は，採光，通風，換気のほか，眺望の獲得，視界の限定，外部からの視覚情報を得る経路としての機能を持つ．

5-2 戸の種類 （図48）

(1) 開き戸（片開き，両開き，親子，自由）

寝室のようにプライバシーの必要な部屋や，トイレ・浴室に適する．長所には，①建具回りのすき間が少ない（気密性・遮音性が高い），②しっかりと施錠できる，③開口部いっぱいに全開できる，などがある．一方，短所としては，①開くときにスペースをとる，②幅広い開口がとりにくい，③取りはずしが困難，④車いす利用者にとって使いづらい，⑤強風にあおられると危険，⑥吊り元側で指を詰めるおそれがある，などがあげられる．

(2) 引き戸（引き違い，片引き，引き分けなど）

開放したまま使うことが多い部分，バルコニーに面した広い開口などに適する．長所には，①開くときにスペースをとらない，②幅広く開口することができる，③取りはずしが簡単である，④車いす利用者が使いやすい，⑤指を詰めるおそれが少ない，などがある．そのため，幼稚園，保育園，高齢者施設，医療・福祉施設に適する．

短所としては，①建具回りにすき間が多い（気密性・遮音性が低い），②施錠がきちんとしにくく防犯性能が劣る，③引き違い戸では有効幅が開口部の幅の半分になる，などがあげられる．

(3) 回転扉

遮音性や気密性が非常に高いため，ホテル，ドラフト（空気圧力差により生じる階段室やエレベータシャフトを経由する上昇気流）のきつい高層ビル，寒冷地の建物，エアドームの玄関によく用いられる．障がい者，高齢者，子

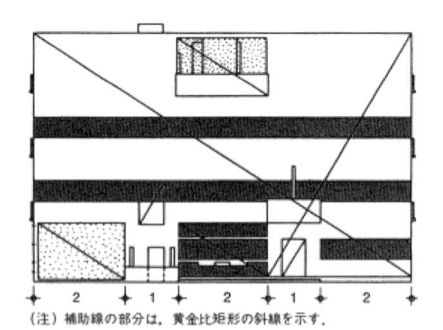

図47 ガルシュのシュタイン邸のファサード
（岡田光正ほか『建築計画1 [新版]』鹿島出版会）

種類		使用に適する場所	図面表示
開き戸	片開き	住宅の玄関，廊下に面した個室，便所，浴室，その他一般の室など，少人数が出入りする部分に適する．	
	両開き	集会施設の出入り口，劇場や映画館の客席出入り口，倉庫，物入れ，搬入口の扉などに適する．	
	親子	両開き戸の一種．事務室，会議室，その他一般の室に使う．ふだんは親扉（幅の広い方）のみを使うが，大型家具の搬入や引っ越しなどのときに一時的に子扉（幅の狭い方）も開けて使う．	
	自由	百貨店，庁舎，事務所の玄関のように，人の出入りが多い部分に適する．外部に面する部分では，強風にあおられないようドアヒンジのモーメントを強くしてあるので開閉に力が必要．	
引き戸	引き違い	和室，押し入れ，和風玄関の扉に使われる．ふだんは半分の幅しか使えないが，扉を取り外すことで開口部いっぱいの広さが使える．	
	片引き	和室，学校の教室，病院の病室，車いす対応便所，その他一般の室によく使われる．戸の引き込みスペースが必要．	
	引き分け	百貨店，事務所ビル，集会施設，体育館など短時間に多人数が通過する出入り口，大型倉庫の扉，搬入口などの幅広の開口部に適する．	
回転扉		外部に対して高い気密性が必要なエアドームの観客出入り口，出入りが頻繁で空調ロスが大きくなる建物の玄関，寒冷地の建物の玄関などに適する．高齢者，障害者，子どもの出入りが多い場所，避難経路上への使用は不可．	

図48 戸の種類

図49 京都コンサートホールの風除室

図50 入り口を示すサイン効果が高い風除室

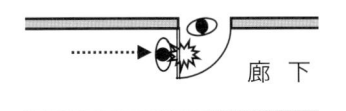

図51 危険な扉
廊下の幅が狭いと人とぶつかるおそれがある．
下り階段に近いと人が転落するおそれがある． 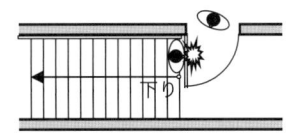

図52 ぶつかり事故の防止策
扉の位置を引っ込めて扉が通行する人にぶつからないようにした例．

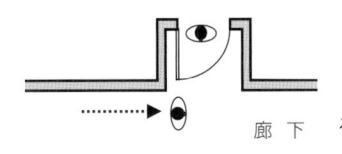

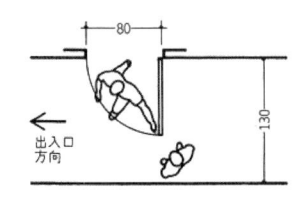

図53 外開きの戸と必要廊下幅
廊下の幅が130cm以下では，戸が開いたときに通行に支障がある． 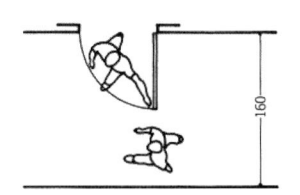
廊下の幅が160cm以上あれば，戸が開いても通行に支障が少ない．
(岡田光正ほか『建築計画1[新版]』鹿島出版会)

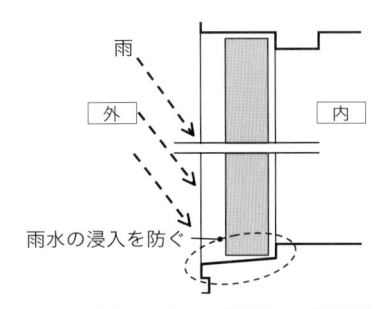

図54 雨仕舞いに有利な外開き戸（断面図） 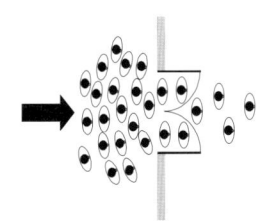
雨水の浸入を防ぐ

図55 避難人数が多い場合の扉の開閉方向
内開き戸だと大勢が出口に殺到したときに扉が押されて戸開かなくなるため，必ず外開きとする．

図56 避難階段の扉の開閉方向 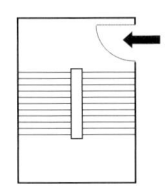
避難階（通常は1階）以外の階の避難階段の扉は，階段室内側に開くよう（内開き）にする． 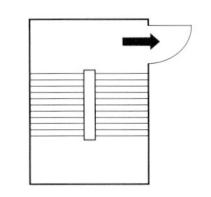
避難階の避難階段の扉は，上階や地階からの避難者が集中するので，廊下側に開くよう（外開き）にする．

どもがはさまれる事故が起きやすいので，バイパスとして直近に開き戸か引き戸を併設するほか，危険な斜め方向からの進入を防止する等，安全性に充分配慮する必要がある．

5-3 風除室

玄関の気密性や遮音性を高めたい場合や，寒風や吹雪の侵入を防ぎたい場合には，戸から外気が建物内に直接入らないよう，風除室（かぜよけしつ）を設ける（図49）．外側と内側の扉が近すぎると同時に開いている時間が長くなるので，両者をじゅうぶんに離すのが望ましい．なお，風除室は玄関の位置を明示するサイン効果が期待できるので，そのデザインは非常に重要である（図50）．

5-4 外開き・内開き

開き戸には，室外側に開く外開きと，室内側に開く内開きがある．どちら側に開くようにするか（開き勝手）は，以下の点に注意して決める．

①廊下に面していたり下り階段に近い位置にあったりする戸は，人がぶつかったり階段から転落したりする事故（図51）が起きないよう，内開き（室内側に開く）にする．やむをえず外開きにする場合は，戸を室内側にセットバックさせる，戸の前の廊下幅を広くとるなどの配慮が必要である（図52，図53）．

②住宅の玄関の扉は，来客を迎え入れるという性格上，内開きが基本である．ただし，奥行きの広い玄関土間が必要であるため，狭小な住宅では実現がむずかしい．

③外部に面した開き戸は外開きのほうが，戸の下枠部分の雨仕舞いが容易である（図54）．また，内開き戸にすると，戸の外側についた雨で玄関土間を濡らしてしまう．浴室の開き戸を浴室側に開くようにするのも，同様の理由による．

④劇場，映画館，集会施設，体育館，宴会場などのように，避難人数が多い避難経路上の扉は，避難方向に開くようにする（図55）．同様の理由で，避難階段の扉は避難階（1階が多い）では外開き（階段室から出る方向），それ以外の階では内開き（階段室に入る方向）とする（図56）．屋上に出る避難階段の戸は，外開きにすることが多い．

⑤便所のブースの戸は，便所のスペースの制約から内開きにすることが多いが，病院の患者用トイレや高齢者施設のトイレのブースは，中で人が倒れた場合もすぐに戸を開けて救出できるよう，外開きにする．なお，阪神・淡路大震災（1995年）では，ある病院で薬品庫の扉が内開きであったため，中の薬品棚が倒れて戸が開かず，急患への対応に支障をきたした．

⑥地震で戸の枠が変形して戸が開かなくなった場合，外開きであれば体当たりして脱出できる可能性が高まる．外開き戸は，枠の隙間からデッドボルト（かんぬき）の状

態が見えること，デッドボルトを破壊，あるいは外に面した丁番のピンを抜けば簡単に外せるため，一般に内開き戸よりも防犯性能が劣る（図57）．

5-5 右開き・左開き

片開き戸の釣元を左右どちらにするか（右開きか左開きか）については，以下の点を考慮して決める．

① 扉が直角に開いたときに邪魔にならないようにするためには，壁に近いほうを吊元（蝶番を取り付ける側）にするほうがよい．ただし，吊元を壁から離さないとドアノブが壁に当たり，戸が直角に開かないことに注意する．

② 寝室などのように，特にプライバシーを重視する室の戸は内開きとし，かつ戸が少し開いただけでは室内が見えない側が吊り元となるように取り付ける（図58）．

5-6 窓の種類と特徴

窓には，スライド式（引違い窓，上げ下げ窓，片引き窓，引き分け窓），回転式（両開き窓，片開き窓，縦軸回転窓，横軸回転窓），その他の方式（はめ殺し窓，すべり出し窓，内倒し窓，付き出し窓，ルーバー窓またはジャロジー窓）がある（図59）．それぞれ性能や特徴が違うので，開口部の場所や目的に応じて最もふさわしいものを選ぶ．

引違い窓は，横に広く開放したい場合に適している．外側の掃除がしやすいが，雨仕舞が悪い．

開き窓は雨仕舞がよいが，外側の掃除がしにくい．また，建具1枚の幅が大きいと，開閉しにくい．

はめ殺し窓は，枠の見つけ幅が小さいので，デザイン性が高いが，換気ができず，外側の掃除がしにくい．

ルーバー窓（ジャロジー窓）は目隠しと通風の機能を兼ね備えているが，気密性・遮音性や防犯性能が劣る．

5-7 窓の高さ

椅子に座る椅子座の洋室と，畳の上に座る床座の和室では，座ったときの眼の高さが違う（図60）．また，事務机や食卓の高さは70〜73cm程度である．これらを勘案し，洋室の窓台の高さは床面から80cm以上とし，和室では40cm程度とするのが一般的である．

水回り（厨房，便所，洗面所など）では，流し台，便器，洗面器などの取り付けや配管上の都合を考慮して，窓台の高さを決める（通常120cm程度）．なお，高いところに窓をとる場合は，あらかじめ開閉方法や清掃方法を考えておかなければならない．

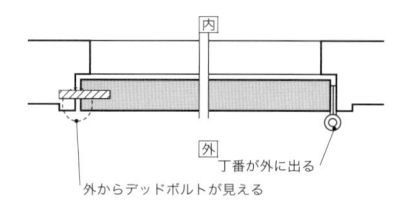

図57 外開き戸の防犯上の弱点

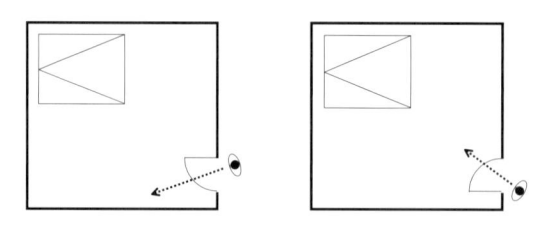

左の場合は，扉が開いても中が見えない．右の場合は，扉が少し開いただけで中のようすが丸見えになる．

図58 視線による室内のプライバシーを保護する扉の取り付け

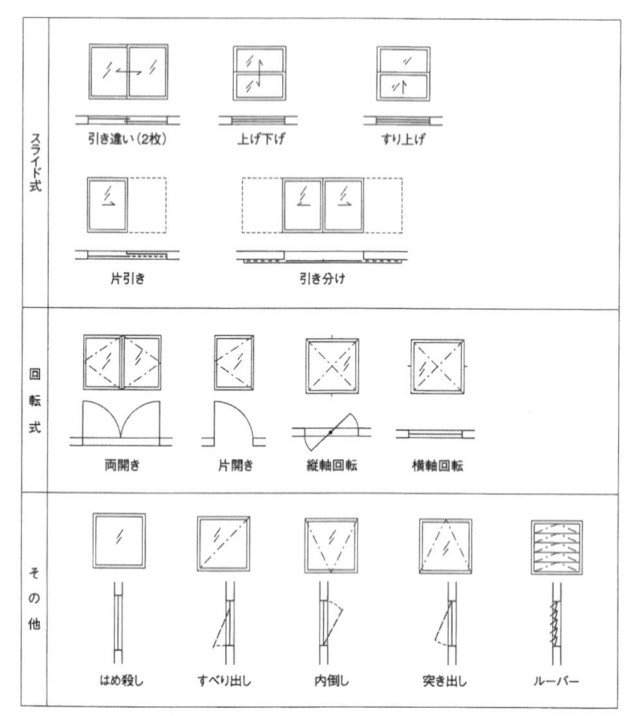

図59 窓の開閉方式と製図記号
（岡田光正ほか『建築計画1［新版］』鹿島出版会）

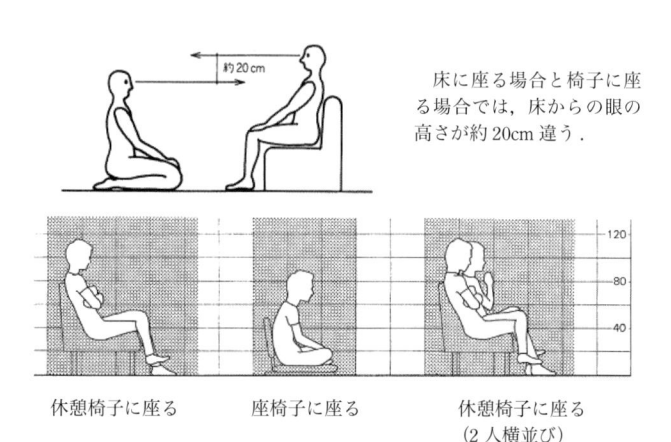

床に座る場合と椅子に座る場合では，床からの眼の高さが約20cm違う．

図60 床座と椅子座の眼の高さの違い
（上図：岡田光正ほか『建築計画1［新版］』鹿島出版会，下図：日本建築学会編『建築設計資料集成3 単位空間Ⅰ』丸善）

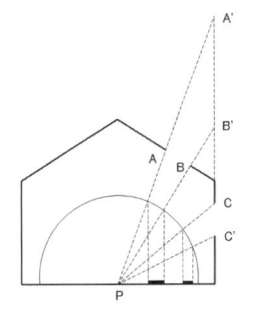

図 61 天窓からの採光

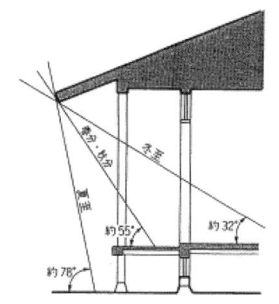

図 62 季節による日射の違い（大阪，岡田光正ほか『建築計画1[新版]』鹿島出版会）

大きな庇が木造の窓や外壁を風雨から守る（伊勢・おはらい町）
図 63 伝統的木造建築の庇

窓のスチールサッシは，1933年に竣工した当時のオリジナル．今もスムーズに開閉できるのは，連続した庇による効果が大きい．
図 64 近代建築の庇（大阪ガスビル）

部分バルコニー（三井霞が関ビル）

部分バルコニー（京都駅ビル）

障がい者が安全に避難できるよう，段差や隔て板をなくしたバルコニー

面連続バルコニー（ビッグ・アイ）

面連続バルコニー（ホンダ青山ビル）

全周バルコニー（阪急グランドビル）

図 65 さまざまなバルコニーのデザイン

5-8 天窓

天窓（トップライト）は非常に明るい．建築基準法では，天窓の採光面積は垂直面にある同じ大きさの窓の3倍とみなしている（図61）．ただし，日本は日射が強いので明るすぎたり室温が高くなりすぎたりするおそれがあるため，南面や西面に使う場合は，充分な配慮が必要である．

5-9 庇・バルコニー

(1) 庇

外部に面した開口部の上部に張り出して設置されるのが，庇である．庇は，通常時に人が乗ることを想定していないため，室内から庇に出られないようにしておく必要がある．

庇には，雨の浸入を防ぐ，日射をカットする，開口部や外壁を風雨から守るなどの効果がある．庇の出の寸法は，庇の高さ，その地域の冬至や夏至の南中時の太陽高度も参考にして決める（図62）．雨の多い日本の木造住宅では必要不可欠であり，デザインを特徴づける要素にもなっている（図63）．

庇は現代建築にも用いられている．庇を連続させると，効果が増すとともに，水平ラインが強調されたデザインにすることができるが，木造と同じく外壁や窓を風雨や日射から守る効果がある（図64）．

(2) バルコニー

バルコニーは，2階以上の外壁から跳ね出した床，または内部に引っ込んだ床（インナー・バルコニー）である．開口部から人が出ることを前提としているため，手すりを設置するなど，バルコニーからの墜落防止が重要になる．跳ね出し型のバルコニーは，庇の機能も併せ持つ．バルコニーには，①部分バルコニー，②面連続バルコニー，③全周バルコニー，がある（図65）．

(3) 庇・バルコニーの効用

庇やバルコニーには，①日照調節（省エネルギー），②雨除け（降雨時の窓開放可），③外部騒音の緩衝・緩和，④風雨による外壁や開口部の劣化抑制，⑤外壁の清掃・補修の足場，⑥非常時の避難経路・一時避難場所・救出スペース（特に病院，高齢者施設，集合住宅など），⑦火災の上階延焼阻止，⑧地震時のガラス・外壁材等の落下・飛散防止，⑨高所での恐怖感の緩和，⑩内部空間の延長（特に集合住宅），⑪物干，空調屋外機などのサービスヤード（特に集合住宅），⑫デザイン効果（水平連続線の強調），⑬上階にいくほど細くなる柱の見切り，など，さまざまな効用がある．

庇やバルコニーは，ファサードを乱すとしてデザイン上嫌われることが多いが，災害時の安全性・居住性・省エネルギー性能の向上，維持管理や補修のしやすさなどの観点から再評価し，積極的にデザインの対象とすべきである．

〈6〉通路空間の計画

6-1　通路空間の役割

通路空間は，玄関，エントランスホール，ロビー，廊下，斜路，階段などがあり，エスカレータ，エレベータなどの昇降機設備も通路空間に含むことがある．

玄関からエントランスホール・ロビーにかけての空間は，来訪者に必要な情報を提供したり，一時的に来訪者を滞留させたりする機能が求められるが，その建物の来訪者に第一印象を与える部分として，単なる機能性だけでなく，象徴性のあるデザイン，周囲の風景の取り込み，素材，色，採光や照明などによる空間演出が重要である（図66）．

建物の規模が大きくなると，物品，資材，燃料などの搬入や廃棄物などの搬出のための専用通路，それらを一時的にストックしておく倉庫や自動車への積みおろしのためのスペース（バックヤード），スタッフや従業員のための通路や出入り口が必要になる．特に，商業施設，美術館，医療施設，劇場・コンサートホールなどは，動線が複雑になるため，来客の動線とバックヤードの搬入・搬出動線が交錯したり，来客からバックヤードが見えたりしないように注意する．

6-2　廊下

建物の平面は，廊下のとりかたによって片廊下型，中廊下型，外廊下型（外周廊下型）に大別される（図67）．

(1) 片廊下型

片廊下型はアクセスが明快であり，廊下の自然採光や自然換気が容易である．開放型の廊下の場合は室部分への自然通風が期待できる．一方で，廊下からの室へプライバシー侵害や騒音，廊下側の採光が劣る，廊下側のファサードが単調になりやすいなどの問題がある．廊下に面する各室の環境を均質にしやすいため，中高層集合住宅や学校校舎に多くみられる．

(2) 中廊下型

片廊下よりも廊下の面積割合を小さくすることができるため，レンタブル比を高めたい事務所ビル，ホテル，敷地が狭い都心の学校などにみられる．廊下の自然採光や自然換気がとれないこと，廊下が閉鎖的で陰気になりやすいこと，廊下から室の自然採光や自然換気ができないこと，方位によって環境条件が大きく異なることなどから，空調設

> ◘ レンタブル比（貸面積率）
> 貸事務所などにおいて，テナント料（賃貸収入）収益の対象となる部分の面積の，全体面積に対する比率．収益を上げるためにはレンタブル比が高いほうがよいが，極端に高めると廊下，階段，設備関係部分に無理が生じ，将来の改修にも支障をきたす．レンタブル比の目安は，基準階では基準階面積の 70～80%，全体では延べ面積に対して 50～70% といわれる．

豊田市美術館（設計：谷口吉生） 　　新国立美術館（設計：黒川紀章）

図66　象徴性と機能性を兼ね備えたエントランスホール

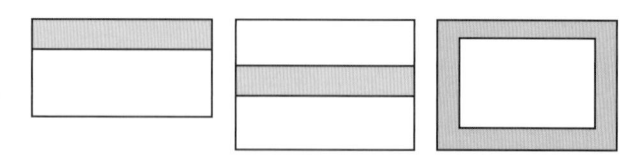

片廊下型　　中廊下型　　外廊下型（外周廊下型）

図67　廊下のとりかたによる平面の分類

廊下を街路の連続ととらえ，陰鬱になる長い中廊下に外気に面する2層吹き抜けのテラスを設け，光と風を採り入れている．同時に，巨大な住棟の壁面を分節化し，ヒューマンスケールに近づけている．
左：2街区外観
下：自然光が射し込む2街区住棟の中廊下

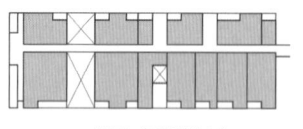

1街区（両側開き）
2街区（片側開き） 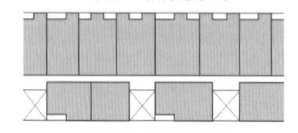

図68　光と風を採り入れる新しい中廊下型住棟の試み
（東雲キャナルコート CODAN 1街区・2街区，2003年）

6畳の茶の間から女中部屋方向を見る．右奥に短い中廊下が見える．

1887（明治20）年頃に建てられた，当時の典型的な中流住宅．二人の文豪が住んだことで有名であるが，住宅史の点からは，3畳の女中部屋の前に中廊下の萌芽がみられ，各室が独立する第一歩を踏み出している点で，注目に値する．

図69　中廊下のはじまりが見られる住宅（森鴎外・夏目漱石住宅，右図：博物館明治村編「博物館明治村ガイドブック」名鉄インプレス）

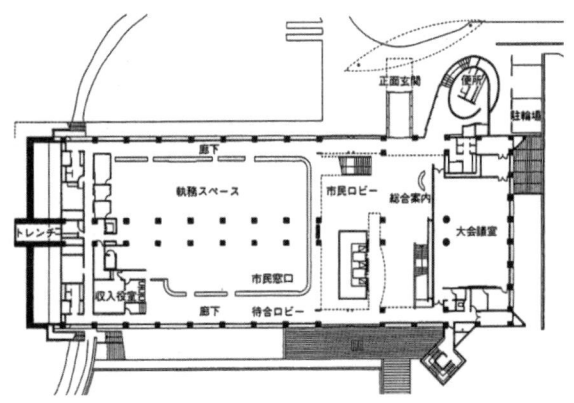

備や照明設備で環境条件の差を埋めなければならないため，最近の集合住宅では，超高層（いわゆるタワーマンション）以外での計画例はほとんどみられない．その一方で，住戸の一部を除いて横吹き抜け型テラスをとった新しい中廊下型の提案もみられる（図68）．

(3) 外廊下型

かつて，日本建築には廊下がなく，各室へは縁側を通るか，他の室を通り抜けてアクセスしていた．日本の住宅に明確に中廊下が現れるのは，明治時代に入ってからである（図69）．縁側は，外部空間と内部空間の中間領域であり，外部からの日射や照り返し，寒さなどの緩衝空間としての役割がある．図70は，従来の事務所ビルの概念をくつがえし，縁側のすぐれた機能を現代の建築に応用して，外廊下にした例である．

6-3 廊下の幅員

廊下の幅員は，①建物の用途，②通行の状態（車いす，杖，ストレッチャー，台車，荷物の携帯など），③片廊下か中廊下か，④ドアの開き勝手（廊下側に開くか室内側に開くか），⑤通行量（通行人数，密度，歩行速度，通行頻度），⑥通行の目的（普通の歩行，移動，避難），⑦壁・手すり・段差などの有無，などを考慮して決める．

成人男性の肩幅の平均値は約45cmであるが，着衣による幅の増加，歩行の左右の揺れ，携行品の所持などを考慮すれば，1人の歩行時の占有幅は60cm程度とみなせる（歩行者の単位幅）．したがって，歩行者がすれ違うために必要な廊下の最低幅は単位幅の2倍の120cmとなるが，実際には一方が横向きになって譲ることになるので，楽にすれ違えるためには150cm必要である．

車いすの場合は，JIS規格による手動車いすの全幅が63cm以下であるから，1台が通過するためには幅80cm以上あればよいが，車いすで廊下を直角に曲がる場合は，廊下の幅員を85cm以上とするか，斜辺が30cm以上の隅切りをとるか，それ以上後退した曲面とする．車いすが壁にぶつかるのを気にしないで通過するためには120cm，車いすと歩行者が並んで歩行する場合は140cm，車いすどうしがすれ違う場合で180cmが望ましい（図71）．廊下の幅が180cmあれば，途中で車いすの方向転換が可能になる．また廊下の幅は，引っ越しなどで大型物を運搬する場合も想定しておく必要がある（図72）．

なお，建築基準法（施行令第119条）では，用途，中廊下か片廊下かによって，廊下の幅が表4のように規定されている．

図70 掛川市庁舎（設計：日建設計，1996年，上図「新建築」1996年7月号，新建築社）

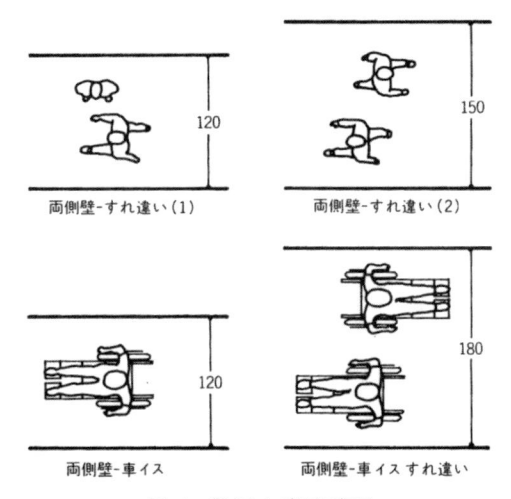

1階平面図．外壁に沿って回された縁側型の廊下（右写真）から内側の執務スペースにアクセスする形式．外部からの影響を受けやすい外壁に沿った部分（ペリメータゾーン）を緩衝地帯として，安定した執務スペースを生み出す試み．

図71 望ましい廊下の幅員
(単位:cm，岡田光正ほか『建築計画1［新版］』鹿島出版会)

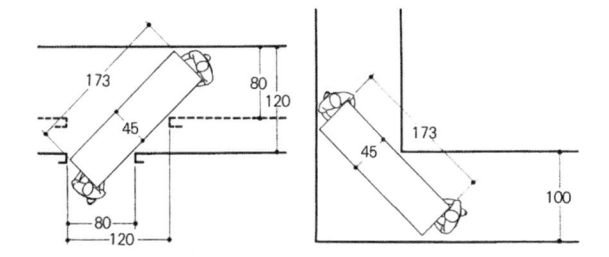

図72 大型物の運搬に必要な廊下の最小幅員
(単位:cm，日本建築学会編『第2版 コンパクト設計資料集成』丸善)

表4 建築基準法による廊下最小幅員

廊下の種類	片廊下 (cm)	中廊下 (cm)
居室の床面積の合計が200m²(地階にあっては100m²)を超える廊下(3室以下の専用のものを除く)	120以上	160以上
小学校の児童用廊下	180以上	230以上
中学校・高等学校の生徒用廊下		
病院の患者用廊下		
共同住宅の住戸，居室の床面積の合計が100m²を超える階の共用廊下	120以上	160以上

6-4 階段

階段は，段差や床面の差をつなぐもっとも一般的な手法であるが，単にそれにとどまらず，階段は空間演出の手段としても重要である．建築家パラディオは，『建築四書』の中で，「明るく，広やかで，のぼるのに便利で，人を惹きつけ，おのずからのぼらせてしまうものが賞賛に値する」と記している．

現代の階段にも，その目的に応じて快適性，安全性，意匠性のバランスを考えることが重要である．特に，子ども，高齢者，障がい者などを含む不特定多数が利用する階段は，昇降時の安全性が重視されるし，避難階段は火事や地震という非常時の心理状態や避難行動を踏まえた安全性，火災時の熱や煙から避難者を守る性能が最優先される．

階段の平面形には，直進階段（直階段，鉄砲階段），らせん階段，折れ曲がり階段，回り階段などの種類がある（図73）．直進階段は，長くなると昇降時（特に下り時）の恐怖感が強い．らせん階段は面積をとらないため，狭小住宅にもよく使われるが，踏み外しやすいため，避難階段や高齢者・障がい者が利用する階段には不適当である．

6-5 階段の寸法と勾配

階段一段の高さを蹴上げ（riser），踏み板の段鼻から段鼻までの水平寸法を踏み面（tread; going）または踏み幅といい，それぞれ R，T で表す（以下，寸法単位は cm で表記）．R と T の寸法の測り方は，図74左のとおりである．なお，回り階段の踏み面は，踏み面の狭いほうから30cmの位置で測る．

階段の昇降しやすさは，R と T の寸法とその組み合わせに大きく関係する．昇降に快適な階段の寸法は，経験的に $T + 2R = 60 \sim 65$（一歩幅に相当する寸法），あるいは $T \times R = 450$ という関係が成り立つようにすればよいとされ，これらの関係から大きくはずれる階段は，一般に歩きにくい．私鉄の駅の階段の標準寸法は $T = 30$，$R = 15$ であるから，$T + 2R = 60$，$T \times R = 450$ で，上記の式によくあてはまる．勾配の緩い階段を設計する場合は，この式を用いて，たとえば $R = 10$，$T = 40 \sim 45$ とすればよい（図75）．

なお，建築基準法（施行令第23条）には，住宅の階段は $R \leqq 23$，$T \geqq 15$（約57°），中学校・高等学校，劇場・映画館・公会堂など不特定多数が利用する施設の階段は $R \leqq 18$，$T \geqq 26$（約35°），小学校の児童用階段は $R \leqq 16$，$T \geqq 26$（約32°）などと規定されている（図76，表5）．その他，福祉のまちづくり条例やバリアフリー新法には，さらに緩い $R \leqq 16$，$T \geqq 30$（約28°）という基準がある．

また，建築基準法（施行令第24条）は，学校，劇場，物販店舗などの階段では高さ3m以内ごと，住宅では4m以

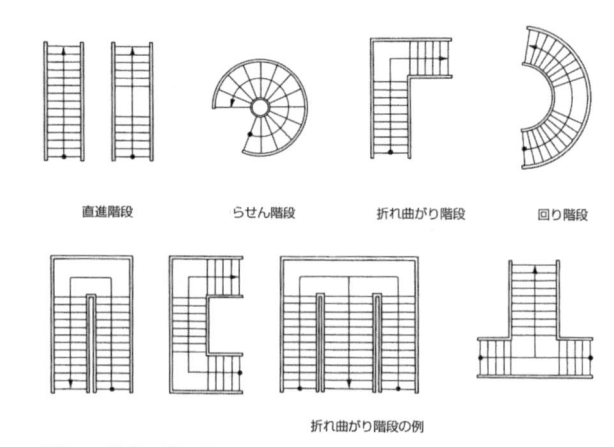

図73 階段の平面タイプ（岡田光正ほか『建築計画1［新版］』鹿島出版会）

図74 階段の寸法の測り方

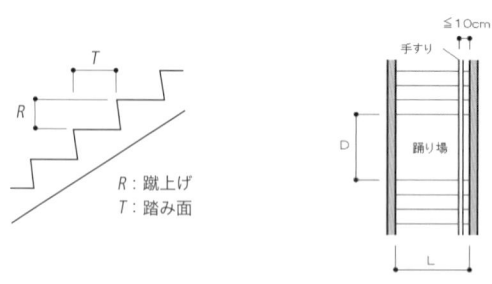

け込み板を斜めにしてけ込みをとる（$R/10$ 程度）とのぼりやすく，け込み板の保護にもなる．その場合，踏み面の測り方（段鼻から段鼻まで）に注意する．

直進階段の踊り場の踏み幅 $D \geqq 120$cm．階段および階段の踊り場の幅 L は，手すりの壁からの飛び出し寸法が10cm以内であれば，手すりはないものとみなせる．

日本テレビ本社の屋外階段．$R = 10$（cm），$T = 40$（cm）で，$T + 2R = 60$ を満たす．上りの抵抗感や下りの恐怖感がなく，足を踏み外しても転落のおそれがない．

図75 勾配の緩い階段の例

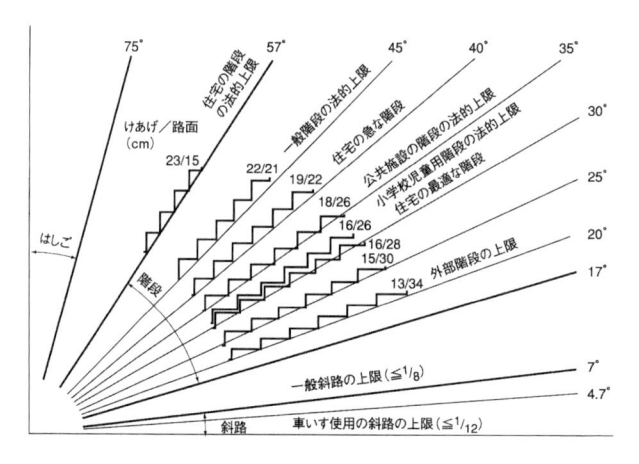

図76 階段・斜路の寸法と勾配の基準
（岡田光正ほか『建築計画1［新版］』鹿島出版会）

表5 階段の寸法に関する建築基準法の規定 (一部)

	階段の種類	階段幅・踊り場幅 L (cm)	蹴上げ R (cm)	踏面 T (cm)	踊り場位置	直階段の踊り場踏み幅 D (cm)
1	小学校の児童用	≧140	≦16	≧26	高さ≦3mごと	≧120
2	中学校・高等学校の生徒用劇場・映画館・公会堂・集会場等の客用物品販売業を営む店舗 (物品加工修理業を含む) で床面積の合計＞1,500m²	≧140	≦18	≧26		
3	直上階の居室の床面積合計＞200m² の地上階用居室の床面積の合計＞100m² の地階または地下工作物内のもの	≧120	≦20	≧24	高さ≦4mごと	
4	1～3以外および住宅以外の階段	≧75	≦22	≧21		
5	住宅 (共同住宅の共用階段を除く)	≧75	≦23	≧15		
6	昇降機械室用	規定なし	≦23	≧15	規定なし	規定なし
7	屋外階段 避難用直通階段	≧90	蹴上げの寸法等はそれぞれ1～5に定める数値とする			
	その他の階段	≧60				

$A \geqq 90°$
$B \geqq C$

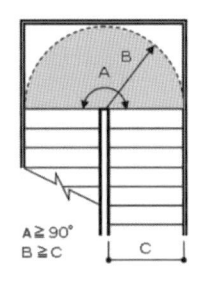

踊り場の有効幅 (手すり壁や柱型の飛び出しに注意) は、階段幅と同じかそれ以上とする。踊り場で転落を止めるためには90°以上の曲りが必要.

図77 階段の踊り場の幅の確保

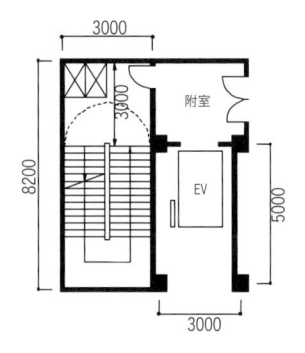

⊠ 車いす1台分の待機場所 (122cm×77cm)

図78 車いすの待機場所がとれる踊り場

表6 斜路の勾配に関する規定

(1) 建築基準法施行令 (第26条)
　階段にかわる傾斜路の勾配は1/8をこえないこと.
(2) 大阪府福祉のまちづくり条例 (施行規則第3条), 大阪府建築基準法施行条例 (第57条)
　建物内の斜路の勾配は, 1/12をこえないこと (ただし高さ16cm以下は, 1/8以下とすることができる).
(3) 高齢者, 障害者等の移動等の円滑化の促進に関する法律 (バリアフリー新法) (2006年12月20日施行)
　屋内では勾配1/12をこえないこと, 屋外では1/15をこえないこと (ただし高さ16cm以下は, 1/8以下とすることができる).
(4) 自転車道等の設計規準について (昭和49年3月建設省都市局長, 道路局長通達)
　最急縦断勾配は原則として5% (1/20) とすること.
(5) 道路構造令 (第20条)
車道の縦断勾配を設計速度ごとに, たとえば設計速度120km/時で2% (1/50), 60km/時で5%(1/20), 20km/時で9% (1/11.1) と規定.
(6) 駐車場法施行令 (第8条)
　自動車の車路の傾斜部の縦断勾配は17% (1/5.9) をこえないこと.

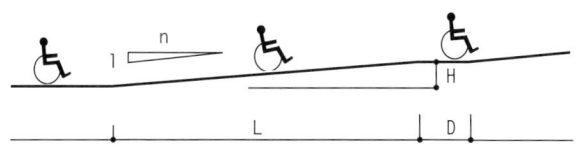

L: 斜路部の最大長さ (水平投影距離)
D: 踊り場の踏み幅≧150 (cm)
H: 踊り場の設置高さ≦75cm

　$n=12$ のとき $L \leqq 75 \times 12 = 900$ (cm)
　$n=15$ のとき $L \leqq 75 \times 15 = 1125$ (cm)

図79 車いす用斜路の縦断面の寸法

内ごとに踊り場を設置しなければならないと定めている (表5). 踊り場には, 昇降時の恐怖感の緩和や転落時の被害軽減が期待できるので, 基準にとらわれず適切に設ける. なお, 踊り場に段差をとると昇降のリズムが乱れ, 踏み外すおそれがあるので, 避難階段や高齢者・障がい者が利用する階段の踊り場には, 原則として段差を設けない.

6-6 階段の幅員・踊り場の幅員・踊り場の踏み幅

階段および踊り場の幅員 L は, 手すりの出幅 (壁からの手すりの出寸法) ≦10cmの場合は, 手すりがないものとみなしてよく, ＞10cmの場合は手すりの出幅から10cmを引いた寸法を L から引いた幅を, 階段および踊り場の幅員とする (図74右). また, 踊り場で階段が折り返す場合は, 踊り場のすべての部分で (階段幅員) ≦ (踊り場幅員) となることを確認する (図77). また, 平面図に現れない梁型が有効幅員を減じる場合があるので, 注意を要する.

階段の踊り場は, 火災時の車いす利用者の一時待機場所としても有効であるため, 特に医療施設や福祉施設では, 充分な踊り場スペースの確保に務める (図78).

6-7 斜路 (スロープ)

斜路 (スロープ:ramp) の勾配に関する規定をまとめたのが, 表6である. 建築基準法では, 歩行用の斜路の勾配は1/8以下で, それを超える場合は階段にしなければならないと規定されている. また, 車いす用の斜路の勾配は, 「高齢者, 障害者等の移動等の円滑化の促進に関する法律」(通称「バリアフリー新法」) の規定では, 斜路の勾配は屋内の場合で1/12 (約4.8°) 以下, 屋外で1/15 (約3.8°) 以下と規定されているが, 勾配1/12の斜路を自力でのぼるのはかなりきつく, また下りでは加速をおさえるのに苦労する. これが勾配1/14 (約4.1°) になると, 上り下りが急に楽になり, 1/20 (約2.9°) になると, 途中で停止することも容易になる.

車いす用の斜路の踊り場には, 車いすのどうしのすれ違い時の待機場所であるとともに, 下り時の加速をおさえる役割がある. バリアフリー新法などの基準では, 車いす用の斜路には, 高さ75cm以内ごとに踏幅150cm以上の踊場を設けなければならない (図79).

◘曲線スロープ
　曲線スロープはダイナミックで美しいが, 走行中に常に微妙に方向を転換しなければならないため, 車いすの単独走行には適していない. 車いす用の斜路は, 見た目の美しさよりも, 安全に利用できるデザインが重要である.

⟨7⟩ 寸法・規模の計画

7-1 設計寸法の計画

建築を設計するにあたっては，建物の高さ，天井高，部屋の広さ，廊下や階段の幅，扉の幅・高さ，柱の間隔（スパン），座席の間隔，屋根の勾配など，さまざまな寸法を決めなければならない．

設計寸法の決定に際しては，人体寸法や動作寸法（動作のために身体各部を動かしたときにつくられる，平面的あるいは立体的な領域を表す寸法），動作に伴う物品（道具，携帯物，家具など）の寸法，ゆとりの寸法の三つの寸法を加えた動作空間を，まずおさえる必要がある（図80）．

ここで，「ゆとり」は人体寸法や動作寸法の個体差（男女差，年齢差，体格差など），物品寸法の経年変化（冷蔵庫，洗濯機，テレビ，自動車は長期的に大型化の傾向にある），空間の使い方や機能の変化（利用人数の増加，利用者属性の変化，用途変更など），寸法や面積に関する規定や基準の改正に対応するため，また動作が楽に安全に行われるために必要な寸法である．

だが，設計寸法は動作空間という機能面からだけでは決まるものではなく，プロポーション，美しさ，象徴性などを優先して決められることもある．一方で，建築材料の多くは規格寸法が決められている（表7）．規格寸法の倍数を可能な限り設計寸法にとりいれることで，設計や施工の合理化によるコストダウン，すっきりした納まり，端材が減ることによる廃棄物量の削減などの効果が期待できる．

7-2 階高

［階高］＝［天井高］＋［天井ふところ寸法］＋［床の厚み］である（図81）．床の厚みには，床スラブの厚みと床仕上げ厚が含まれる．建築基準法により建物の軒高が31m以下に制限されていた1963（昭和38）年以前の事務所ビルは，地上9階，基準階の階高3.3m前後，天井高2.5～2.6mというぎりぎりの寸法で計画する例が多かった．だが，階高を切り詰めると天井ふところ寸法がとれず，空調ダクトを通すために梁貫通が必要になるなど，天井裏に設備配管類を納めるのに苦労し，将来の設備系統の変更も制約を受ける（図81左）．また，OA（オフィスオートメーション）化するために二重床にすると，天井からの圧迫感が増すので，OA化をしたくてもできない場合がある．高さ制限が撤廃された後は階高を大きめにとるようになり，それにともなって天井高も大きくなって，大部屋の事務室の圧迫感が緩和され，設備更新のしやすさや快適性の向上にもつながっている（図82）．

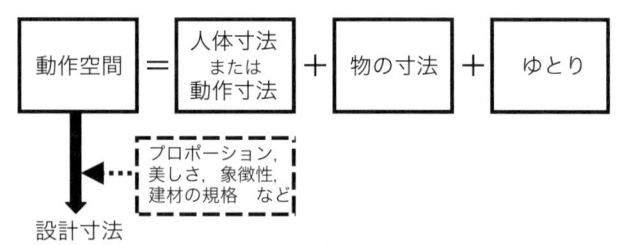

図80 設計寸法の決定

表7 建材の規格寸法

建材	呼び名	寸法(mm)	備考
れんが	全形	210×100×60	（長手）×（小口）×（厚み）
	羊かん	210×50×60	
タイル	50二丁 (50三丁・50四丁)	50×100 (150×200)	
	小口平	60×108	れんがの小口方向の寸法
	二丁掛	60×227	小口平タイルの2倍＋目地寸法
	角	97×97, 108×108 など	97角は目地心で100
コンクリートブロック(CB)	見付	190×390	目地心で200×400（目地幅10）
	厚さ	100・150・190	それぞれ公称10cm・15cm・20cm
ALC板		幅600（目地心寸法）最大長さは壁用5000，床用3100，屋根用4200程度	長さは10mmピッチで製造
石膏ボード		910×1820, 1000×2000 など	厚さ 9.5, 12.5, 15
合板		910×1820, 910×2130, 1000×2000 など	厚さ 3, 3.5, 4, 6, 9, 12, 15, 18, 21, 24 など
木材（断面寸法）		30×30, 45×45, 45×90, 75×75, 90×90, 105×105, 120×120 ほか多数	長さ 1820, 2730, 3000, 3650 など

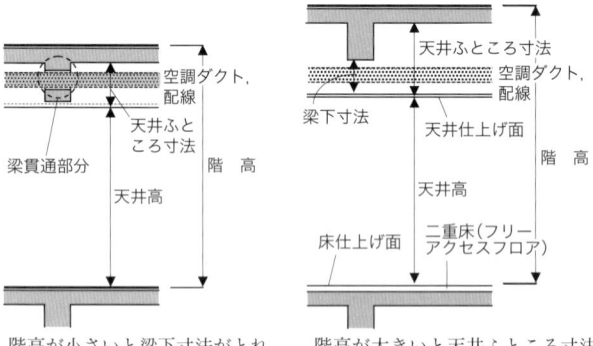

図81 階高・天井高・天井ふところ寸法の関係

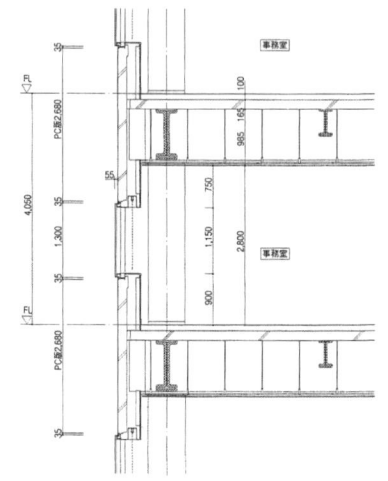

階高が小さいと梁下寸法がとれず（梁下が室内に出てくる場合もある），設備配管や空調ダクトを通すときは梁貫通（梁に孔をあけて補強する）が必要である．

階高が大きいと天井ふところ寸法や梁下寸法が大きくとれるため，天井裏に設備配管や空調ダクトを通したり二重床にしたりしやすく，将来の設備更新も容易になる．

図82 階高が大きい事務所ビルの断面図（汐留イーストサイドビル，設計：KAJIMA DESIGN, 2007年，「新建築」2008年9月号，新建築社）

基準階の階高が4,050mm，事務室の天井高が2,800mmで，天井ふところが985mmあり，小梁の下にかなりの余裕がある．

7-3 天井高

天井高は部屋の広さ，用途，収容人数などの機能的条件のほか，心理的・生理的条件，音響的条件（残響時間）などによって決められる．

居室の天井高は，建築基準法（施行令第21条）で2.1m以上と規定されているが，この寸法では天井からの圧迫感が強い．一般に，同じ天井高であれば，居室の面積が広いほど圧迫感が増すため，心理的な面からは床面積が大きい室ほど天井を高くする必要がある．日本古来の木割り法によると，和室の天井高は，畳面から鴨居の下端までの高さである5.75尺と部屋の広さ（畳数）から，天井高（尺）＝5.75＋0.3×部屋の畳数　で決められたという．これによると，天井高は4.5畳で約215cm，6畳で約229m，8畳で約247cm，10畳で約265cmとなる．

スポーツが行われる場所の天井高は，競技の種類によって必要高さが異なるが，特に球技は高い天井が必要である（表8）．室内野球場の天井高や形状は，特大ホームランの打球軌跡をもとに検討する（図83）．

天窓から自然採光を得る博物館・美術館の展示室の天井高は，一般に非常に大きい（図84）．高級ホテルのロビーは何層分もの大きな吹き抜けをとることで，豪華さを演出する（図85）．コンサートホールは残響時間が2秒程度必要であるが，理論的に残響時間は室容積が大きいほど長くなるので，適正な残響時間の確保に必要な気積（表9）を得るためには，天井を高くする必要がある（図86）．

そのほか，空調機械室（ボイラー，冷凍機，ファンなどを設置）や電気室などの機械室は，梁下で4.5～5m程度を確保する．

7-4 駐車場の寸法

駐車場の設計にあたっては，まず自動車の寸法を知る必要がある．自動車の寸法は，種類別に表10のように規定されている．もっとも一般的な駐車パターンは，直角駐車である（図87上）．直角駐車の場合，1台分の駐車区画の幅（駐車ラインの間隔）が2.3m以上必要で，未熟者の入庫しやすさを考えれば2.5～2.6m，車いす使用者が乗り降りするスペースを確保するためには3.5m以上必要である（福祉のまちづくり条例等）．駐車区画の奥行きは，前後の余裕をみて5.5～6mとする．車路の幅員は，一方通行の場合3.5m以上，両方向通行の場合は5.5m以上必要である（駐車場法）．

駐車区画前面の車路の幅員は，駐車ラインの間隔が広いほど狭くできるが，安全かつ楽に入出庫できるためには6m程度を確保する．平行駐車の場合は，1台分の駐車区画は幅2.4m以上，長さは7m程度とする（図87下）．

表8　スポーツに必要な天井高

競技の種類	必要天井高
柔道	≧4.0m
剣道	≧4.0m
卓球	≧5.0m
バスケットボール	≧7.0m
ハンドボール	≧7.0m
バレーボール	≧12.5m
硬式テニス	ネット上　≧12.19m／サイド上　≧4.87m
バドミントン	≧15.0m

※各スポーツ協会のオリンピック施設規格の寸法

天井高は160m級ホームランやライナー性の170m級ホームランが当たらないように決められている．

図83　札幌ドームの内部

図84　自然採光の美術館展示室
10m近い天井高がある自然採光の展示室（大英博物館）．

図85　高級ホテルのロビー
高い天井にして豪華さを演出している．

表9　音響上望ましい室規模

種類	1席あたりの室容積（m³）（舞台を除く）
コンサートホール	8～12
オペラハウス	6～8
多目的ホール	6～8
邦劇場	5～6
講堂	4～6

一般に，1席あたりの容積が大きいほど内装材料の選択の自由度が大きく，満席時にも豊かな残響が得られる．

図86　コンサートホール
天井高20m以上にして残響時間2秒以上を実現している（ザ・シンフォニーホール）

表10　自動車の大きさ

自動車の区分	全長×全幅×全高（m）
軽自動車	3.4×1.5×2.0以内
小型自動車	4.7×1.7×2.0以内
普通自動車	小型規格のうち一つでも超えるものがある場合
小型トラック	4.7×1.7×2.0以内
中型トラック	12.0×2.5×3.8以内
大型トラック	12.0×2.5×3.8以内

大型バスは全長9m以上または定員50人以上，小型バスは全長7m以内，かつ定員29名以下．

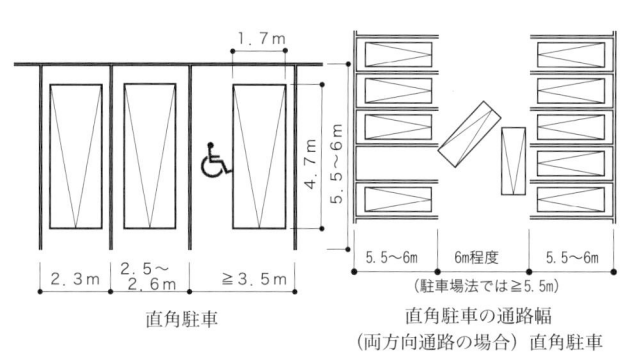

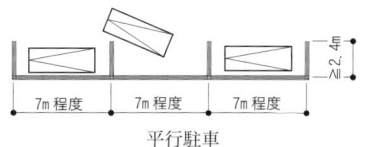

図87　駐車スペース

7-5 柱スパンの決定

柱スパンは，以下の要因を検討して決める．

①構造上の経済性・合理性

スパンを大きくすると柱の本数が減らせるが，柱や梁の断面積は大きくなる．また，構造種別により適応可能な柱スパンが異なる（図88）．一般に，RC造のスパンの上限は10mである．SRC造やS造は10m超の大スパンも可能であるが，15mを超えるとプレストレストコンクリート構造（PS造）が経済的になる．

②機能上の合理性

事務所建築では事務室の机配置（図89），大規模店舗では食品売り場の什器のモジュール，図書館は書架のモジュール，駐車場は自動車の配置（図90），ホテルは客室，病院は病室の大きさがスパンに大きく影響する．

③異なる用途・機能の上下階のつながり

機能上の合理性から決まるスパンは，一般に用途ごとに異なるため，上階と下階で用途が異なる用途が積み重なる複合建築（売場＋駐車場，集合住宅＋事務所，ホテル＋事務所，ホテル＋商業施設，商業施設＋駅，病院の病棟部と外来部など）は，お互いの機能や経済性を損なわない共通のスパンを見出すための相互調整が，重要な課題となる．

7-6 規模の計画

施設の規模は，床面積，階数，高さなどで表す方法と，客席数（劇場，食堂，競技場など），客室数（宿泊施設），病床数（医療施設），クラス数（小学校など），収容台数（駐車場など）のように，収容能力で表す方法がある．

規模の計画は，①需要（利用要求）を予測し，収容能力を設定する，②収容能力を床面積に変換する，の二段階で進められる．床面積に変換する場合の参考値として，1人（席，床，台）あたりの床面積（人／㎡，席／㎡，床／㎡，台／㎡など）で表される面積原単位がある．面積原単位は，①多数の実例から統計的に得られるもの，②法令や基準で定められている値，の2種類がある（表11）．

面積規模は，[数量]×[面積原単位]で求まる．たとえば，100台分の駐車場の面積は，100（台）×30（㎡／台）＝3,000（㎡）程度必要であり，逆に3,000㎡の土地を駐車場にする場合は100台程度収容できることが概算できる．このように，面積原単位は基本計画の段階で床面積の概算根拠になり，逆に与えられた面積から収容能力を概算することもできるなど，設計情報として有用である．

なお，面積原単位にかなりの幅がある場合は，施設の目的，設定するグレード，対象とする利用者層などによって，下限，平均値，上限のいずれをとるのかを判断しなければならない．

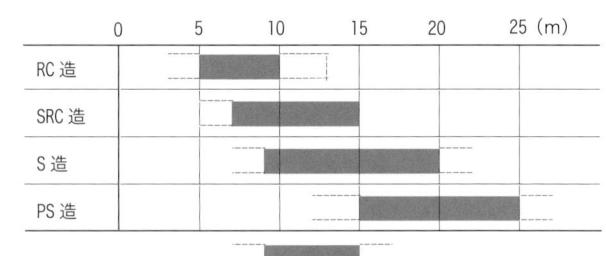

図88 構造種別の適応柱スパン

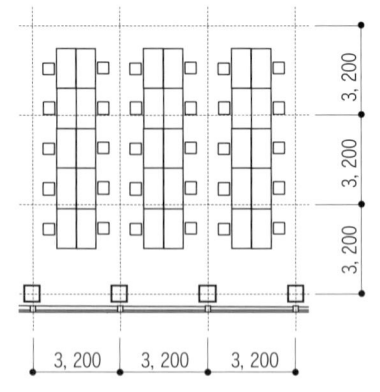

図89 事務所建築のモジュールと柱スパン

事務所ビルのモジュールは事務室の業務，家具のサイズ，スプリンクラーヘッドの配置間隔（耐火構造の場合3.2m以下）などから決定される．

3.0mモジュールは奥行き70cmの机の対向式配置に適するが，会議室・応接室の幅にはやや狭い．

3.6mモジュールは会議室や応接室にちょうどよいが，対向式机配置の場合，通路がやや広すぎる．

左は3.2mモジュールの例で（机は70cm×140cm），外壁の柱の位置はモジュールに合わせている．

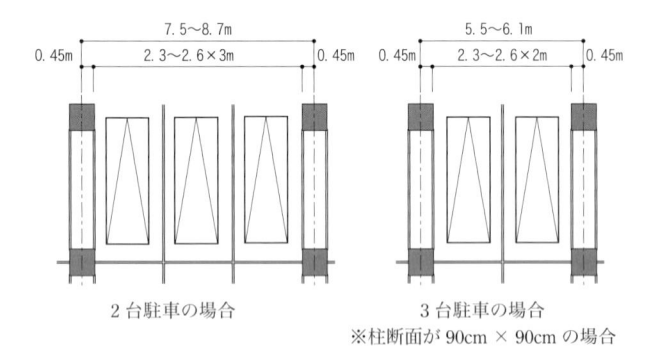

図90 駐車場のスパン

表11 施設種別の面積原単位

用途	対象部分	面積原単位	備考
事務所	事務室	5～10（㎡／人）	
	延べ面積	10～12（㎡／人）	
映画館	客席部分	0.5～0.7（㎡／人）	
	延べ面積	1.5～2.5（㎡／人）	
劇場	客席部分	0.5～0.7（㎡／人）	
	延べ面積	5～8（㎡／人）	
公共図書館	開架閲覧席	1.5～3.0（㎡／人）	
ビジネスホテル	延べ面積	10～40（㎡／人）	
		20～35（㎡／室）	
シティホテル	延べ面積	25～60（㎡／人）	
		40～70（㎡／室）	
ホテル	シングルルーム	13～20（㎡／室）	
	ツインルーム	20～32（㎡／室）	
	和室	≧7（㎡／室）	旅館業法
	洋室	≧9（㎡／室）	
	様式客室	≧13（㎡／室）	国際観光ホテル整備法
	中・小宴会場	1.5～2.5（㎡／人）	
	大宴会場	1.3（㎡／人）	
病院	延べ面積	80～100（㎡／床）	総合病院
	病室床面積（一般病床）	≧6.4（㎡／人）（入院患者1人あたり）	医療法（内法寸法で測った面積）
駐車場	車路を含む	25～30㎡／台	自走式
駐輪場	駐輪部分のみ	1㎡／台	

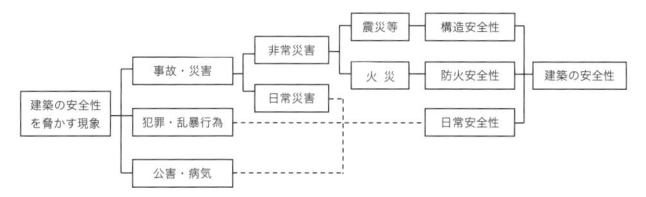

図 91 建築にはさまざまな安全性が求められる

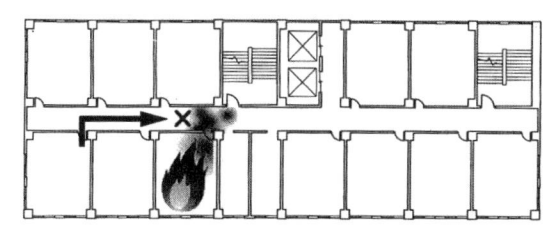

図 92 二方向避難が充分にとれていない平面
（青木義次ほか『やさしい火災安全計画』学芸出版社）

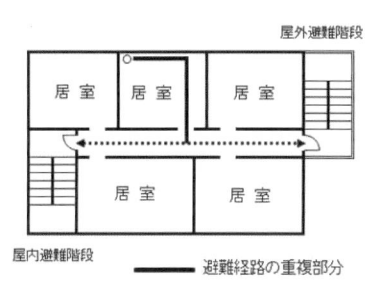

居室の出入り口が1か所の場合は、室内で二方向避難がとれないため、廊下に出るまでの経路が重複部分になる。また、図92のような階段配置の場合は廊下でも二方向避難ができない重複部分が生じる。建築基準法では、重複部分の距離の最大値が構造、階、用途などにより細かく規定されている。

図 93 二方向避難と重複部分

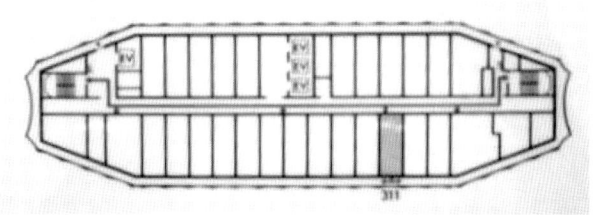

二つの避難階段をできるだけ離して行き止まりになる客室をほとんどなくしているが、廊下が煙で汚染された場合も想定して外壁全周に連続バルコニーを設け、避難階段につなげることで、客室からの避難安全性を高めている。

図 94 バルコニー避難を考えたホテル客室階

◘ホテルニュージャパン火災
1982年2月8日午前3時過ぎに、東京都千代田区のホテルニュージャパン（地上10階・地下2階）の9階938号室から出火し、死者34名の大惨事となった。出火原因は、938号室の外国人客の寝タバコと推定されている。第一発見者のフロント係が、出火室内の客を救助したあとドアを閉めなかったため、廊下に煙が充満し、また延焼を早めたが、スプリンクラーが設置されていない、防火区画に不備があるなどの違反建築であったことも被害を拡大した原因である。なお、宿泊棟の平面は、廊下に行き止まり部分がある、120度で交差する廊下形状で方向感覚を失いやすいなど、もともと避難上の問題が多かったことも指摘されている。

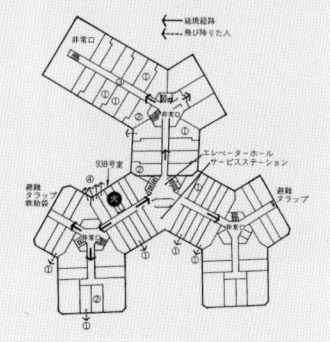

出火した9階の延焼経路と客の避難行動（岡田光正『火災安全学入門』学芸出版社）

〈8〉 安全と建築計画

8-1 安全を計画する

建築は、外部の厳しい環境条件や災害から人間や物を守るシェルター（shelter）としての役割がある。そのため、建築は、①構造安全性（地震や強風などの外力に耐える）、②火災安全性（火災時の熱による構造体の損傷・倒壊を防ぐ）、③避難安全性（災害時に建物外の安全な場所まで避難できる）、④日常安全性（墜落、転落、転倒などによる死傷防止）、⑤防犯安全性（不審者の侵入、盗難、放火、破壊行為等の抑止）などの安全性能が求められる（図91）。建築計画や建築設計においては、安全性と機能性、デザイン性、採算性などをどう両立させるかが重要になる。

8-2 火災と二方向避難

建物の各階に避難階段が1か所しかないと、避難階段付近で出火すれば、多くの人が逃げ場を失う悲惨な事態になる（図92）。したがって、建築の平面は火災時を想定し、出入り口や避難階段を二つ以上設置し、かつ互いにできるだけ離し、行き止まりが生じないように計画し、すべての部分からの二方向避難を確保するのが理想である。建築基準法では、避難階（1階が多い）までの直通階段が二つ以上必要になる条件が、建物の用途、階数、その階の居室の床面積の合計などによって定められており、また避難経路に重複部分が生じることを許容している（図93）。

中廊下型の場合は、廊下が煙で汚染されれば避難階段が二つあっても避難できなくなるので、避難バルコニーを設けるなどのくふうにより、火や煙に追い詰められて逃げ場を失わないようにする（図94）。ホテルニュージャパン火災では、煙に追い詰められて逃げ場を失った宿泊客の多くが窓から飛び降りて命を落としたが、もしバルコニーがあれば多くの命が助かっていた可能性がある。

8-3 火災時の避難行動

人間は、自分の生命に危険が及ぶような非常事態に直面すると、論理的思考能力や理性的判断能力が大きく低下し、平常時とまったく異なる行動をとる。火災時の避難行動としては、以下のことが知られている。

①いつも使っている出入口や階段に向かう

動物は、身に危険を感じるとただちに来た道を引き返す習性がある（いのしし口）。人間も、不案内な場所で避難するときは、既知の経路を選んで避難する傾向がある。

②明るいほうに向かう（指光本能）

相対的に明るい方向、暗闇の中で光が射す方向に向かう。

③開かれた空間に向かう（向開放性）

通路の分岐点では、幅が広いほうの通路、天井高の大きいほうの通路を選択する。

第4章 建築を計画する 81

④他人に追従する（追従本能）

避難方向がわからなくなるほど混迷の度合いが増すと，前の人や多数のグループについて行く．

⑤火や煙に対しておそれをいだく

動物と同じく，炎・熱・煙を本能的に忌避する．

⑥思いもよらない力を発揮する

熱や煙に追いつめられると，電柱に飛び移る，竪樋にしがみついて降りる，高所から飛び降りるなど，平常時はとてもできないような行動をとる．

8-4 避難行動に対応した避難計画

高層建築では，エレベータで上下移動をすることが圧倒的に多く，特に高層ホテルでは，宿泊客のほぼ100％がエレベータを利用する．また百貨店では，買物客の上下移動の80％がエスカレータ，20％がエレベータになるように計画するため（すなわち客が階段で上下移動することを想定していない），買い物客の多くは避難階段の位置をほとんど知らないのが実態である（図95）．このように，高層ホテルや百貨店では，日常動線と避難動線が大きくずれていることが多いため，火災時にも無意識にエレベータを使うおそれがある．実際，ある火災では，避難にエレベータを使ってはいけないと知っていたにもかかわらず，エレベータで避難した人がかなりいたという調査結果がある．

また廊下や扉には，消防法に基づき避難経路や避難口を示す避難誘導灯が設置されるが，何度も折れ曲がったり分岐点がいくつもあったりする複雑な避難経路を避難誘導灯で誘導できる保証はないため，あくまで補助的な役割にとどめるべきである（図96）．

以上のことから，火災時を想定した避難経路は，以下のように計画することが望ましい（図97，図98）．

①日常動線と避難動線の一致

日常利用する経路が避難経路と重なるような動線計画とする．避難階段とエレベータ，避難階段とトイレを接近させて配置するなどの方法がある．

②単純明快な避難経路

何度も折れ曲がる，直交しないなどの避難経路は見通しがきかず，また方向感覚を失いやすいので，見通しがきく単純明快な避難経路とする．

③指光本能・向開放性の利用

明るい方，開けた方の先に避難階段や一時避難場所を設ける．薄暗く狭い廊下の奥避難階段を配置しても，避難に使われない可能性が高い．

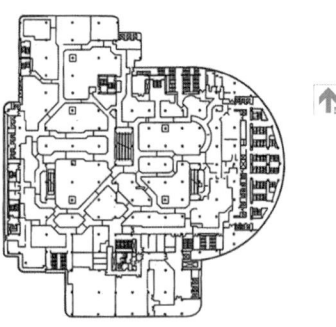

図95 階段の位置がわかりにくい百貨店の売り場（「建築技術」No. 440, 建築技術）

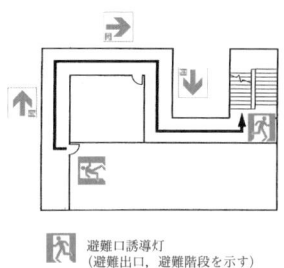

図96 避難誘導灯に頼りすぎてはいけない

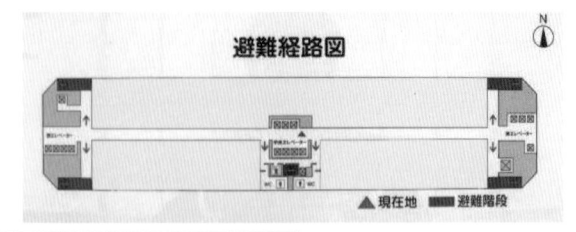

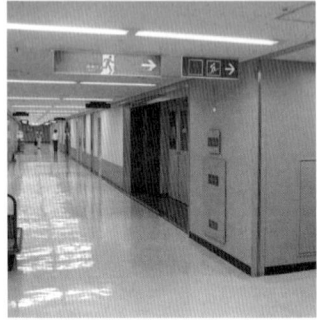

大阪マーチャンダイズマートビル
上：四隅と中央に避難階段，一直線で見通しのよい単純明快な廊下により完全な二方向避難を確保している．また，エレベータとトイレを避難階段に近接させ，日常動線と避難動線が一致するように計画している．
左：中央エレベータ裏便所の案内矢印と避難口誘導灯の矢印の方向が一致している．

日本IBM本社
コアと事務室の接続部分と避難階段に窓があり，外光が射し込む．避難階段への動線（避難動線）とエレベータやトイレへの日常動線が一致するようになっている．ダブルコアタイプで二つの避難階段が同時に煙に汚染されるおそれが少ない．（岡田光正ほか『建築計画1［新版］』鹿島出版会）

図97 非常時の人間行動に対応した避難経路の例

直線廊下の突き当たりのガラスブロックから外光が射す．正面がバルコニーへの出口，左が避難階段の扉．

二方向避難，指光本能，単純明快，日常動線と避難動線の一致を考慮した避難経路．

図98 避難行動に対応した避難経路の設計例

段鼻がわからない階段．途中で段が不規則になっている箇所もあり，踏み外す危険性が高い．

側頭部にある斜めの壁は死角になるため，頭をぶつけやすい．近道行動で内側を通らないよう，植木鉢と看板を置いてある．

入り隅部の壁が鏡になっていて，もう一方の壁を映すため，壁が奥まで続いているように錯覚し鏡に衝突する．

出入り口の枠の真下の両側で床の高さが違うことは想定していないため，踏み外したりつまずいたりすることが非常に多い．

図99　日常災害をひきおこす可能性がある危険なデザイン

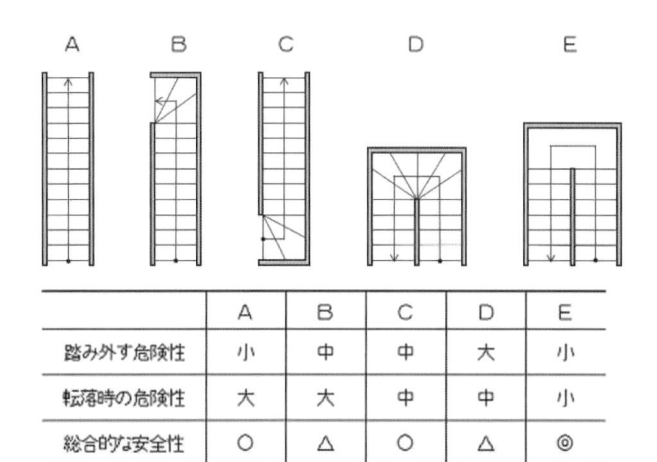

	A	B	C	D	E
踏み外す危険性	小	中	中	大	小
転落時の危険性	大	大	中	中	小
総合的な安全性	○	△	○	△	◎

図100　階段のタイプによる転落事故の危険性の違い

すっきりしたデザインであるが，手すりがない階段は，万一踏み外したときになすすべがない．

手すりのない江戸時代の町屋の箱階段．現在は，高さ1mを超える階段に手すりの設置が義務づけられている（建築基準法施行令第25条）．

図101　転落の危険性が高い階段

8-5　建築の日常災害

　通常の状態で，建築の不備等によって人間の日常生活のなかに突然生ずる，墜落（まっさかさまに落ちる状態）・転落（段に沿って落ちる状態）・転倒・ぶつかり・はさまり・こすり・溺水などを日常災害という．日常災害は，設計者が人間の多様性，人体寸法，人間の視野・死角，近道行動，アフォーダンス（物を置く，足を掛けるなど），歩行などの予定調和的行動をよく理解していないために起こり，被害者は幼児と高齢者に集中している．日常災害をひきおこす可能性があるデザインの一例を，図99に示す．

　日常災害は，以下のような場所・場合で発生しやすい．
①平滑な材料の床（磨き石，金属，磁器タイル等）は，滑って転倒しやすい（特に濡れたとき）．
②床面のわずかな凹凸，一段の段差は気付きにくく，つまずいて転倒しやすい．
③同一材・同一仕上げの階段・段差は段がわかりにくく，足を踏み外して転落しやすい．
④大面積の透明ガラスは衝突しやすい（特に暗い側から明るい側を見るとき）．
⑤側頭部・頭頂部，足もとなどは死角になり，頭をぶつけたりつまずきいたりしやすい．
⑥手すりの横桟，低い窓台などの足がかりとなる部分では，幼児がよじ登って墜落する事故が起きやすい．
⑦手すり子の間隔が広いと，隙間から幼児が墜落しやすい．

8-6　階段の安全性

　階段は高低差があるうえ，足もとが不安定であるから，階段の昇降は床面での歩行よりはるかに危険性が高い．その危険性を減らすためには，①勾配を緩くする，②蹴上げ寸法と踏み面寸法の組み合わせを適切にする，③段の表面を滑りにくい仕上げにする，④上から見たときに段を見えやすくする，⑤蹴込み板を設けて段の隙間から足が滑り落ちないようにする，⑥手すりを取り付ける，などの方法がある．

　また，階段のタイプによっても危険性に差が生じる（図100）．階段で踏み外しやすいのは，回り階段の部分である．該当するのはB，C，Dであるが，万一，転落したときにけがをする危険性は，落下距離が小さいC，D，Bの順に小さい．Aはリズミカルに昇降できるため，踏み外す危険性は小さいが，最上段で踏み外したときの落下距離が大きい．Eは途中に踊り場があるため，そこで足を休めることができるし，万一，転落してもそこで止まる可能性が高い．以上より，事故の発生を防ぐ度合いと，けがを軽減する度合いを総合評価すると，Eがもっとも安全，次いでAとC，もっとも危険なのがBとDとなる．いずれにせよ，転落の危険性を考えれば，階段には手すりが不可欠である（図101）．

8-7 防犯安全性

破壊行為，落書き，侵入などの犯罪は，地域住民を不安に陥れる（図102）．住宅への侵入経路はさまざまであるが（図103），侵入された戸建て住宅には，①高いコンクリートブロック塀・車庫・植栽が死角を作っていた，②足がかりとなるものがあった，③隣家と近接して建っていた，④2階のバルコニーが腰壁になっていた，⑤施錠を忘れていた（特に2階の窓），などの共通項がみられる．また中・高層の集合住宅地では，死角になったエレベータ・階段・屋上・自転車置き場での犯罪，バルコニーや出窓からの侵入が多い．最上階は安全と思いがちであるが，屋上から伝って降りやすく，ルーフバルコニーは地上から死角になるため，侵入されやすい．

8-8 防犯環境設計

建物や街路の物理的環境の設計により犯罪の発生を抑制・防止する設計手法を，防犯環境設計（CPTED：Crime Prevention Through Environmental Design）という．方法としては，①対象物の強化（敷地境界，建物・住戸の内外の強化），②接近の制御（侵入経路に障害を設けて侵入しにくくする），③自然監視性の確保（周囲の目が自然に届く環境をつくる），④領域性の確保（自分たちの領域であることを明示し侵入しにくい環境をつくる），の四つがあるが，これだけでは不充分であり，地域住民・警察・行政が一体となった地道な防犯活動を組み合わせることが重要である（図104）．

特に，地域住民による自然監視は，犯罪発生抑止効果が大きい（図105）．住宅地においては窓からの見通しのほか，囲み配置・門・立て札・塀などで部外者が侵入しにくい領域を明確にするとともに，住戸の前に植木鉢，自転車，置物，掃除道具などを積極的に置き，居住者の生活感や個性を表出させることが有効である．路地空間は，まさにこのような特質を備えているといえよう．

◆**割れ窓理論**
建物の窓ガラスの1枚目の窓を割るのは心理的抵抗が大きいが，すでに割れている窓があると他の窓を割る時の心理的抵抗は少なくなるので，窓を割れたまま放置していると，その建物は管理されていないと思われ，凶悪な犯罪が増えるという理論．すなわち，目に見える軽微な犯行を減少させれば他の犯行の誘発を防ぐことができるとする考え方であり，その有効性を支持する結果が報告されている一方で，統計的な根拠は明らかではないとする批判もある．

1955年に建設されたプルーイット・アイゴー団地（アメリカ・セントルイス）は，数年後に犯罪者と麻薬常習者のアジトと化し，空家率が70％に達したため，建設からわずか19年で取り壊された．
（湯川利和『不安な高層・安心な高層』学芸出版社）

上：扉のガラスが割られたエレベータ
左上：塀への落書き
左下：壁にカラフルな絵を描くことで落書き被害をなくした例

図102　破壊・落書きの被害

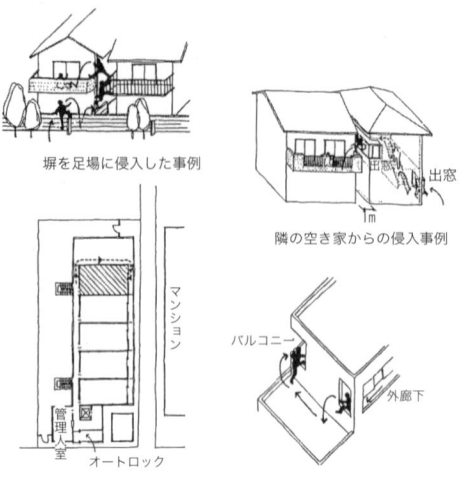

塀を足場に侵入した事例
隣の空き家からの侵入事例
最上階のバルコニーからの侵入事例

図103　住宅への侵入経路の例
（山本俊哉「建築と社会」2002年4月号，日本建築協会）

図104　防犯環境設計の考え方
（田中直人「建築と社会」2002年4月号，日本建築協会）

上：周囲からの視線と直近にある街灯で防犯性能を確保した住宅（設計：吉村英祐）
右：生活感がにじみ出ている路地は犯罪の発生を抑止する

図105　自然監視による防犯

図106 ジェンネ旧市街の大モスク（アフリカ，マリ）

図107 セント・ポール大聖堂（ロンドン，1710年）

外壁を風から守る深い軒（東大寺南大門） 　　胴蛇腹や軒の裏にある水切（京都・中京郵便局 1902年）

図108 風雨から外壁を守るくふう

プレキャスト板の目地シーリングまわりの汚れ 　　梁型の上から滴下した雨水による汚れ

図109 外壁の汚れ

ブランコによる清掃 　　移動式のメンテナンスラダー

ゴンドラによる清掃 　　軒裏のゴンドラレール（見上げ）

図110 外壁の清掃方法

〈9〉建築計画と維持保全

9-1 建築の維持保全

アフリカ・ニジェール川のほとりにあるジェンネ旧市街の大モスク（図106）の外壁は泥でできているため，雨季になると外壁が雨で流されてしまうが，雨季が終わると，地元の専門集団が近くで採取した泥を塗って補修する．この作業が何百年もの間繰り返され，雄大なモスクの姿を今日まで伝えてきた．また，泥の壁から突き出ている多数の木は補修時の足場になるが，ふだんは意匠上の重要なアクセントとなっている．ここには，建築保全の理想的な姿が凝縮されているといっても過言ではない．また，ヨーロッパの石造建築は，数百年の時間と歴史の積み重ねが，新築にはない美しさや風格を醸し出している（図107）．このような経年変化をエイジング（aging）と呼び，プラスイメージで肯定的にとらえられる．

伝統建築や近代建築の屋根，軒・庇，軒蛇腹，窓台，基壇，犬走りなどは単なる様式や装飾ではなく，外壁を風雨や汚れから保護する役割も担ってきた（図108）．ひるがえって，外壁が平滑化・透明化・パネル化した現代建築は，外壁が日射や風雨に直接さらされ，また汚れやすい材料や納まりにより，頻繁に清掃しないと汚れや劣化がひどくなる（図109）．

外壁の清掃には，ブランコ，ゴンドラ，メンテナンスラダーなどが用いられる（図110）．垂直でない壁，曲面，複雑な凹凸部分がある，大きな跳ね出しがある場合は，その部分の清掃や修理の方法を設計段階から充分に考えておかなければならない．図111は，設計段階でメンテナンスのしやすさを配慮した設計例である．

9-2 建物の寿命

建物の寿命とは，建物が新築されてから除却（取り壊し）までの期間のことである．また，構造的・物理的な減耗，性能・機能・意匠上の陳腐化，建物の立地が社会的あるいは経営的に適さなくなるなどの理由により，使用できなくなるまでの年数を耐用年数という．両者の概念は異なるが，しばしば両者を区別せず，同義で用いられることもある．日本では従来，建築の寿命は経済性から決まることが多く，安易なスクラップ・アンド・ビルドが行われてきた．

耐用年数には，物理的耐用年数，機能的耐用年数，経済的耐用年数，社会的耐用年数，法定耐用年数，家賃算定のための耐用年数がある．法定耐用年数は，鉄筋コンクリート構造や鉄骨鉄筋コンクリート構造の場合は事務所建築で50年，住宅で47年，鉄骨構造の事務所用建築で最長38年，木造住宅で22年などと決められている．

日本では，鉄筋コンクリート造の建物の平均寿命が35〜40年，鉄骨造が30年前後，木造住宅が30年程度であるが，

第4章 建築を計画する

これらの値はイギリス，アメリカ，フランス，ドイツなどに比べると1/2〜1/3程度にすぎない．だが，建築を長く大切に使い続けるほど，建築がつくられたときから使用を経て耐用年数を迎え，解体されるまでに排出されるCO_2の量（$LCCO_2$）や建設廃材の削減がはかれる．建築を長く使い続けるためには，日常の点検，清掃，修繕などの維持保全が重要である．また，リニューアル，リノベーション，コンバージョン（用途変更）などの手法により，建築を長く大切に使っていくことが重要である．

9-3 メンテナンスによる長寿命化

建物の性能は，年数が経過するにつれて徐々に低下する．スクラップ・アンド・ビルドは，耐震性，省エネルギー，居住環境，広さ，容量・処理能力，バリアフリーなどの初期性能が時代の要求水準を下回ったら解体するという発想であった．だが，今後は耐震改修（耐震補強，免震装置の設置など），省エネルギー改修（断熱化，設備機器の更新）などのリニューアルにより建物の性能を大幅に高めることを何度も繰り返し，建物を長く使っていくことが求められる（図112，図113）．そのためには，将来リニューアルしやすいように，設計段階から対応しておくことも重要である．

9-4 増築による長寿命化

市庁舎，駅舎，商業施設，学校，病院，図書館，美術館などのように，利用者数，容量などの需要増が見込まれる施設は，増築により機能的耐用年数をのばす方法を考えておく必要がある．増築には，側方増築，上方増築，別棟増築の三つの方法がある（図114）．

側方増築では，増築後に新旧建物を構造的に一体化すると既存部分も現行の建築基準法が遡及適用されるので，エキスパンション・ジョイントで構造的に縁を切っておくほうがよい．また，敷地に余裕がないと増築できない．

上方増築は，あらかじめ増築後の構造耐力や地耐力を見込んでおかなければならず，増築前と増築後の構造計算が必要で，既存部分も現行の建築基準法が適用される．また，増築工事中は下階の使用が大幅に制限される．

別棟増築は，法規が改正されていても，既存部分は建築基準法の遡及適用を受けない．既存部分を全面閉鎖せずに増築工事ができるなどのメリットがある．側方増築と同じく，別棟増築も敷地に余裕がないとできない．

なお，増築と反対に，需要の減少により不要になった建物の一部を取り壊す減築という手法が，小学校や集合住宅で試みられるようになっている．

〈参考文献〉
高橋研究室編『かたちのデータファイル デザインにおける発想の道具箱』彰国社，1984
岡田光正ほか『建築計画1［新版］』鹿島出版会，2002
日本建築学会編『建築設計資料集成［人間］』丸善，2003
岡田光正『建築人間工学 空間デザインの原点』理工学社，1993
日建設計『設計の技術 日建設計の100年』2001
日本建築学会編『建築設計資料集成3 単位空間Ⅰ』丸善，1980

「不変の骨格に可変の設備」の思想で設計された．アルミ鋳物の日除けルーバー，メンテナンス用バルコニーなどにより，竣工当時とほとんど変わらぬ姿を保っている．

竪樋を1層ごとに区切り，「じょうご」で受けることで，点検・補修・交換を容易にしている．

図111　パレスサイドビル（日建設計，1966年）

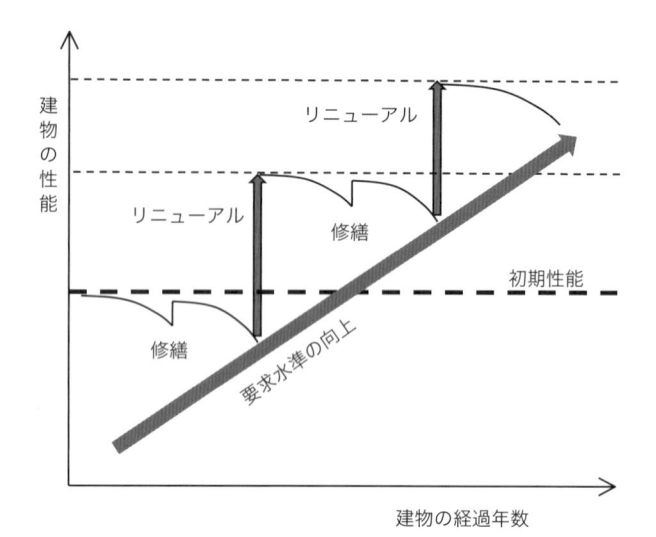

図112　メンテナンスによる性能向上の効果

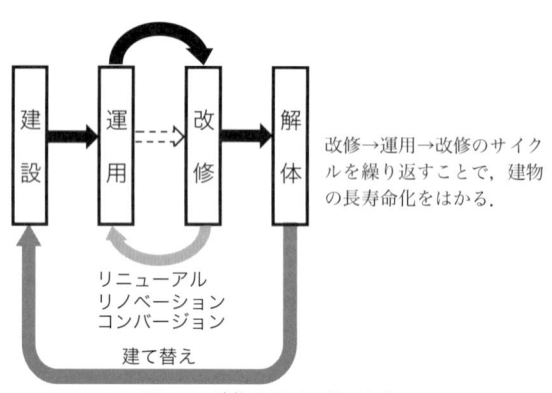

改修→運用→改修のサイクルを繰り返すことで，建物の長寿命化をはかる．

図113　建物のライフサイクル

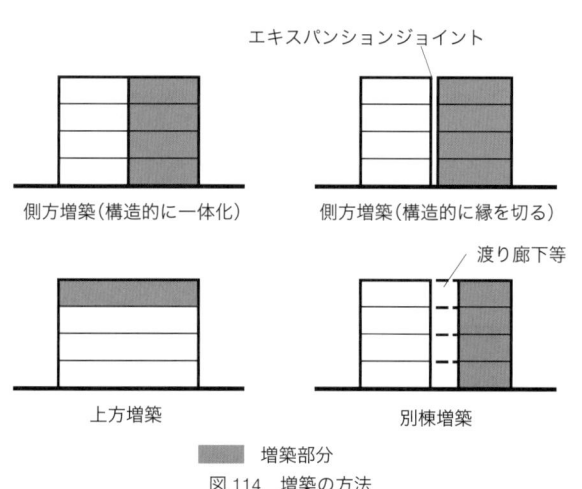

図114　増築の方法

第5章
非常時の安全・安心のデザイン

北後明彦

　災害が発生したとき，人はさまざまな対応を行って身の安全をまもろうとする．しかし，人の対応力は年齢などの条件によって異なるし，災害の現象による力が人の対応力をうわまわってしまうこともある．

　そのため，建築物の計画により，人が対応しやすい安全・安心のデザインとして，災害による影響を受けないようにすることが求められる．

日常時の安心感が，非常時の安全につながる．

〈1〉建築と災害

建築物で人々がすごすとき，火災や地震，風水害などの非常事態が発生しても，人々の安全は確保される必要がある．しかし，建築物を利用する人々はもちろんのこと，設計者も含めて非常時のことを考えることはすくない．これは，災害を体験することはまれであり，災害時に建築物がどのようになり，人々がどのような影響を受けるか，イメージを思い描くことが困難であることによる．

1-1 法規と災害のイメージ

非常時のことについて，設計者が自ら考え，安心できるデザインとしておくのが本来であるが，設計者は，法規による最低限の基準を守るだけの場合が多い．

いろいろな災害が発生し，その教訓として法規が整備されてきたのであるが，法規は，いろいろな条件の下で起こるすべての場合について規定されているわけではない．法規による最低限の基準を守るということでは，想定外の事態がおきてしまう，ということになりかねない．

設計する建築物や，その建築物が建てられる地域で起こる災害について，どのようなことが起こるかシナリオを描き，そのシナリオによって人々に危害を与えるようなことがないように設計しておく．

そのためには，設計者は単に法規をクリアするための知識だけではなく，専門家として災害をイメージできるように常に研鑽しておく必要がある．

1-2 考慮すべき災害

起こるかもしれない災害は，地域によって様々である．豪雨や豪雪，暴風，干天，猛暑，極寒などの気象変動．地震，火山噴火，出水などの地殻変動．これらによって引き起こされる洪水，土石流，地盤崩壊，地盤沈下，津波，高潮などの自然現象による災害．火災や爆発，放火，テロなどの人為事象による災害など．考慮すべき災害は，その地域でこれまで起きた災害や，危険な状況があるかどうかを調べて判断する．

本章では，建築物で問題となることが多い火災を中心に，地震，津波，風水害，雪害などの災害現象の現れ方と建築物や利用者への影響を把握し，その影響を最小限にするための空間設計の考え方や設備のあり方を示す．

図1 火災の例／思いもよらないことになることがある（広島市基町高層住宅団地）

図2 震災の例／1995年1月の阪神・淡路大震災では，多くの建築物が倒壊し，数千人もの人々の命を奪った

〈2〉火災に備える

建築物で発生する火災から，人の生命の安全を確保するように設計するには，どのようにすればよいのだろうか．

2-1 火災が起ったときの状況を考えてみる

設計した建物が火災となった時に，建物がどのように燃

Ⅰ. 火災シナリオの選定・設計火源の同定

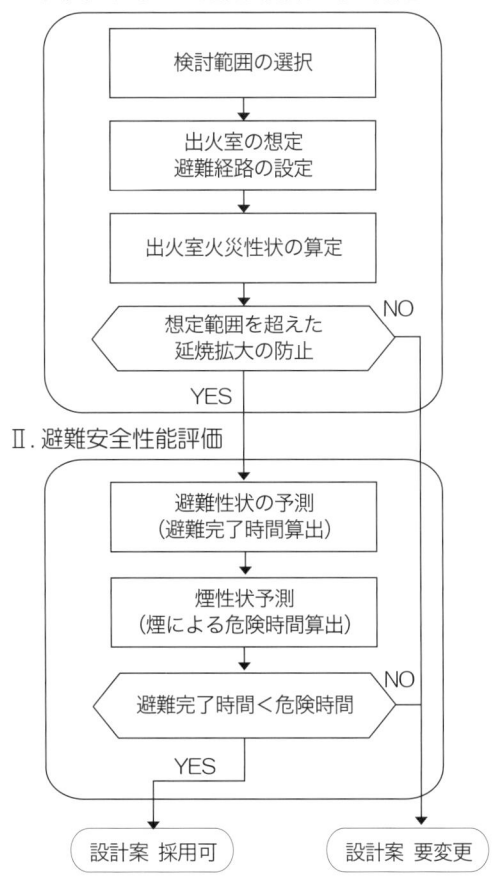

- 検討範囲の選択
- 出火室の想定 避難経路の設定
- 出火室火災性状の算定
- 想定範囲を超えた延焼拡大の防止 → NO
- YES

Ⅱ. 避難安全性能評価

- 避難性状の予測（避難完了時間算出）
- 煙性状予測（煙による危険時間算出）
- 避難完了時間＜危険時間 → NO
- YES

→ 設計案 採用可　　→ 設計案 要変更

図3　避難安全性能の検証手順 (参考文献4より)

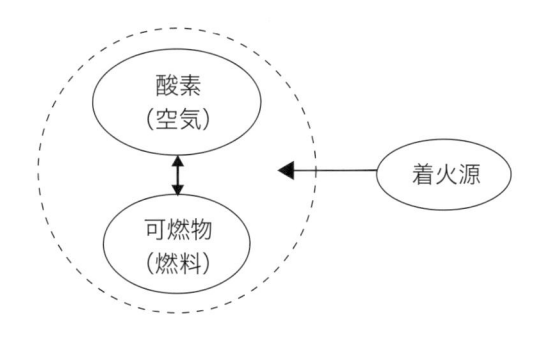

図4　燃焼の3要素
（酸素(空気)・可燃物(燃料)・着火源）

えるか，人々は，どの経路をたどって避難ができるのか，考えてみよう．

逃げるよりも早いスピードで炎が燃え広がったり，煙が上の階へ伝わっていくのであれば，燃えにくい材料を使ったり，煙が伝わるのを遮断できるようにする．

避難ルートが人の混雑で避難しにくい場合や火災でブロックされる場合は，避難ルートとなる廊下や階段の幅を広げたり，位置を分散したり，あるいは，逃げ込めば安全なスペースとする．初めて来た人や高齢者，障がい者などが使う建物では，火災の状況把握が難しく，避難のために移動する時間も長くなるので，より避難しやすくする．

2-2　避難安全性の確認

火災からの安全性について大まかな見通しをつける方法は，設計の初期の段階から常に心がける必要がある．最終的に人命の安全性を確認する時には，図3の手順に従って避難安全性能が達成されるか検証する．

図3のⅠでは，ある設計案での建物での出火が想定される位置，避難経路など，火災のシナリオを設定する．Ⅱでは，設定したシナリオについて，避難状況と煙の拡散状況を比較し，危険が迫るまでに避難が完了できれば，その設計案の避難安全性能は確認されたことになる．

以上のように，火災に備え，人命の安全性を確保するためには，建物での火災性状をよく知った上で，炎や煙等の火災現象をコントロールすると同時に，人々の避難特性を踏まえた設計とする必要がある．

〈3〉建物火災の性状

人が生活や様々な活動をするためには，衣類，家具類，電気製品，図書・雑貨など，可燃物を含んだ様々な物品が必要であり，これらを収容する建物には，潜在的に火災が発生する危険が存在する．

建物が火災となった時，建物という閉じられた空間で，どのように炎や煙が発生し，その空間に存在する人間にどのような影響を与えるようになるのか見ていこう．

3-1　燃焼現象

火災は，人のコントロールがきかなくなった燃焼現象によって，人や財産に被害が生ずることであり，その理解のためには燃焼現象のメカニズムを知っておく必要がある．燃焼には，図4に示すように可燃物と酸素の存在が不可欠である．建物の室内では，内装材料や家具，室内に持ち込まれた様々な物品が可燃物となる．室内には，空気中の酸素は充分にあるが，燃焼で消費されると窓などの開口部から空気が流入して補給される．

以上のように，燃焼には可燃物と酸素が必要であるが，

これだけでは充分ではなく，燃焼の開始には何らかのエネルギーを付与する必要がある．このエネルギーのことを着火源という．着火源は，残り火のあるたばこの吸い殻，ライターなどの裸火，コンロ・ストーブなどの熱源，配線器具の過熱などであり，図5に示す出火原因となっている．

燃焼の3要素のうち，1つでも欠けると燃焼しない．この原理を用いれば，着火源を持ち込まない，持ち込む場合は，しっかりと管理して着火源を可燃物と接触させないといったことにより，出火を防止することができる．

消火のためには，燃焼の継続に必要な熱を取り去るために水などによって冷却する，燃える物を取り去る，火災室を密閉して空気の流入を防ぐなどの対策が考えられる．

3-2 建物火災の進展

可燃物に着火して火炎が立ち上がると，周囲に熱を拡散しながら燃焼の範囲をすこしずつ広げていくとともに，火炎から立ち上がった熱気流（プルームという）とともに煙が上昇して天井面に煙層を形成する（図6）．この火災初期の段階では，室温全体としてはまだ急激な上昇とはならず，消火器による消火が可能なことが多い．火災のごく初期では火源付近の家具などが燃焼するが，次いで壁から天井へと燃焼の範囲が拡大していくと室内温度が上昇して火災成長期となり，消火器による消火は困難となる（図7）．

壁や天井に燃えやすい装飾物を一面に飾っていると，火災のごく初期の段階から急激に燃える範囲が拡大し，そこから発生した大量の熱と煙により室内は急速に危険な状態となる．これほど急激ではなくても，室内での可燃物が増えるほど燃焼拡大は速くなり，火災成長期に至る時間が短くなり火災室からの避難が困難となる．したがって火災初期での急激な燃焼を防ぐには，可燃物の管理が重要である．

3-3 火災成長期とフラッシュオーバー

初期火災の火炎が，可燃材料の内装の壁や天井に接すると，火炎は一気に成長し燃焼範囲が拡大する．するとそれまで着火していなかった床や床上の可燃物は，天井面に形成された高温の煙層からの強い輻射熱を受けて短時間の内に着火する．このように一定の条件に達すると，急激に燃焼範囲が火災室全体に拡大し室温は急激に上昇するとともに一酸化炭素ガスなどを含む煙を建築物全体に拡散しはじめる．この過程のことをフラッシュオーバーと呼ぶ（図7のAからB'）．ただし，室内の内装が不燃材料となっている場合は，家具や収納可燃物だけが燃焼するので，温度上昇はやや緩やかとなる（図7のAからB）．

3-4 フラッシュオーバーの危険性

フラッシュオーバーが発生しはじめると，1分もたたないうちに室内全体が800～1000℃の高い温度となり危険な状態となる（図8）．同時に室内の酸素濃度は急激に低下し，

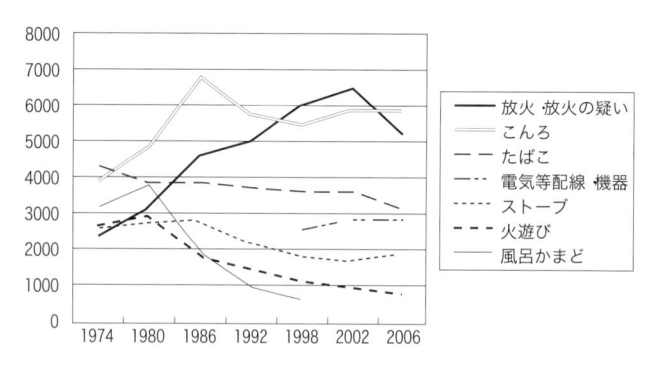

図5 建築火災の主な出火原因（消防白書より作成）

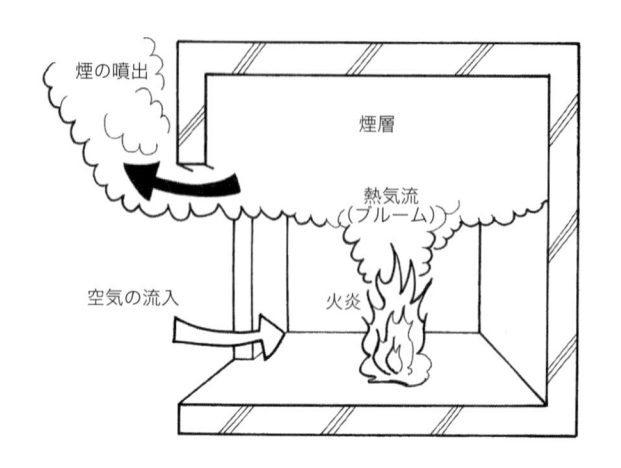

図6 火災初期の火災室（参考文献1より作図）

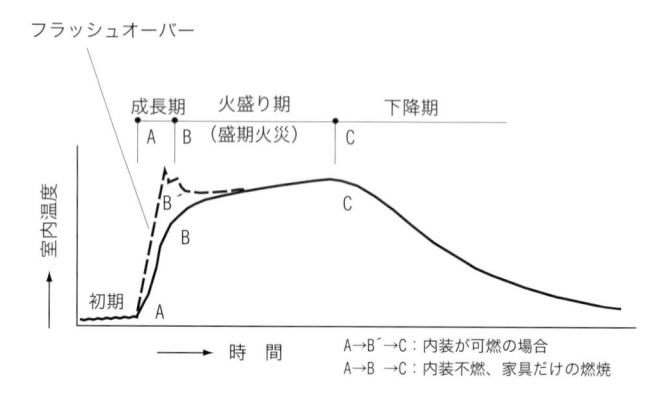

図7 建物火災の進展と火災室温度の変化
（横井鎮男「文部省科学試験研究 1962」）

A→B'→C：内装が可燃の場合
A→B →C：内装不燃，家具だけの燃焼

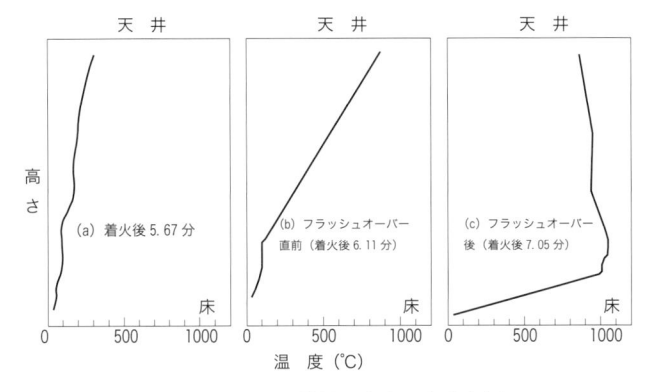

図8 フラッシュオーバー前後の室内温度分布例 (参考文献2)

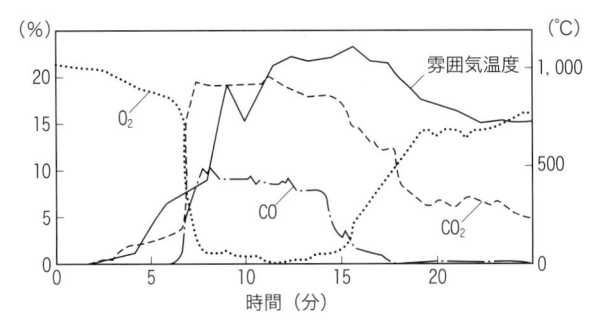

図9 火災室の空気成分・温度の変化の測定例 (建築研究所「委託実験1968」)

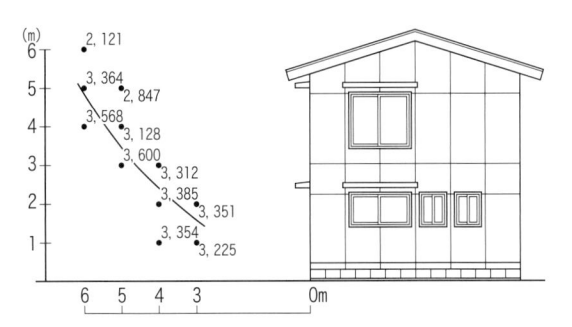

図中ラインは，点火50分後，3300kcal/m²h (＝3.85kW/m²h) の放射受熱量がある位置を示す．
図10 枠組木造住宅火災実験における放射受熱量の測定例
(参考文献3)

一酸化炭素，二酸化炭素濃度は急激に上昇し，空気成分としても非常に危険な状態となる（図9）．これらのグラフを見てわかるように，フラッシュオーバーが発生し始めてから室内が危険となるまでは時間的余裕はほとんどない．したがって，出火室にいた人々の命を確保するためには，フラッシュオーバーが発生し始めるよりも前に避難をすませておく必要がある．人々が火災に気づいてから室外に移動するまで避難するには一定の時間を要する．特に，多数の人々がいる場合には，混雑のためより時間がかかる．人々に火災をできるだけ早く知らせ，また，出口の幅を広げるなどにより，避難に要する時間をある程度短くすることはできるが，それにも限界がある．したがって，フラッシュオーバーを発生させない，あるいは，発生させる時間をなるべく遅くするように可燃物のコントロールを行うことなどが重要となる．

3-5 フラッシュオーバーの発生条件と時間

フラッシュオーバーの発生の有無や発生するまでに要する時間を規定する要因は，内装材料の燃焼性や室内の可燃物の量，開口部の大きさなどである．壁や天井の内装材料が不燃の場合や，室内の収容可燃物の量が非常に少ない場合（1m²あたり5kg以内）にはフラッシュオーバーは発生しにくい．逆に，内装材料や収容可燃物が燃焼しやすいほど，フラッシュオーバーとなるまでの時間が短い．

3-6 火盛り期の火災性状

火災成長期の後，火災室全体が激しく燃焼する火盛り期となる．火盛り期では火災室の温度がほぼ一定で安定した燃焼が継続する．このとき室内が約800～1000℃の高温となり構造部材の耐力に影響を与える．構造部材の耐力は，鋼構造の場合は温度の上昇とともに低下する．そこで，一般的には火災継続時間に見合った耐火被覆（耐熱性・断熱性のある材料）によって鉄骨部材を防護して，火災時に建物が倒壊しないようにする．

3-7 火盛り期の噴出火炎の影響

火盛り期には，火炎や煙が火災室の窓や出入口などの開口部から噴出する．開口部からは未燃ガスも噴出する．そこへ外部の空気が供給されると未燃ガスが燃焼し，噴出する火炎を大きくする．噴出した火炎は，廊下や隣室，上階へ影響を与えるとともに，隣の建物への延焼を引き起こす．

図10は，木造住宅の実大火災実験で，出火後50分後，建物全体が炎上して2階開口から火炎が噴出し，屋根が燃えぬけた燃焼状態での隣棟への影響を示している．図中のラインは，同じ強さの放射受熱量の位置である．隣棟においては1階よりも2階への影響が大きいことがわかる．

室内の可燃物の大部分が燃え尽きてくると火勢が衰え，下降期（減衰期）となる．

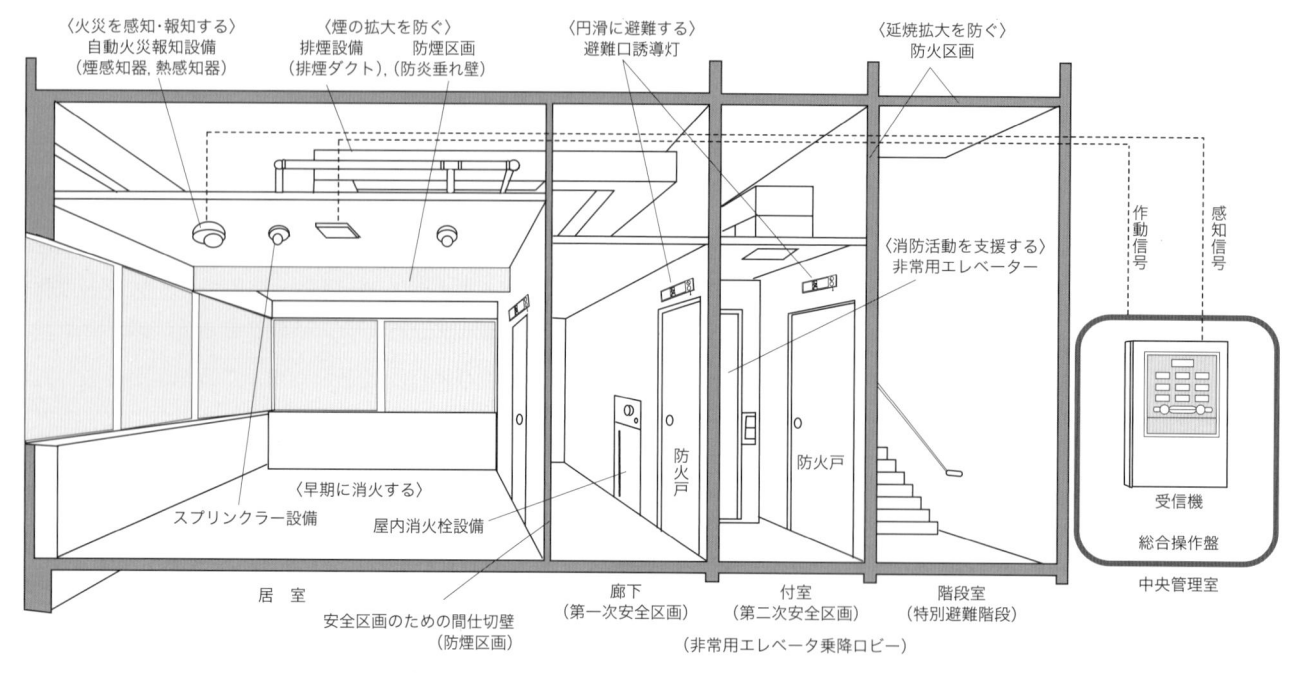

図11 建物各部における火災安全のための設備・施設 (参考文献4より作図)

〈4〉火災の拡大を防ぐ

　出火室で拡大した火災は，成長期を経て盛期火災となると，出火室の開口部から煙や火炎を噴出して建物全体に影響を広げ，延焼拡大していくことになる．

　出火防止対策によって，そもそも火災を発生させないことや，火災が発生すると自動的に散水するスプリンクラー設備などによる初期消火対策（図11）によって，火や煙の発生をストップさせることが被害を小さくすることに有効である．しかし，ひとたび出火防止対策や消火対策がうまくいかなかった場合，火や煙の拡大を防ぐための準備や安全な避難を行うための準備がなければ，その影響は極めて甚大となってしまう．

　そこで，出火防止対策や消火対策のバックアップとして火や煙の拡大を防ぎ，安全に避難できるようにすることを考える（図12）．このように1つの対策がうまくいかなかった場合，他の対策でカバーする考え方のことをフェイルセーフといい，安全性の高いシステムを構築する際には重要な原則となる．

4-1　防火区画による延焼防止・倒壊防止

　出火後，燃焼している範囲が広がるほど，熱や煙の量が増え，出火した建物内部にいる人々への影響が深刻となり，避難や消防隊による救助活動・消火活動が困難となる．

　そこで，防火区画を設置することによって，燃焼する範囲をなるべく小さく限定するとともに，上階など延焼しやすい方向や延焼するとその後の対応が困難になる方向への延焼をストップする．防火区画によって延焼防止することは，温度上昇による構造部材への影響を最小限にとどめ建

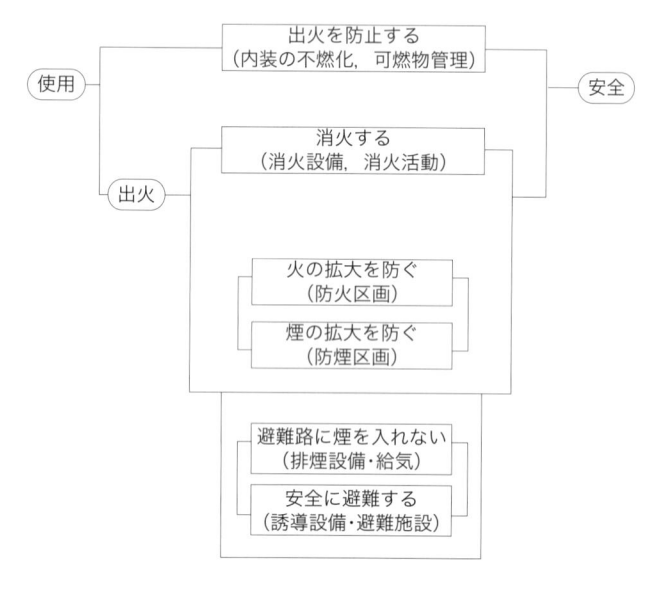

図12　フェイルセーフを考慮した建物全体での火災安全システム

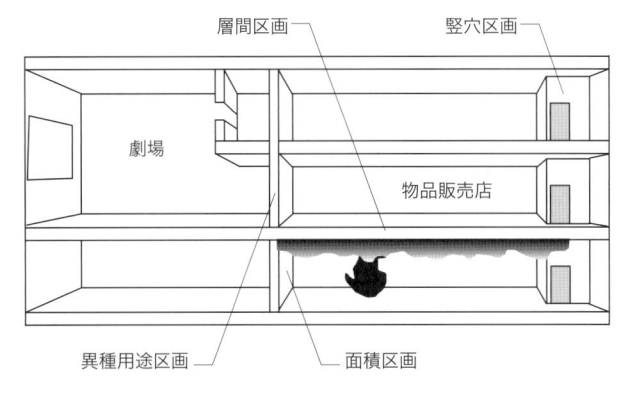

図13 防火区画の種類（建築防災協会編「特殊建築物等資格者講習テキスト」）

階段，エレベータシャフト等の竪穴区画部分以外は床板で防火区画される．

図14 層間区画の例〈工事中の建物の中間階〉

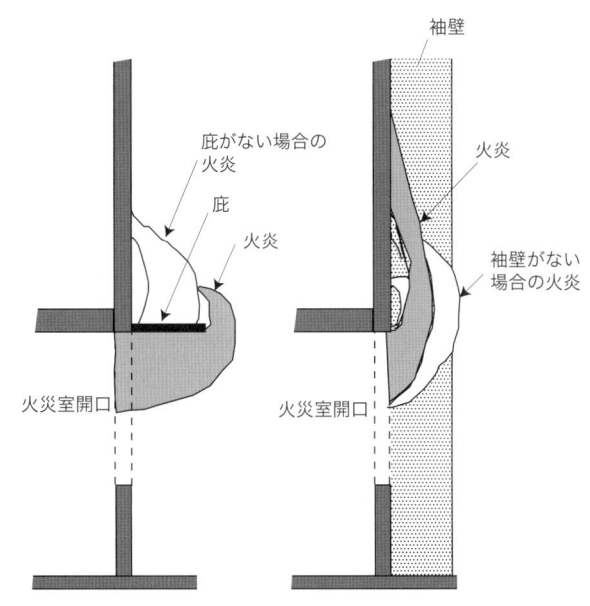

図15 火災室噴出火炎の庇と袖壁による影響（参考文献6）

物が火災により倒壊することを防ぐことにもなる．火災による建築物の倒壊防止は，逃げ遅れた人々の救助や消火などを行う際の，最も基礎的な要件である．

4-2 防火区画の種類

燃焼する範囲を出火箇所周辺の一定範囲に限定するために設ける防火区画のことを面積区画という（図13）．

上の階や下の階への床板の燃えぬけによる延焼や，外壁の開口部などを経由した上階への延焼を防ぐために設ける防火区画のことを層間区画と呼ぶ（図14）．

階段やエレベータシャフト，エスカレータ，吹抜など，各階を貫く縦方向の空間は，そこに火が入ると上階に延焼しやすくなる．この縦方向の空間と周辺の空間との防火区画のことを竪穴区画という（図13）．

大規模な複合用途建築物では，管理形態の異なる劇場や物品販売店などが混在する．物品販売店が火災となると，劇場では火災についての情報が伝わりにくいのでどのように対応してよいかわからない．このように混乱して大きな被害となることもあるので，管理形態の異なる部分を防火区画によってお互いに影響を受けないようにする．この場合の防火区画のことを異種用途区画と呼ぶ（図13）．

4-3 防火区画の構造

防火区画は，通常，壁や床の位置に設定し，壁や床を耐火構造や準耐火構造にすることによって火災が継続している間に防火区画をこえて延焼しないようにしている．防火区画はこのように主に壁や床などで構成されるが，人の通行や物の搬送のために開口部が必要となる．開口部を開放したままにするとそこから容易に延焼することになるので，防火戸や防火シャッターなどの防火設備を開口部に設置し，防火区画を完結する．

4-4 噴出火炎による延焼の防止

外壁の窓（開口部）を経由した上階への延焼については，窓の上枠と上階の窓敷居の間の耐火構造の部材（スパンドレル）によって層間区画し延焼を防止する．

上下階の窓間の距離が短い場合は，下の階からの噴出火炎が上の階に達しやすいので，窓に網入りガラスなどの防火設備をはめこむことによって，延焼防止を行う．外部に突出した窓上の庇やバルコニーを設置すると，窓からの噴出火炎が，庇やバルコニーの先端から上方に噴き上げることになる．この時，上階の室内の可燃物への影響が緩和され，上階延焼防止につながる（図15左参照）．

窓のそばに袖壁があると，側方からの空気が充分に供給されなくなり，窓から噴出する未燃ガスが燃焼するための空気を求めて火炎は上側の外壁をなめるように上昇する（図15右参照）．そのため上階へ延焼しやすくなるが，隣棟へは延焼しにくくなる．

〈5〉煙の拡大とその防止

火災による倒壊防止や延焼防止を目的として，建物を耐火建築物等にすれば，火災時の人命は守られるであろうか．

これまでの火災事例を見ると，多くの場合，焼損していない部屋においても，煙が侵入してきて一酸化炭素中毒などにより死傷者が発生している．したがって煙による人への影響をなくすには，煙の拡大をコントロールし，避難誘導することにより対処する必要がある．ここでは，火災室における煙の拡大と人間への影響，及び，火災室から噴出する煙による建物全体への煙の拡大とその防止について示す．

5-1 火災室における煙の拡大

火災室では，火災の初期段階から煙が発生して天井付近に煙層ができる（図6参照）．

天井の低い空間ではフラッシュオーバーの発生と同時に室全体が危険となるが，アトリウムやドームのような天井の高い空間においては火災の成長とともに煙層はまわりの空気を巻き込みながら降下し，次第に人の位置まで達する（図16）．

人の位置まで降下した煙により，人の視野が阻害されて避難しようとする経路の先の見通しがきかなくなる．その結果，どこに避難してよいのかわからなくなるとともに，煙になれていない一般人の場合，心理的に動揺しやすく避難が困難となる（図17）．煙層が下がってくると空気の巻き込み量が少なくなるので，時間の経過とともに煙層の濃度が濃くなり，次第に熱や毒性による影響を人に与えるようになる．

5-2 火盛り期における煙の拡大

フラッシュオーバー発生後の火盛り期には，火災室の窓や出入口などの開口部から噴出する高温の煙は，建物全体に拡大して，多くの人命を危険にさらす．

火盛り期に火災室の出入口（開口部）から屋内側に噴出した煙は，高温で空気よりも軽いので天井に沿って上側に煙層をなして他の室や廊下を流動する（図18）．

この煙層が，階段などの上階に通じる箇所（竪穴）に達すると，その箇所を通じて煙が上昇する．開放的な階段や吹抜があると，上階へ最もよく煙が拡大する．上昇した煙は，最上階から順に各階へ侵入していく．この時，建物全体は煙突のようになり，上の方の階では煙層が全体として竪穴から居室の窓に向かって流動し，廊下や室の下部を含めて煙が充満する（図19）．下階の火災からの煙が容易に上階に達し，燃焼していない上階において煙の害によって多数の死者が生じた事例は数多くある．

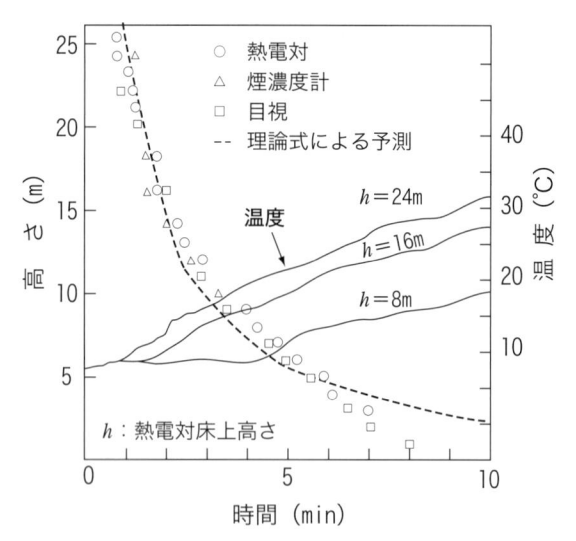

図16 大空間での煙層降下の実測（○，△，□）と予測（床面積720m²，天井高26m，発熱速度1.3MW）（参考文献2）

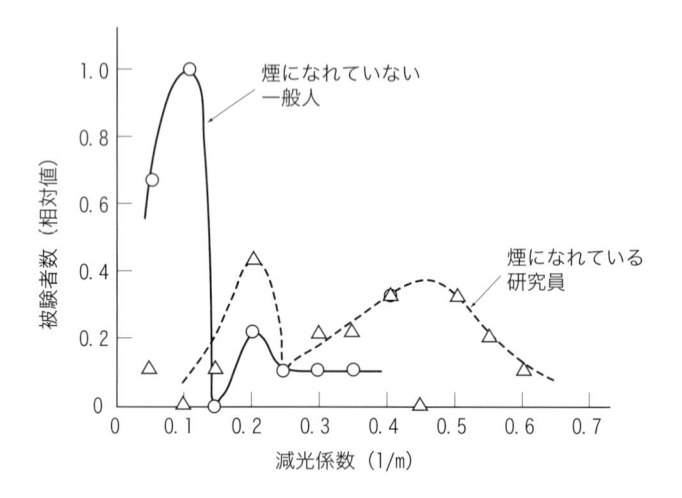

図17 煙濃度（減光係数）と動揺し始めた人の割合を示す実験結果
（神忠久による，参考文献8）

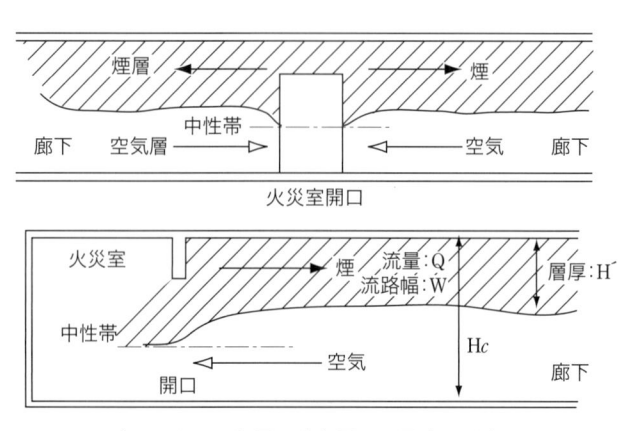

図18 廊下における煙層と空気層の2層流の形成（参考文献8）

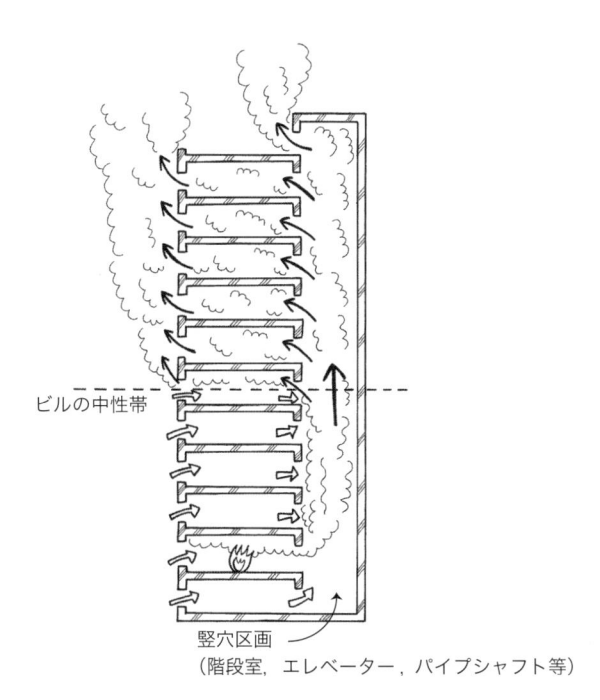

図19 高層建物の竪穴から上階への煙伝播状況 (参考文献9より作図)

ビルの中性帯

竪穴区画
（階段室，エレベーター，パイプシャフト等）

押しボタンによる手動開放装置で窓を開けて排煙する
図20 トップライトを利用した自然排煙口の例

防災訓練時の発煙筒による煙の吸引状況
図21 機械排煙設備の排煙口の例

5-3 煙の拡大防止とフェイルセーフ

このような被害を防止するためには，竪穴となる空間が火災室と空間的に連続しないようにする．具体的には，階段室の入口には防火戸，吹抜周りには防火防煙シャッターなどの防火設備を設置して，竪穴の開口部をふさぐ．また，排煙設備により，煙の影響を小さくすることもある．

防火戸には，常時閉鎖しているものもあるが，日常時は開放しておいて煙が到達した場合に煙感知器連動で閉鎖するものもある．防火防煙シャッターはすべて連動閉鎖方式である．常時閉鎖方式でも，連動閉鎖方式でも，防火戸・防火シャッターが確実に閉鎖されることが上階の安全性のために重要であるが，これらが閉鎖せず，上階に煙が拡大して死者を発生してしまったケースが見受けられる．

これは，防火戸が故意に開けられたままとなっていた，防火防煙シャッターの取り付けがもともと良くなかった，煙を感知して連動して戸やシャッターを閉鎖する装置が老朽化して作動しなかった，物が置かれていたなどにより，うまく閉まらなかったケースである．閉鎖信頼性向上に努めることは，上階の安全性確保のために重要である．一方で，信頼性を100％にすることは難しいので，図12に示すフェイルセーフのシステムがここでも重要となる．

5-4 防煙区画

防煙区画は，煙の拡大を防止するために設ける．天井から床までの間仕切壁や閉鎖された扉等によって，煙を閉じこめることが基本となる．

防煙区画には，階段などの竪穴区画のほか，面積区画，層間区画，異種用途区画がある．また火災室からの煙から避難経路を守るため，避難経路となる廊下等と居室とを防煙区画することもある．このように床までの防煙区画によって安全を確保した避難経路等のスペースのことを安全区画と呼ぶ（図11参照）．

5-5 排煙設備

排煙設備は，煙が存在する空間よりも避難経路の圧力が高くなるように煙を排出するための設備である．避難経路の圧力が高くなると，煙が避難経路に入りにくくなる．

排煙設備は，積極的に煙の流動をコントロールするが，防煙区画を有効に利用してなされる．排煙設備は，防煙区画ごとに設けて，その面積などに応じた自然排煙口の開口面積や排煙機の容量を決める．

防煙垂れ壁は，排煙設備による排煙を効率的にするために設置されるもので広義には防煙区画の一種とされている．

排煙設備には，大きく分けると，自然排煙設備（図20）と機械排煙設備（図21）がある．自然排煙設備は，煙が高温で浮力があることを利用して，空間の上部に設けた窓などを排煙口として煙を排出する．火災室での自然排煙によ

り，在室者が室外へ避難できるまでに煙が降下しないようにする．機械排煙設備は，送風機を排煙ファンとして用いて煙を排煙口から吸引し，外部に排出する．

排煙設備でスムーズに排煙するには，排出する煙量に対応した空気を外部から取り込む必要がある．そうしないと煙が存在する空間の圧力が低下し，それ以上煙を排出できなくなる．この空気の取り込み口（給気ルート）を避難経路の下部や避難方向側に設置できれば避難経路の安全性はより高まる．図22は，避難方向側（避難口）が給気ルートとなるようにした自然排煙設備の計画例を示している．

5-6 避難経路への煙の侵入防止

防煙区画や排煙設備は，煙が存在する空間を限定し，限定した煙の空間から煙を排出することによって，間接的に避難経路の安全性を守ることを目指している．これに対して送風機を加圧ファンとして，直接的に避難経路へ空気を供給して圧力を上げ，避難経路に煙が侵入しないようにする加圧防煙方式がある．この場合でも，防煙区画や排煙設備（送風機を排煙ファンとして用いる）を併用して，より安全なシステムを構成することが多い（図23）．

5-7 大空間での防煙の考え方

アトリウムやドームなどの天井の高い空間では，火災の成長とともに煙層はまわりの空気を巻き込みながら次第に降下する．ドーム球場のように面積が広く可燃物が少なければ，発生する煙量に対して充分に煙を蓄積できる気積があるので，排煙設備がなくても人の位置まで煙層が降下しないようにできる．実際には，自然排煙等との併用を行っている例も多い（図24）．ただし，木造スタンドなど，可燃物が大量にあればその燃焼によって人命に大きな危険が生じるので，可燃物管理が重要である．

アトリウムや吹抜は開放感があり，空間のデザインとして多く設けられるが，可燃物が多くある場合は，火災により発生する大量の煙によって，早く煙層が降下してしまう．この場合，アトリウムや吹抜では内部空間を見通せることから，空間把握しやすく避難しやすいのではないかとの印象に反し，避難が早期に困難となることがあるので注意が必要である．

煙層が早期に人の位置まで降下するような場合，天井付近に蓄煙するスペースから自然排煙，または，機械排煙を行うことによって煙層が降下する速度を遅くすることができる．この場合，効果的に排煙するためには，下部から外気を取り入れるルート（給気経路）を確保することが重要である．

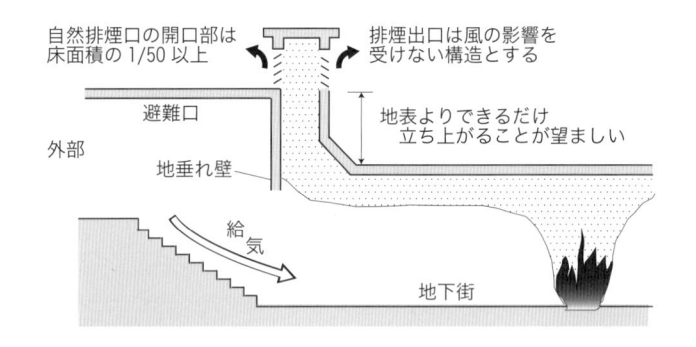

図22 給気ルートを考えた自然排煙の望ましい例 (参考文献10)

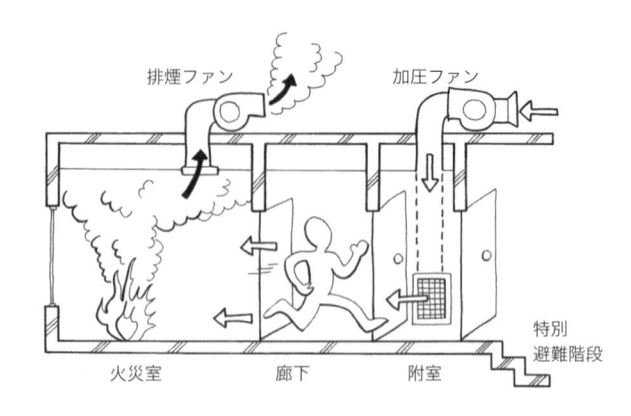

図23 加圧防煙システムの例 (参考文献9より作図)

図24 蓄煙＋自然排煙方式の例 (札幌ドーム)

図25 トイレの客を確認（避難誘導）する店員／百貨店での火災時の実例

図26 誘導する従業員と避難行動中の人々／百貨店での火災時の実例

図27 避難口へ向かう人々／百貨店での火災時の実例

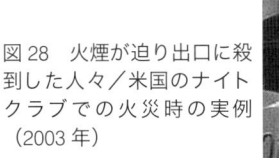

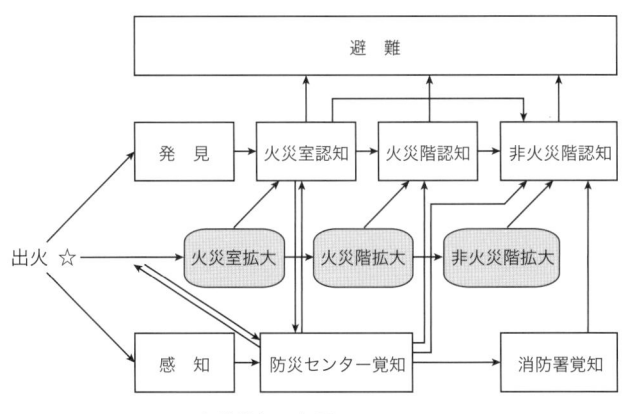

図28 火煙が迫り出口に殺到した人々／米国のナイトクラブでの火災時の実例（2003年）

図29 火災覚知の経路（参考文献11より作図）

〈6〉安全に避難する

　避難行動は，燃焼や煙の拡散によって危険となった場所や，これから危険となりそうなところから，安全な方向へ移動することである．人々が安全に避難するには，避難誘導計画と避難施設計画が必要である．避難誘導計画により，避難の必要性をいち早く知らせるとともに，どの方向に避難すればよいかを示すなど，在館者に避難情報を提供する．避難施設計画では，避難者数に見合った安全な経路，すなわち，避難経路としての充分な幅のある廊下や階段が存在するようにする．これらの避難誘導計画と避難施設計画をうまく組み合わせて，避難計画を立てることになる．

6-1　火災発生後の人々の動き

　避難行動には，大きく分けると2つの局面がある．
　第1の局面の避難行動は，火煙が迫るまで，あるいは，薄い煙が漂うくらいまでに在館者を安全に避難誘導させる際に，人々がとる避難行動である（図25～27）．人間は火煙等の危険現象が迫っておらず，火災であるかどうかはっきりしない状況では，なかなか避難を開始しないので，明確な指示で避難誘導する必要がある．多数の人々がいる建物でいったん避難が開始されると，階段などで渋滞するような群集避難となる．火煙が迫っていない状況では，群集避難となっていても大きな混乱が見られない場合が多い．しかし群集密度が上昇した場合には群集行動としての危険性はあるので，注意が必要である．
　第2の局面の避難行動は，燃焼や濃煙が人々に迫った場合の避難行動である．火煙が迫ると人々は急に出口に殺到するようになり，出口付近では群集避難となる．出口まで距離がある場合には出口を探索することになる．停電や濃煙により視野が確保されない場合は，壁伝いに手探りで歩行したり，他の人につかまって避難しようとする．過去に多くの死傷者が発生した火災事例では，この第2の局面において殺到した群集避難によって圧死したり（図28），出口を探索する途中，特に折り返し地点や急に広がる場所などで経路に迷い，火煙の影響により死傷している．
　避難誘導計画と避難施設計画からなる避難計画は，この2つの局面の避難行動を念頭に置いて行う必要がある．

6-2　早く避難を開始する

　火煙が迫った状態では，上記した第2の局面の避難となり，安全な避難はできない．したがって，避難計画としては，火煙が迫るまでに，第1の局面の避難としていち早く避難誘導を行いスムーズに避難を完了させることが基本となる．そのためには，感知器などで火災を早期に発見，感知する仕組みをつくっておくとともに，的確に在館者に通知し，在館者がすぐ避難を開始できるようにする（図29）．

第5章　非常時の安全・安心のデザイン

早期の火災は小規模であり，消火可能と考えて対応していると，消火に手間どった場合，火災規模が加速度的に大きくなり，さらにフラッシュオーバーの状態となって急激に火災拡大が進展し，避難の時期を逸してしまうことになる．

一般的に建築物の規模が大きく複雑となるほど状況を把握しにくく，的確な情報伝達も困難である．そこで，規模が一定以上の建築物には，防災センター要員を配置して的確な対応ができるようにする．また自動的に火災を感知して報知する設備や非常放送設備によって在館者の早期避難誘導を可能としておく．

共同住宅などにおいては各住戸の独立性が高く情報が伝わりにくいため，火災が発生すると避難が遅れがちとなる（図30）．このような建築物では，連絡手段を高度化して早期の避難をはかる対策も行われている．ただし早く避難を開始するための対策がうまく機能しなかった場合に備え，バルコニーからの脱出経路など逃げ遅れた際のサブ的な避難経路を確保しておくことが望ましい．

6-3　多人数時の避難危険回避

基本的には煙が迫っていない第1の局面でいち早く避難誘導を行い，整然と避難を完了させる必要がある．その場合，多人数がいる時には人数に見合った幅員の避難経路がないと，避難経路上の出口などネックとなる部分で生じる滞留が解消する時間が長くなる（図31）．その間に火煙が急速に拡大すると，滞留していた人々は火煙に迫られてその影響を生理的に受ける．さらに煙による心理的な影響により急激に出口への圧力を強める．このようにして人々が出口に殺到すると人口密度が急速に上昇して身動きがとれなくなる．場合によっては人々が折り重なるような事故で死傷者が発生する危険性が高まる（図28参照）．

このような避難危険を回避するには，室内の可燃物や壁・天井が急速な燃焼となって火煙が急拡大しないようにするとともに，避難経路のネックの幅員を避難者数に対応するように充分に広くとっておくことが重要である．

6-4　一定時間内の滞留解消に必要な幅員

どれだけの幅員のネックであれば，想定される避難者数に見合ったものとなるかは，日常時に観察される群集流動が参考となる．満員の通勤電車からプラットホームに人が出てくるときの状況などがこれに相当する．これらの群集流動の観察によれば，1m幅のネックの場合，避難者のタイプに応じて1秒あたり1.3〜1.6人程度，通過していることがわかる．この値のことを流動係数と呼んでいる（表1）．避難者数を，単位時間に出口を通過する人数（流動係数にネック幅を乗じた人数）で割ると，滞留解消に必要な時間（滞留解消時間）が求まる．

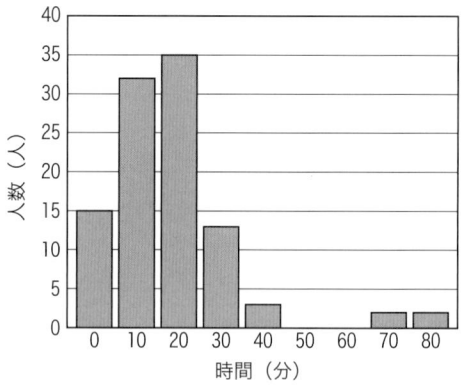

図30　覚知時間の分布の例／南砂町高層住宅火災

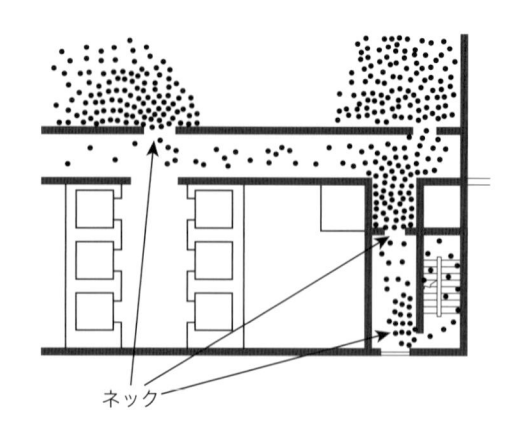

図31　ネックを通過する群集の状況 (参考文献5より作図)

表1　要避難者の行動能力による分類 (堀内・戸川による，1972)

避難者のタイプ	群集の行動能力	歩行速度 (m/s) 水平	歩行速度 (m/s) 階段	流動係数 (人/m·s) 水平	流動係数 (人/m·s) 階段
自力のみで行動できにくい人	重病人・老衰者・乳幼児・知的障がい者・身体障がい者	0.8	0.4	1.3	1.1
その建物内の位置・経路などに慣れていない一般の人	旅館などの宿泊客，商店・事務所などの来客・通行人など	1.0	0.5	1.5	1.3
その建物内の位置・経路などに慣れている心身健康な人	建物内の勤務者・従業員・警備員など	1.2	0.6	1.6	1.4

表2 居室の用途別避難計算用在館者密度

(日本建築センター「避難安全検証法の解説」, 参考文献5)

居室の種類		在館者密度 (人/m²)	用途の特徴	その他これに類するものの例
住宅の居室		0.06	居住の目的とするもの	下宿・寄宿舎の居室
住宅以外の建築物における寝室	固定ベッドの場合	ベッド数/床面積	専ら就寝することを目的とするもの	ホテル・旅館の客室 宿直室・仮眠室
	その他の場合	0.16		
事務室 会議室 その他		0.125	事務の執務に使われるもの / 事務室に隣接して設けられた打ち合わせなどに利用されるもの(貸し会議室は除く)	学校の教員室・職員室 飲食店の厨房 マーケット等の調理作業室 リフレッシュコーナー, 打合コーナー 社長室, 役員室, 応接室 中央管理室, 防災センター
教室		0.7	主に机と椅子を並べて使うもの	小規模の会議室, 研修室
百貨店又は物品販売業を営む店舗	売場の部分	0.5	商品の間を自由に移動できるもの. 店舗内の通路を含む	マーケット 遊技場, ゲームセンター
	売場に附属する通路の部分	0.25	連続式店舗の共用の通路部分	ショッピングモールの通路部分
飲食室		0.7	主に, 机と椅子を並べて, 飲食に利用するもの	料理店, レストラン, 喫茶店, コーヒーショップ, 喫茶室, ティーラウンジ, キャバレー, カフェー, ナイトクラブ, バー, ダンスホール, カラオケルーム
劇場, 映画館, 演芸場, 観覧場, 公会堂, 集会場その他	固定席の場合	座席数/床面積	主に不特定かつ多数の人が高密度で利用するもの	イベントホール 式場, 宴会場 会議場 ディスコ, ライブハウス
	その他の場合	1.5		
展示室その他		0.5	展示の周囲を自由に回遊できるもの	図書館, 博物館, 美術館, ギャラリー, ショールーム

滞留解消時間が適正であるかどうかは,火煙が迫ってくる時間(危険が波及する時間)との関係で決まる.内装が可燃性でなく,室内の可燃物が比較的少ない室の場合,簡易な判断手法としては,一般的な天井高さの室の場合,火災室の面積をA (m²) とすると許容避難時間は$2\sqrt{A}$(秒),6m以上の高い天井の室の場合,許容避難時間は$3\sqrt{A}$(秒)を目安としている[参考文献6].これは煙の水平方向への流動速度が,煙の先端で0.3〜1 (m/秒) 程度であることにほぼ対応している.滞留解消時間が許容避難時間より短ければ,火煙に迫られずに第1の局面での避難ができることになる.滞留解消時間が許容避難時間よりも長くなる場合,ネックを広げれば滞留解消時間を短くできる.

6-5 想定しておくべき避難者数

想定しておくべき避難者数は,年間を通じて最も多数の人が在館するケースを見込んで設定すると最も不利な場合を想定したことになり安全の確認方法として問題がない.表2に示す在館者密度(人/m²)は,実態調査から得られた値のうち,例えば商業施設では,休日などの混雑した日のピーク値程度を基準として設定したものである.避難者数は,この在館者密度に床面積を乗じて求める.

6-6 避難しやすい建築計画とするには

フェイルセーフの原則とフールプルーフの原則は,防災の2大原則である.フェイルセーフの原則は失敗や故障が起きても代替手段によって大事に至らないようにすること,言い換えればシステムに冗長性を持たせることである.フールプルーフの原則は危急時に人間の行動あるいは判断の能力が低下したとしても,人間の行動特性を考慮した対策を行うことによって能力の低下を補い当初の目的がはたせるようにすることである.避難しやすい建築計画とするには,避難計画にこれらの2大原則を適用し,安全な避難経路を確保するための計画内容として具体化する.表3にこれらの原則に基づいて具体化された避難計画の内容を示す.

表3 安全な避難経路の確保の観点からみた避難計画の内容 (参考文献4)

要 点	主 旨	計画内容
避難経路の適正な配置	○火災時に迷いや混乱のないように連続した避難経路を明快に設定する. ○二方向避難は,安全な避難経路の確保のため重要である.	○建物内の機能配置:各種ゾーニング, 安全性が順次高くなる経路配置 ○明快性:避難経路の見通しの確保, 経路の折れ曲がりや行き止まりの回避 ○階段配置:日常動線との連絡, 集中を避ける分散配置, わかりやすさ ○表示・設備:誘導灯, その他のサイン, 非常照明設備, 施錠計画 ○避難経路のバックアップ:二方向避難, バルコニー経由の避難経路
避難経路の容量の確保	○群集流動と滞留のバランスを適正にすることにより, 群集による混乱を避け, 円滑な避難を可能とする.	○扉・開口部・通路・階段等の幅員の確保 ○滞留場所の面積確保 ○避難計算により, 避難時間及び過大な滞留がないかチェック ○転倒等が起こらない構造:手すり, 蹴上げ・踏面, 避難方向へ開く扉
避難経路の安全の保障	○危険が波及する時間を,材質や空間構成等で長くする. ○避難経路のうち,長時間使用される階段等は,火や煙に侵されたり,破壊あるいは使用不能とならないようにする.	○火災拡大の遅延:内装不燃化, 可燃物管理 ○各種区画:防火区画, 防煙区画, 安全区画 ○設 備:自然排煙設備, 機械排煙設備, 加圧防煙システム, 消火設備 ○長時間の安全確保が必要な空間:避難階段, 特別避難階段, 籠城避難区画 ○避難経路の維持管理:物品管理, 火気管理, メンテナンス

6-7 フェイルセーフにかなった避難計画

フェイルセーフの原則から，火災が拡大しても避難経路が確保されること，つまり避難経路のバックアップとしての二方向避難が確保されることが求められる．二方向避難を確保するためには，階段を2箇所以上配置し，避難経路上の重複距離（袋小路，図32）を小さくする．防火設備や排煙設備などがうまく機能せず，避難経路の廊下からの避難ができない場合にバルコニー経由の脱出経路を設定することも，フェイルセーフにかなった計画といえる．

6-8 フールプルーフにかなった避難計画

フールプルーフの原則からは，煙などであわてた状態となったとしても，人間が守られることが求められる．これを火煙が迫っていない第1の局面の避難にも役立てるとともに，燃焼や濃煙が迫ってくる第2の局面の困難な中での避難に役立てることを念頭に具体化する．第1の局面で避難が完了するようにしておくことが前提であるが，それでもうまくいかなかった場合に備えて，第2の局面を考えるのである．

フールプルーフの原則による避難計画としては，扉を避難方向へ開くようにする，明快な避難経路を設定する，階段の位置をわかりやすくする，経路に迷う位置に誘導灯を設置する，避難経路を日常動線とかかわるように設定するなど，避難時の行動特性に合致させた計画とする．図33は廊下の端部に避難出口（階段）を設置した例である．廊下を直進して折り返し点となるところに扉があるので，濃煙の中であっても容易に出口と認識できる．図34は，デザイン至上主義により保護色同然の色合いに塗られてしまった避難階段の入口の例である．階段の位置が非常にわかりにくくなっており，かろうじて避難口誘導灯によって認識できるのみである．

以上に示した各種の計画内容は，避難経路などが適切に管理された場合に有効となる．図35に示されるように，避難経路上に荷物があると，計画の前提がくずれて避難に大きな支障となってしまう．

6-9 災害時要援護者の避難

近年，高齢者や障がい者が自力あるいは介助してもらって外出し，建築物を利用できるように環境整備が進んできた．その結果，外出先の建築物で避難が必要な事態が生じた場合の安全確保が課題となってきている．

高齢者は，年齢が増すことにより，歩行などの運動機能，聴力，視力などの知覚機能の他，学習機能，判断機能が低下する．75歳以上の後期高齢者を中心に何らかの障がいをもち災害時には援護が必要となる人が存在することを避難計画の際には考慮する必要がある．

障がい者は，その障がいの種類や程度によって，災害時

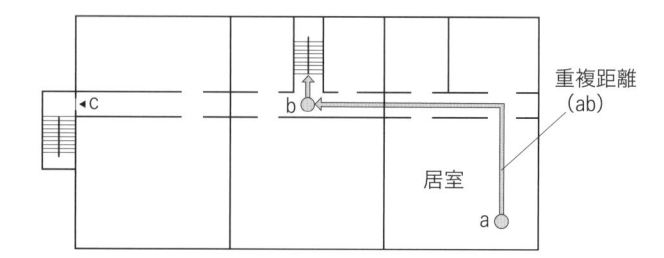

図32 重複区間（重複距離 ab > 0）は，袋小路となり2方向避難できない

図33 廊下の端部に避難出口が設置された例／廊下を直進すると扉があり容易にわかる

図34 保護色となって目立たない避難階段の入口／画面中央の避難口誘導灯の下に扉がある

図35 避難経路上に置かれた商品／とっさに避難する人が集まってからでは，人の圧力で片付けることができず，避難障害となる．

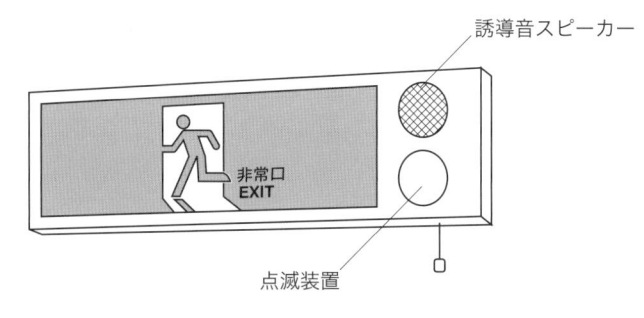

図36 点滅装置及び誘導音装置付の避難口誘導灯の例

図37 光点滅走行式避難誘導システム（床面設置）の例

図38 特別避難階段附室に設けた一時待避場所の例

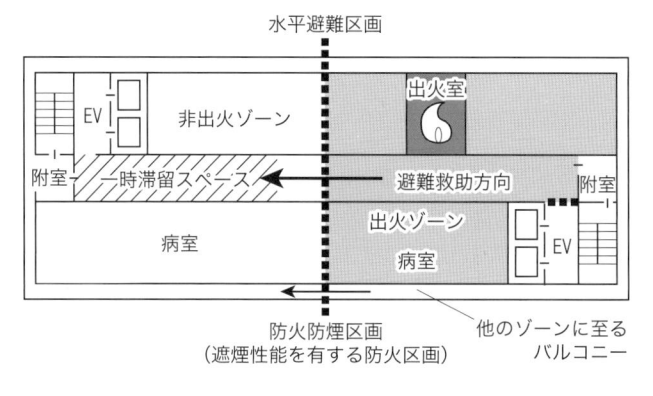

図39 水平避難方式と避難に有効なバルコニーの概念(参考文献3より作図)

の避難では，様々な困難な状況となる．

6-10 視覚障がい者

視覚障がい者は，危険を音だけからでしか把握できないため危険から退避することが困難である．視覚障がい者に対しては，音による伝達が有効であるので自動火災報知設備と連動した音による警報装置や，非常放送設備を設ける．また，避難経路には，避難口の位置を知らせる誘導音を付加した誘導灯を設けることが望ましい．

6-11 聴覚障がい者

聴覚障がい者は，行動力は健常者とあまり変わらないが，音声による避難誘導ができない．聴覚障がい者には，光や文字による伝達が有効であるので，自動火災報知設備と連動した光で非常事態を知らせる警報装置や，文字標示設備を設ける．避難経路には，点滅形誘導灯や床面設置の光点滅走行式避難誘導システムの設置が望ましい（図37）．

6-12 肢体不自由者

肢体不自由者は，車いすや補助器具を利用して行動できても，火災時には行動が制約されてしまうことが多い．車いす使用者の通行に配慮して，避難経路を含めて通路には段差を設けず，扉は有効幅員を充分にとり容易な開閉方法とする．車いす使用者の階段からの避難については，2人以上，できれば3〜4人で援助を行う．援助者が1人しかいない場合は背負って避難する．階段では多数の避難者が群集となって避難することがあるので，車いす使用者が一時的に待避できる場所を設け，群集流動が解消された段階で，援助を受けて避難するシステムがある（図38）．安全性を確保した非常用エレベータなどを用いた避難についても，実現するように検討されつつある．

6-13 水平避難方式による避難

病院や社会福祉施設等においては，災害時に自力で避難するのが困難である要援護者が多数在館する．避難時，支援者1人あたりの要援護者の数が多いほど，全員が避難完了するまでの時間が長い．このため，夜間など支援者が少ない時には避難が長時間となってしまう．

そこで，これらの施設での避難安全確保のためには，火災時の煙などによる影響部分を局限化するなどの対策が必要となる．具体的には，防火防煙区画により建築物の平面を2つ以上の領域に区分し1つの領域で出火した火災の影響を他の領域に及ぼさないようにする．そうした上で，火災が発生した領域から他の領域への水平避難を行う．このようにすれば，避難すべき要援護者を火災が発生した領域にいる人に限定でき避難先まで近くなるので危険な場所からの一時的な避難に要する時間を短くできる（図39）．この水平避難方式は，防火防煙区画の閉鎖が確実に出来れば，その他の用途でも応用可能である．

第5章 非常時の安全・安心のデザイン

⟨7⟩ 地震に備える

　地震で建物が倒壊すると在館者の命が危険となるので，耐震設計によって建物が崩壊しないようにしておくことが最も基本である．しかし地震で建物が倒壊しなくても，表4に示す機能損傷が生じる．1978年の宮城県沖地震や1995年の阪神・淡路大震災などの際には，設備類の破損，家具や機器の転倒，非構造部材の変形や落下などによって直接人的被害が生じたり，避難路がふさがって避難が困難となった（表4，図40，図41）．また，ライフラインが途絶したり，業務を継続して行えないといった影響も受けている．これらの影響を受けないようにするためには，構造体だけではなく非構造部材，設備，家具なども含めてどのような状態を保つ必要があるか，また，システムとしての機能が保持されるか，といった視点に根ざした人間工学の一環としての耐震計画を行う必要がある．

7-1　地震時の人間行動と建築内部被害への備え

　震度7という激しい地震動となった1995年の阪神・淡路大震災の場合，ゆれている最中の人間行動の調査結果によ

図40　階段の支持部が地震で破損した例（参考文献14）

表4　地震時の機能損傷のイメージ（参考文献15より）

建物機能等		無被害	軽損	中損	大破・倒壊	対策の必要な要素
		被害は発生しない 日常と同じ状態を維持できる	軽い被害が出るが，人身被害と建物の機能被害はない	建物にかなりの損傷が出るが，人命損傷はほとんどない 建物の機能は停止することがある	復旧不可能なほど大きな被害が出ることがある 人身被害が出ることがある	
架構保持		損傷・異常は発生しない	微細な亀裂が発生することがある そのまま再使用できる	目に見える亀裂が発生する 再使用するには補修が必要	大規模な破壊・損傷を受ける 梁・柱の大きな亀裂，層崩壊，倒壊など	柱，梁，床，耐震壁，ブレース等
落下物防止	外部	変形・落下しない	変形が残ることがあるが落下はしない	変形することがあるが落下はしない ガラスも落下しない	構造体の損傷に伴って落下するものがある ガラスが落下する	屋根，外壁・外窓，窓ガラス，屋上工作物，煙突，広告・看板等
	内部	変形・落下しない	変形が残ることがあるが落下はしない	変形が残ることがあるが重量部材は落下しない	構造体の損傷に伴って落下するものもある	内装材，天井取り付け設備（照明器具，天井材等）
安全避難		避難の必要がない	避難の必要がほとんどない 支障なく避難できる	一部に支障が出ることがあるが，自力で避難・脱出できる 避難扉は家具の転倒などの影響を受けなければ支障なく開閉できる	自力では避難できない部分が出る 建物の下敷きになることがある 避難扉が変形し開閉できなくなることがある	家具・什器，自動販売機，廊下，避難階段，バルコニー，避難扉，床（フリーアクセス，Exp.Joint等）
火災対策	火災発生	建物の揺れに直接起因する火災は発生しない		発生することもある		火気使用設備等
	防火防煙	平常時と同じ 区画壁に異常は発生しない 防火扉，防火シャッターは閉鎖可能	防火防煙区画壁に微細な亀裂が発生することがあるが防火性能に支障はない 防火扉，防火シャッターは閉鎖可能	防火防煙区画壁，防火戸の損傷により，一部の区画が形成できない部分が出る 建物の一部に火や煙が拡大することがある	防火防煙区画壁・防火戸の損傷により，区画が形成できない部分が出る 火や煙が全館に拡大することもある	防火・防煙区画壁，防火扉，防火シャッター
	初期消火	可能		消火設備は正常に作動する	一部または全部が不可能となる	消火器・消火栓・スプリンクラー，ポンプ，制御盤，配線・配管類
	非常電源	供給可能			供給不可能	非常用発電機，制御盤，配線等
高層ビルにおける上下交通手段（エレベーター）		継続して使用できる	最寄り階に停止 使用再開には点検が必要 ほとんど損傷はなく直ちに復旧できる	最寄り階に停止 使用再開には点検が必要 軽い損傷を受けている可能性があるが容易に復旧できる	最寄り階に停止 本体やシャフト壁に重い損傷を受ける可能性がある 再使用には大きな補修が必要	エレベータシャフト，扉，電源，制御機器等

図41 屋内プールで天井が落下し26人が負傷 (2005年8月16日宮城地震でプールの天井パネルが落下したもの／撮影：時事)

(a) 扉外周枠の変形による開放不能

(b) 階段1, 2階部分の破損状況

図42 非構造部材の損傷による避難経路の通行不能例 (参考文献14)

れば、多くの人は行動の自由を瞬時に失っており、4割近くの人は「何もできなかった」状態であった。この他、「布団をかぶったりして身を守るのに精一杯であった」人は約3割、「外に飛び出した」人は約1割、「火元の点検・始末をした」人は約1割であった。早朝の地震であったため、地震の直前、約7割の人が眠っていたことも関係するが、「机の下にもぐったり」「家具の転倒防止をはかった」人はそれぞれ約2〜3％と少なかった。

一方、夕方に発生した2004年の新潟県中越地震で震度7の地震動となった川口町での調査によると、約3割の人は「屋外に飛び出した」と回答している。この他、「火の始末をした」人は約3割、「老人や子どもを守ろうとした」人は約2割、「机やテーブルの下にもぐった」人は約1割であり、「全く動けなかった」状態の人は約3割であった。

このように、人が起きている時間であれば、状況に応じて適切な対応行動を取ることによって人的被害をある程度軽減することは可能であるが、就寝している時に地震が起きると、適切な行動をとることが困難となるし、新潟県中越地震の時のように、起きていても全く対応がとれない人も存在することを考えれば、公共施設では、高齢者から幼児までの多数の人々が存在する空間、住宅では就寝室などを中心に、天井部材などの落下防止、ガラス破損による危害防止、家具や機器の落下・転倒防止、さらには建物全体の耐震改修や安全空間の確保などの対策を行っておくことが重要である（図41）。

7-2 二次災害に備えた避難経路の確保

地震発生後、建物内部、あるいは、建物の周辺で火災が発生するなどの二次災害の危険性があり、その兆候があった場合には直ちに建物から避難する必要がある。阪神・淡路大震災の時には、周辺で発生した火災が迫ったときに、高層マンションの避難階段が使えず、バルコニー経由で避難した事例や、住戸のドアの変形による開放不能のため避難できず、地震後に住戸内で発生した火災によって焼死した事例もあった。このようなことから、部屋からの出口、廊下、階段などの避難経路が、地震直後に使えるように耐震性を確保するとともに、仕上材や設備の被害で避難に支障がないようにする必要がある（図42）。また、メインの避難ルートが使えなかった場合に備えて、サブのバルコニー経由の避難ルートが使えるようにしておくなど、フェイルセーフの仕組みも考えておくことも有効である。

7-3 施設における避難場所等の計画

地震時に、多くの施設で避難誘導を行うと、密集した都心部では街路や公園に多数の避難者が滞留することになる。最大震度が6弱であった2005年福岡県西方沖地震では、営業を中止して客の避難誘導を行ったホテルや百貨店が続出

し，買い物客が中心街の公園にあふれた．公園の公衆トイレには長蛇の列ができ，コンビニでは食料品が売り切れた．敷地・施設配置を災害対応型とするとともに（図43），都市全体としての避難者対応を考えれば，建物の安全を確認した上で，各施設を避難場所として利用する計画をたてておくことも課題となる．

7-4 自立建築とまちの備え

地震が発生すると，高層の集合住宅においては，エレベータが二次災害防止のため地震時管制運転によって停止し，点検して復旧するまでは使用できなくなる．阪神・淡路大震災の際，神戸市では4割近いエレベータが何らかの被害を受けている．電気，水道などのライフラインも途絶すると，点検・修理によってエレベータが復旧するまで高層階での地震後の生活は著しく困難となり，地域の避難所等で生活せざるをえないことにもなる．

阪神・淡路大震災の翌年の1996年に竣工した自立建築の集合住宅「まぁぶる・おおみち」は，エネルギーと水と食糧をもった建築であり，自給エネルギーを太陽光発電でまかなっている．自立建築は非常時にその建物に住んでいる人たちを救うだけでなく，その自立建築を拠点として周辺の人たちをも救うこともでき，まちの備えとしても機能することが構想されている（図44）．

7-5 防災活動上重要な施設の耐震計画

阪神・淡路大震災では，官公庁施設や公共性の高い民間建築物においても多くの被害を受け，災害対策活動やサービスの提供に重大な支障が生じた．さらに構造体に大きな被害がない場合でも，通信設備や電源設備の被害によって迅速な災害情報の伝達等に支障を来たし，防災拠点としての機能が果たせなかった事例も多かった．

このような防災上重要な施設や公共性の高い民間建築物では，総合的な耐震計画を立てて備えておく必要がある．建築物の耐震設計として，大地震が発生した場合，要求される機能に応じた構造体の耐力が確保されるように耐震設計を行うことはもちろんのこと，外壁や天井など非構造部材や建築設備についても耐震設計を行っておく必要がある（図45）．具体的には①機器，家具などが移動，転倒しない設計，②外壁，天井，ガラスなどが破損，落下しない設計，③水道やガスなどの配管が破損しない設計，④電話やファックスなどの連絡機能が確保される設計，⑤震災後の活動に必要な水，電気などが確保される設計，である．

近年，各企業においても地震時の業務継続計画を策定して対策を行っておくことが奨励されているが，建築物の備えとしては，以上の考え方を適用することができる．

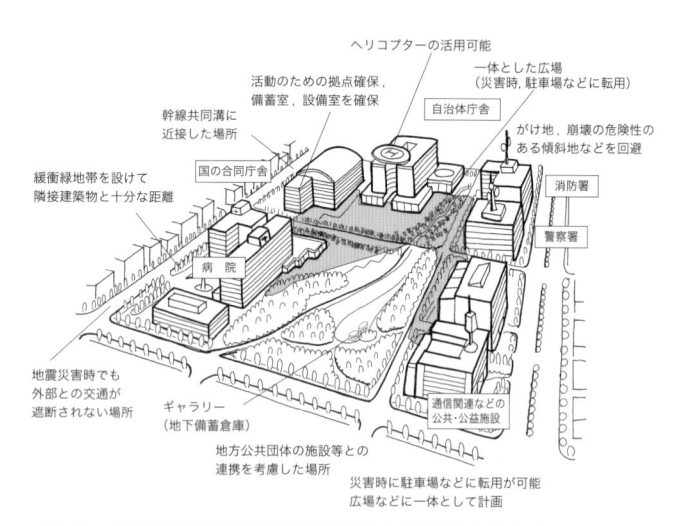

図43　公共施設の災害対応型の敷地・施設配置の考え方 (国土交通省ホームページより作図)

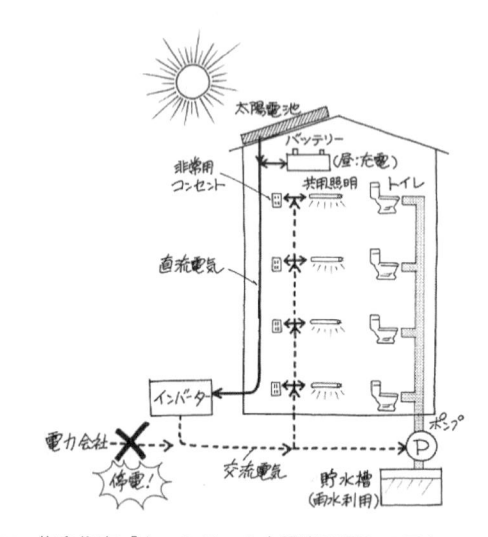

図44　集合住宅「まぁぶる」の太陽光発電システム (参考文献16)

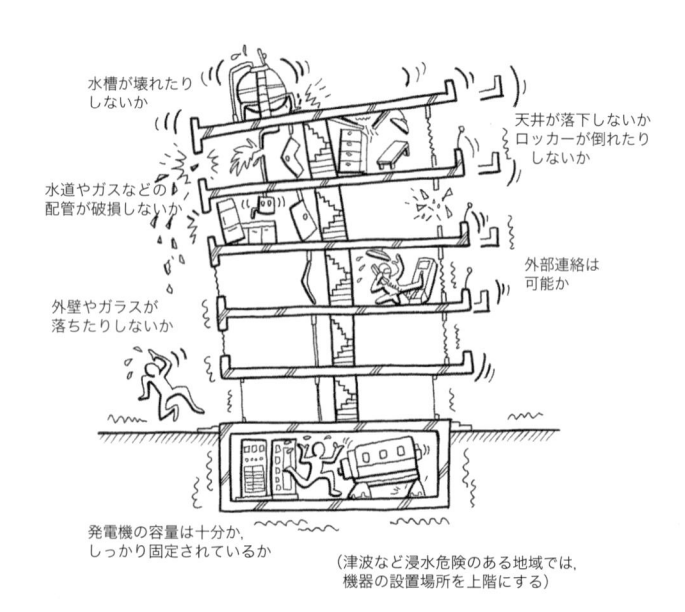

図45　建築非構造部材，建築設備の耐震設計のポイント (国土交通省ホームページより作図)

図46 避難ビルとして活用するための設計上の留意事項
(参考文献17)

阪神大水害で図書資料をだめにした経験から、建替えに際して、図書館では閉架書庫を最上層の3,4階に持ち上げた.
図47 水害に備えた甲南大学図書館

図48 地下室の危険要因 (参考文献18より作図)

〈8〉沿岸部における津波への備え

　津波に備えると言った場合，津波の警報によって人々を避難させるとか，海岸堤防を整備しておくことが想起される．しかしながら，津波の到達時間が避難に要する時間よりも早い場合や，海岸堤防の水門がうまく閉鎖できない場合に備え，津波がすぐに押し寄せる沿岸部において津波に耐えられる強度のあるビルを指定し，住民の避難に役立てる対策も，積極的に取り組まれるようになってきた．

　2005年に制定された津波避難ビル等に係るガイドラインによると，建物は激しい揺れや水圧に耐えられるよう，建築基準法の新耐震基準を満たす1981年以降に建てられたものに限定し，想定される浸水の高さが2メートルの地域では3階建て以上，3メートルでは4階建て以上を条件としている．この条件にあう建物で，海岸沿いの公共施設やマンション，事務所ビル，商業施設などを，市区町村が所有者と協議して指定し，ビルが津波避難ビルに指定されていることをしめす標識を設置するとともに，防災マップに図示し，周知することになっている．施設出入り口の鍵は，施設の所有者や地域の代表らが管理するケースが多いが，管理面での課題も多い．海岸地帯に立地する建築物の計画にあたっては，避難ビルとして利用できるように設計することも考慮すべきであろう（図46）.

〈9〉風水害・雪害に備える

　近年の異常気象により，豪雨等の発生頻度が高まり，また，その程度が激しくなっている．激しい自然現象が建物に迫ることが予想される場合には，避難対策が重要となる．洪水時に，地下室など建物の内部にとどまると危険な場合，建物から避難しやすくしておくとともに，安全な場所へ到達しやすい建物配置や道路計画としておく．

9-1　浸水への備え

　浸水への対応として，地盤の低い土地では，地盤をかさ上げして建築物を建てるとか，高床式としておくことが望ましい．防災対策上重要な施設，たとえば役所や放送局の場合，洪水が襲っても活動が続けられるように電源や通信設備を上の階に設置しておく．また，図書館や美術館等では，収蔵品の展示・保管場所も同様な配慮が求められる（図47）.以上のことは，洪水常襲地域では常識であるが，強固な堤防で守られた都市部では，堤防が決壊して浸水するようなことがたまにしか起らないので，忘れられるか，無視されてしまうことが多い．その場合，いったん堤防が破られるほどの洪水となった場合，被害は甚大なものとなってしまうので，浸水への備えは行っておくべきである．

第5章　非常時の安全・安心のデザイン　105

9-2 地下空間・地下室の浸水対策

近年，豪雨による洪水により地下室が水没して水死するといった痛ましい事故が発生している．外の状況がわかりにくい地下室では対応が遅れやすく，いったん浸水が始まると一気に流れ込む水流で避難が困難となったり，水圧でドアが開かなくなってしまう（図48）．浸水のおそれのある土地で，すでに地下室がある場合には，入口を高くして浸水しにくくするとともに，浸水のおそれのある時には地下を利用しないようにする．このような土地には，そもそもなるべく地下室を設けない方がよいのであるが，設けた場合には，水の流れてこない内部階段から避難できるようにしておくなどの配慮が求められる．

9-3 保水能力の強化による洪水防止

どこもかしこも舗装してしまって，流域に水を溜めておくことができずに，すぐさま河川に雨水が流出することが，集中豪雨の際に急激に増水して浸水する原因の一つになっている．そこで，建物の敷地に雨水が浸透しやすくするための桝を設けて水を地域に循環させたり，雨水貯留タンク等を設けて，花や木の水やりに使ったり，災害時の非常用水としても使うことが推奨されている．

9-4 暴風対策

台風などで最大瞬間風速が毎秒数十メートルとなると，建物が倒壊するほどの力がかかる．そのため，風の強い地域では，石垣塀や屋敷林を建物の周囲にめぐらせたり，建物の構造を鉄筋コンクリート造とするなど建物を強化している．その場合でも，開口部の窓ガラスが破られると大きな被害となるので，雨戸を備えることも重要である．

9-5 積雪対策

積雪地においては，屋根や敷地に積もった雪をどのように処理するかが大きな課題である．これまで，住宅の雪処理を克服するために「自然落雪型」「融雪型」「耐雪型」の克雪住宅が開発されてきた（表5）．近年は，これらに1階を駐車場などにして住宅を持ち上げる「高床式」を組み合わせる方式が地域によって普及してきている．「高床式」の場合，住戸内の縁側に相当する部分が地上と分断されてしまうとともに，階段の上り下りで高齢者が住みにくいと意識されるという問題点も発生している．

図49 築地松（出雲平野）／防風林（屋敷林）は，北風や吹雪から住宅を守る

表5 克雪住宅の各方式の特徴一覧 (参考文献19)

	①落雪式	②融雪式	③耐雪式
概要	屋根の急勾配，又は滑りやすい屋根材を用いて雪を自然に滑り落す方式	灯油，ガス，電気等のエネルギー，生活排熱を用いて屋根を融かす方式（電熱式，温水式，ヒートパイプ式などがある）	2〜3m程度の積雪荷重に耐えられるように住宅の構造を強くする方式
概念図			
敷地条件	敷地に余裕がある場合に適す（落雪・堆雪スペースが必要）	敷地に余裕のない場合にも適す	敷地に余裕のない場合にも適す
コスト	ランニングコストがかからない（屋根材や塗装等のメンテナンスは必要）	融雪装置の設置費用及び電熱費等のランニングコスト，設備交換費用がかかる	鉄筋コンクリート造，木造の骨組強化のため建設費用が増大する
居住環境への影響	1階の居室が雪に埋もれて採光が悪くなる場合があるので，庇を伸ばして落雪位置を建物から遠ざけることや，1階の窓や勝手口などを落雪地点以外の面に設けるなどの対策が必要になる 落雪の音が不快	温水式等はボイラー（灯油）の燃焼音がでる	屋根雪が1箇所にたまらないように屋根の形は単純にすると共に，屋根雪の荷重に耐えられるよう，壁や柱の位置，間取りへの配慮が必要になる

〈参考文献〉
1) 長谷見雄二『火事場のサイエンス』井上書院，1988
2) 田中哮義『建築火災安全工学入門』日本建築センター出版部，1996
3) 日本火災学会編『火災便覧』共立出版，1997
4) 日本建築学会編『建築設計資料集成［総合編］』丸善，2001
5) 日本建築学会編『建築設計資料集成［人間］』丸善，2003
6) 日本建築センター編『新・建築防災計画指針』1995
7) 神忠久「日本火災学会論文集」Vol.30, No.1, 1980
8) 日本火災学会編「建築防火教材」1980
9) 次郎丸誠男監修『はじめてのビル防災』オーム社，1995
10) 日本建築センター「新・排煙設備技術指針」1987
11) 室﨑益輝『建築防災・安全』鹿島出版会，1993
12) 建設省南砂町高層住宅火災調査委員会「南砂町高層住宅火災調査報告書」1990
13) 堀内三郎『建築防火』朝倉書店，1972
14) 日本建築学会編「阪神・淡路大震災調査報告，建築編-6，火災・情報システム」丸善，1998
15) 日本建築学会「建築および都市の防災性向上に関する提言，阪神・淡路大震災に鑑みて（第三次提言）」1998
16) 林英雄，山田利行『自立建築のあるまちづくり』北斗出版，1996
17) 国土交通省住宅局建築物防災対策室「津波避難ビルの構造要件に関する検討方針」2004
18) 日本建築防災協会「浸水時の地下室の危険性について，地下室を安全に使うために」2000
19) 国土交通省都市・地域整備局「安全で快適な雪国の高齢社会型住環境の形成方策調査報告書」2002

第6章
サステイナブル・デザイン

阿部浩和

　サステイナビリティとは，1980年代初頭に，ワールドウォッチ研究所のレスター・ブラウンらが，これからの社会の向かうべき姿を，「持続可能（サステイナブル）な社会」として表わしたことに端を発している．これは，これまで理想とされてきた経済成長を前提にした未来社会への警鐘でもあった．

　今日，私たちが生活する豊かな現代社会は快適・安全・便利である一方，地球環境に対する多くの「犠牲」の上に成立している．それは既に顕在化しつつある地球温暖化や資源枯渇，オゾン層の破壊，生態系の破壊などの環境問題を見れば明らかである．

　これからの建築・都市の構築を考えるとき，その営為が地球環境に対してどれだけ負荷が少ないか，それがいかに持続可能であるかは，きわめて重要な要件である．そして計画された建築や都市のデザインには，地球環境に配慮する，持続可能性を踏まえた設計哲学が，反映されていなければ，いくらすばらしい造形であっても，評価されない時代になったと考えてよい．

　ここで取り上げるサステイナブル・デザインでは，このような背景をもとに，建築・都市のデザインのこれからの方向性を概観する．

役目を終えた火力発電所も壊さずに再び美術館としてデザインしている．

〈1〉 地球環境問題を考える

1-1 地球温暖化

　地球温暖化問題は，これまでほぼ一定であった地上気温が，20世紀になって急激に上昇してきたことで，海面上昇による陸地の水没，乾燥高温による森林火災，砂漠化などの深刻な被害が生じつつあることなどを言う．そしてその温暖化の原因は，人類が使う化石燃料の大量消費によって放出された二酸化炭素などの「温室効果ガス」が大気中に蓄積し，それが地球を覆うことで太陽からの熱エネルギーの放出をできなくしているためと言われている（図1, 2）．1890年から2003年までの日本の地上気温の変動を図3に示す．これを見ると気温は1920年代から上昇傾向にあり，特に1980年代後半からは急激に上昇してきている．IPCC（気候変動に関する政府間パネル）の第3次評価報告書によると，全地球レベルで20世紀に入ってこの100年間に，$0.6 \pm 0.2℃$ の気温上昇がみられたとしており，今後2100年までの間に，全地球平均で$1.4 \sim 5.8℃$の気温上昇が起きると予測している[参考文献1]．私たちがこのままの生活を続けていけば，さらなる「地球温暖化」が進み，現在の生活は維持できなくなることはもちろん，次世代に大きな影響を及ぼすことは必至であろう．

1-2 化石燃料の枯渇

　地球温暖化をもたらす化石燃料の大量消費は一方で，その枯渇問題にも直面している．世界のエネルギー消費量は1960年代から急激に増加し，その中でも，国民ひとり当りの消費量は，先進国が非常に大きいとされている．これは私たちが生活する大量生産，大量消費型の社会システムによるところが大きい．現在の化石燃料に依存したエネルギーの消費を続けていけば，石油に関してはあと約40年，天然ガスは約61年で枯渇してしまうと言われており[参考文献4]，少なくとも現状の生活を維持していくためには，環境負荷の少ない新たなエネルギー源の開発が不可欠である．

1-3 環境有害物質

　私たちの現代社会は二酸化炭素だけでなく，生態系への蓄積性(残留性)が高いダイオキシン，PCBなどの化学物質や毒性の高い有機塩素化合物，重金属をはじめとする有害物質などを大量に排出している．この問題は1962年にレイチェル・カーソンが『沈黙の春』で指摘したように，長期にわたって地球生態系を侵食し，知らず知らずに大気や水，食物を汚染し，人体に影響を及ぼすに至っている．これらのことも20世紀の文明社会がもたらした代償であり，早急な対応が必要である．そのためには，少なくとも有害性の高い物質の使用をなくすとともに，廃棄物を発生させないクリーンプロダクション(環境に害のない生産・使用)への転換が必須である．

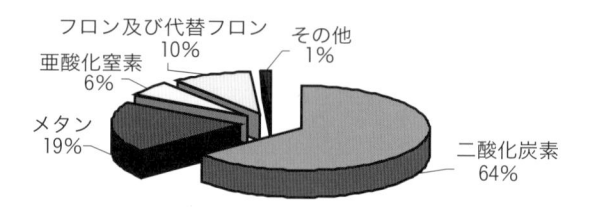

図1　温暖化への温室効果ガスの影響度 (参考文献2)

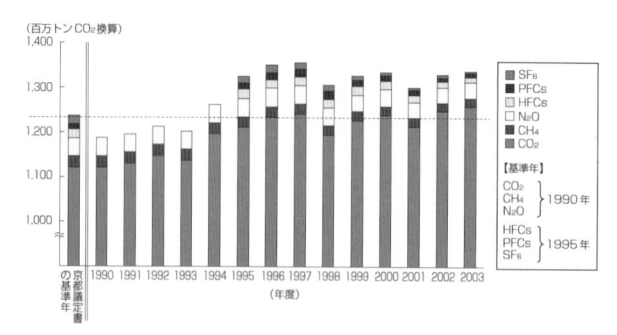

図2　日本の温室効果ガス総排出量の推移 (参考文献3)

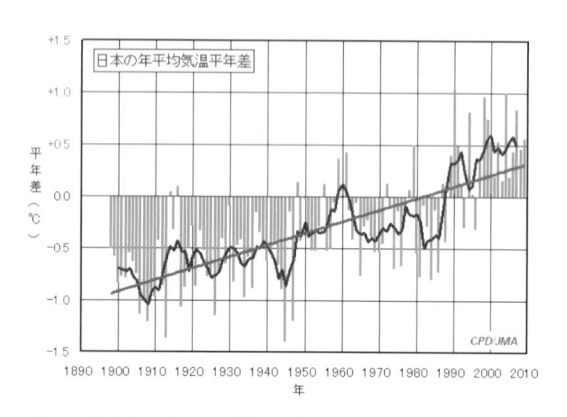

図3　日本における年平均気温の経年変化 (気象庁HPより)

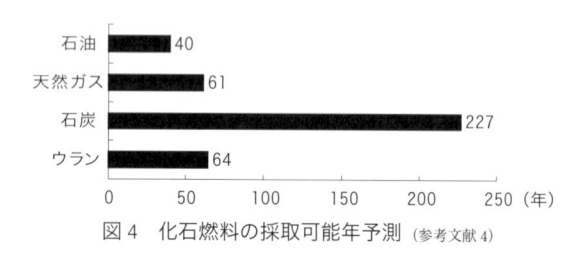

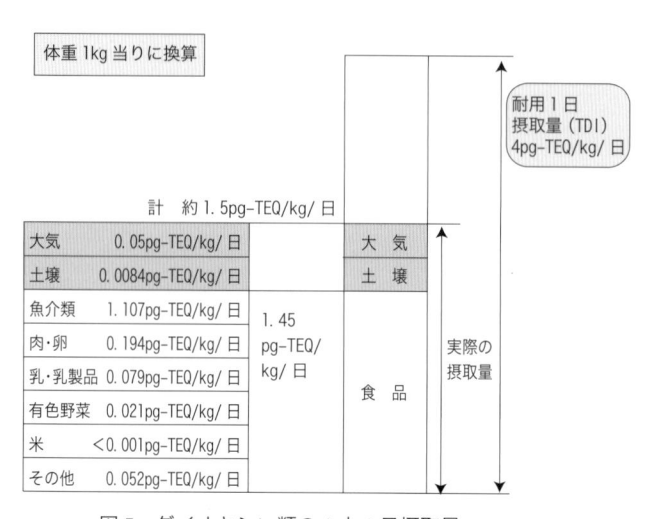

図4　化石燃料の採取可能年予測 (参考文献4)

図5　ダイオキシン類の1人1日摂取量 (参考文献5)

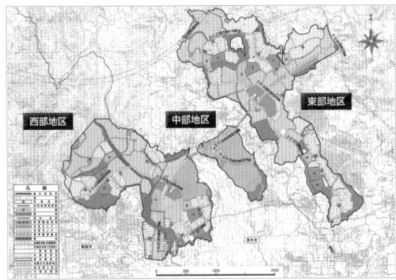

上図（参考文献6）は航空写真に左図（参考文献7）の彩都の開発区域を点線で示したもので，これから多くの山林が造成されていくことが見て取れる．

図6　彩都（茨木市）の開発計画

図7　大阪湾岸地区の工場跡地

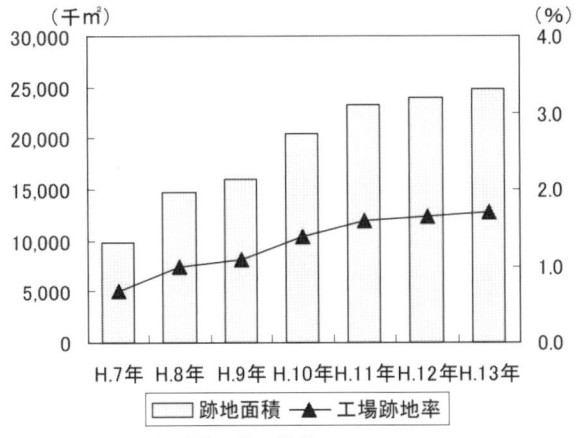

図8　工場跡地面積の推移（国土交通省）（参考文献8）

⟨2⟩ サステイナブル・デベロップメント

　建築や都市の開発をしていく行為は少なからず地球環境に影響を及ぼしている．しかしながらそれによって私たちは今日，様々な恩恵を受けているのも事実である．ただそれらの多くが地球環境の犠牲の上に成り立っているとすれば，その負荷をできるだけ無くすような都市や建築を構築することが，まず最初の課題となる．ここではサステイナブル・デベロップメントという観点で，開発の現状と今後の展望を見ていくことにする．

2-1　ブラウンフィールドとグリーンフィールド

　ブラウンフィールドは既に開発され現在では使われなくなった土地のことを言い，自然が残された未利用の土地としてのグリーンフィールドとの対比で使われる．その定義は国によって異なり，アメリカや日本では土壌汚染が懸念される工業跡地などのことをブラウンフィールドとしているのに対して，欧州では既開発の低未利用地全般のことをそう呼んでいる．これまで日本では，山を削り，海を埋め立てる新しい土地の開発が，あまり議論されることなく続けられてきた．図6は現在，造成が進められている大阪北摂エリアの都市開発（彩都）の事例である．一方で日本の高度経済成長を支えてきた重工業を中心とした工業地帯は，近年の産業構造の変化などに伴い，多くが未利用のまま放置されている．図7は大阪湾岸エリアに見られる工場跡地の事例である．日本では，第二次世界大戦後の高度経済成長期（1955〜1973）に第二次産業としての製造業が急激な成長を遂げたのに合わせて，太平洋ベルト地帯を中心に，各地の臨海部に重工業地帯が発達した．しかし，その後の産業構造の変化，生産拠点の海外移転などにより多くの地域で工場の閉鎖が相次いだことから遊休地化が進んでいった（図8）．図9は2002年時点の大阪湾エリアの低未利用地の分布を示すもので，60％以上の低未利用地も多く見られる．

　ブラウンフィールドの再生には土壌汚染の問題や居住環境としての適合性の問題，地域経済のポテンシャルや投資効率の問題など多くの障害をかかえている．

　しかし私たちがこれからのサステイナブル・デベロップメントを考えるとき，新たなグリーンフィールドを開発するのではなく，このようなブラウンフィールドをまず再生させることが重要であることは言うまでもない．

2-2　ブラウンフィールドに対する海外の状況

　イギリスでのブラウンフィールド再生の動きは1990年代の初めに，当時のメジャー保守党内閣が，サステイナブル・デベロップメントに向けての戦略を作成したときに，遊休地や工場跡地の再利用の重要性を強調し，English Partnershipsを創設して，ブラウンフィールド再生を推進しよ

うと試みたのが始まりとされる．その後1997年に，労働党のブレア内閣によって，アーバンルネッサンスという，新しいスローガンが打ち出され，その中でもブラウンフィールド再生は最重要戦略とされた(参考文献10)．現在開発中の2012年ロンドンオリンピックもブラウンフィールドに建設されている．一方，アメリカでは1980年代に土壌汚染に対する厳格な規制を定めたスーパーファンド法によって，長い間ブラウンフィールドの開発が進まなかった経緯がある．この法律は1978年に起こった「ラブキャナル事件」（これは有害化学物質を投棄していた運河を埋め立てた敷地で発生した健康被害事件で，住民の強制疎開や立入禁止などの措置が講じられ，国家緊急災害区域となった）が契機になったもので，土壌汚染に関する世界で初めての法律であったが，汚染浄化の費用負担をそれに関与したすべての潜在的責任当事者（現在の施設所有・管理者だけでなく，当時の所有・管理者，有害物質の発生者，有害物質の輸送業者や融資金融機関までもが対象）が負うところから，ブラウンフィールドへの投資リスクが拡大し，汚染の発生防止には効果があった反面，既汚染土地の塩漬けが拡大し，再生が進まない原因となった．その後2002年にブラウンフィールド修正法（Small Business Liability Relief and Brownfields Revitalization Act）が制定され，適切な調査以降の免責が担保されたことで，全米においてブラウンフィールドの再生が急速に進展していった．

2-3 ブラウンフィールドに対する日本の状況

日本でも小泉内閣によって2001年に都市再生特別措置法が施行され内閣府に都市再生本部が置かれた．この法律の目的は「近年の情報化，国際化，少子高齢化等の社会経済情勢の変化への対応と都市機能の高度化及び都市の居住環境の向上」として，重点的に市街地の整備を推進する地域として，図12に示す20の緊急整備地域が指定されており，都市再生政策としてはイギリスと酷似している．しかし，日本の場合は大都市都心部の再開発が中心であり，単なる経済活性化策としての意味合いが強く，地球環境への配慮やサステイナブル・デベロップメントとしての明確なポリシーは見られない．一方，土壌汚染対策に関する政府の政策を見ると，1950年代のイタイイタイ病，1960年代の水俣病などを契機として1967年に公害対策基本法が施行され，東京江戸川の六価クロム事件などから1970年に「農用地の土壌の汚染防止等に関する法律」が施行されたが，その後，土壌汚染に対する関心は低く，約30年後の1997年に能勢町のごみ処理施設でダイオキシン汚染が発覚したのを受けて2001年に「ダイオキシン類対策特別措置法」が施行された．日本でブラウンフィールドとして工場跡地の土壌汚染に対する意識が顕在化したのは，2002年三菱OAPの事件以

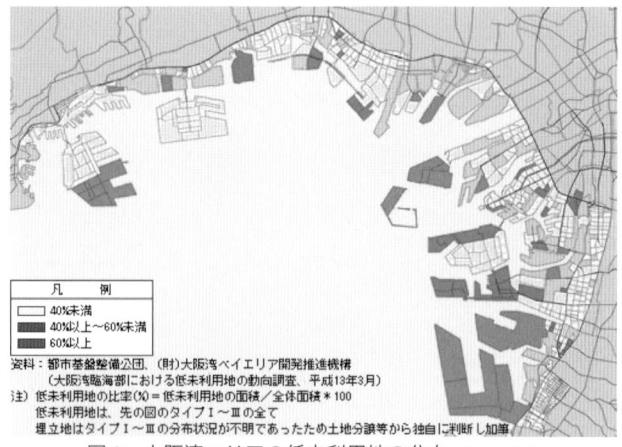

図9 大阪湾エリアの低未利用地の分布 (参考文献9)

図10 開発が進むロンドンオリンピックサイト

図11 造船所跡地ドックランド (ロンドン)

図12 都市再生緊急整備地域 (都市再生本部)(参考文献11)

図13　産業遺産としての事例/アイアンブリッジ渓谷ミュージアム

図14　テートモダン（ロンドン）

図15　倉敷アイビースクエア（岡山）

図16　住友赤レンガ倉庫（大阪）

降であり，翌年に施行された「土壌汚染対策法」が日本で始めての総合的な土壌汚染に関する法律ということになった．

2-4　ブラウンフィールドの活用

ブラウンフィールド再生の事例は大都市圏の比較的市街地に近い部分に限られている．これは上記で述べた土壌汚染対策リスクを見込んだとしても，事業採算性がとれる必要があり，地方都市や都心から離れたところではなかなか実現するのが難しくなってきている．特に日本では社会資本の首都圏一極集中と地方都市における経済活動の低迷，人口の流出，またそれに伴う地方自治体の財政難など，多くの問題をかかえており，これらの地域を積極的に再生しようという政府の施策が海外に比べて少ないことも再生が進まない要因になっている．

2-5　近代化産業遺産の活用

一方，ブラウンフィールドに残された工場や倉庫，設備機械といったものを，ある時代の産業を支えた文化的財産と捉え，近代化産業遺産して保存，活用しようという動きがある．

産業革命がいちはやく起こったイギリスでは多くの近代化産業遺産が博物館などに再生されたり，全く別の用途にコンバージョンされて利用されている．図13はバーミンガム近郊のアイアンブリッジ渓谷ミュージアムの事例である．ここは18世紀のシリコンバレーともいわれ産業革命誕生の地とされるが，その後，廃坑や工場跡が放置されゴーストタウン化していた．これは1960年代にもとあった施設を生かして博物館として再生したもので，現在では年間25万人以上の観光客が訪れるようになった．また図14はロンドンのテートモダンであるが，かつての火力発電所を改造して美術館として利用されている．

日本の近代化産業遺産を活用した事例として旧紡績工場跡を利用した倉敷アイビースクエアは有名である（図15）．他にも，足利市の模範撚糸合資工場跡を使った織物記念館，大谷石の採掘場跡を利用した大谷博物館など全国に産業遺産観光を目指した施設が見られるようになった．しかし，このように近代化産業遺産の活用には文化・歴史的意義や観光資源としての可能性がある一方で，その保全・運用が地方財政や事業者の大きな重荷となっている例も多い．なかでも夕張市のように「炭鉱から観光へ」と地元の産業遺産を利用して観光客を集め，まちを活性化させようとしたものの，過大な設備投資・放漫経営などさまざまな要因が重なって財政破綻をきたす地方自治体も見られ，その活用手法を見直す時期にきているとも考えられる．

その中で地域住民や，企業，民間の非営利団体などが中心となって，大掛かりな改造を行わず，これらの近代化産業遺産を仮設的に利用することで街の活性化に繋げようという動きもある（図16）．

〈3〉サステイナブル・ビルディング

3-1 建築と地球環境問題

地球環境問題は近年の急速な都市化とともに，建築活動と深く関わっている．日本の全資源消費の3分の1，全エネルギー消費の3分の1を建築に関連する活動が占めていることや，地球温暖化の要因とされるCO_2の総排出量の約4割が，建築の生産から運用，廃棄におけるプロセスにおいて発生している[参考文献12]．

人類は，風雨や自然災害から身を守り，安全な生活を維持するために，建築・都市を築き上げてきたにもかかわらず，それがかえって生存の危機を生み出す原因や結果を招いているという矛盾に遭遇している．建築におけるサステイナブル・デザインとは，このような矛盾を克服する手だてを模索し，将来にわたって，人類が生存し続け得ることを目標として進められる設計行為のことと定義できる．

3-2 建築のライフサイクル

建築を施工するためには，多くの資源とエネルギーが用いられ，その結果CO_2やその他の環境負荷物質が大量に排出される．しかし，施工における資源とエネルギーの消費量は，完成後の消費エネルギーの3分の1にすぎない．それは運用に伴うエネルギーや改修，解体などで消費されるエネルギーが膨大であるからでもある．図18は一般的な事務所ビルの設計から施工，運用，廃棄に至るプロセスで必要なコスト（ライフサイクルコスト）と排出されるCO_2（ライフサイクルCO_2）の35年平均値を表わしたグラフである．これを見ても当初にかかる初期建設コストと設計コストは建物全生涯のライフサイクルコストの約30％でしかなく，排出されるCO_2にいたっては約16％に過ぎないことがわかる．またライフサイクルCO_2を見ると，運用に伴うエネルギーコストは約18％であるにもかかわらずCO_2は約63％にも達しており，単に運用コストを節約するだけでは解決できない問題が潜んでいると考えられる．また修繕・改修・廃棄にかかるコストが約29％であり，初期建設時にかかるコストとほぼ同じ割合になっていることからも，メンテナンス方法や使用材料の選択に対して，設計段階での充分な配慮が必要であると考えられる．これらのことは，建築の設計において，目先の建設コストに目を奪われることなく，建築のライフサイクルを充分に考慮した設計が必要であることを示しており，その運用段階においては「エネルギーの消費を少なくすること」「環境負荷の少ないエネルギーを利用すること」「建物を長くもたせること」が重要である．またその建設時や解体時においても「環境負荷物質の排出を軽減すること」が必要であり，このような考え方は建築デザインを決定する行為に大きく影響を与えることになる．

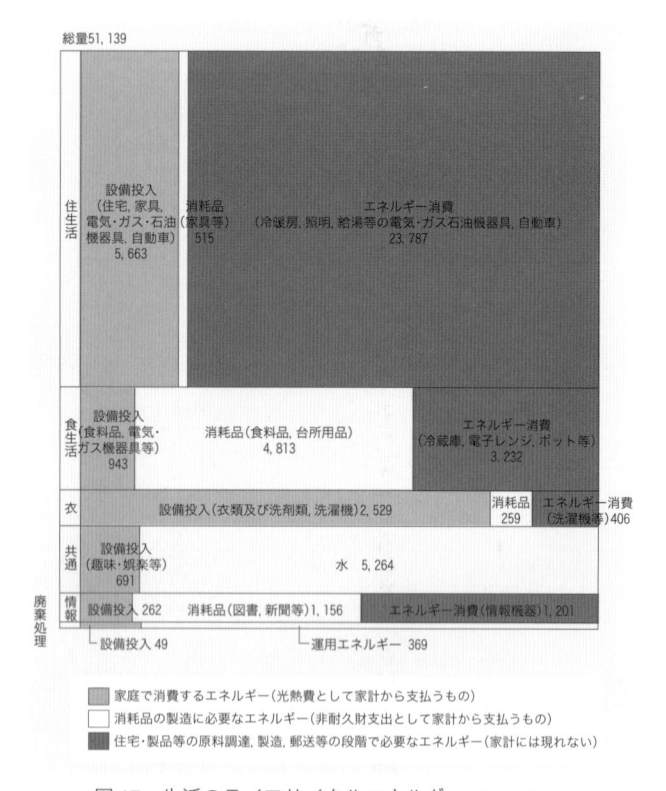

図17　生活のライフサイクルエネルギー　(参考文献12)

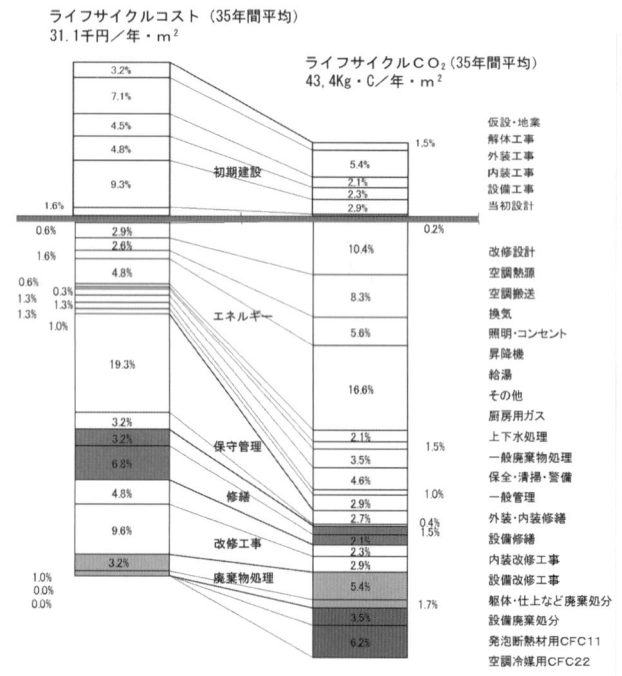

図18　建物のライフサイクルコストとCO_2　(参考文献13)

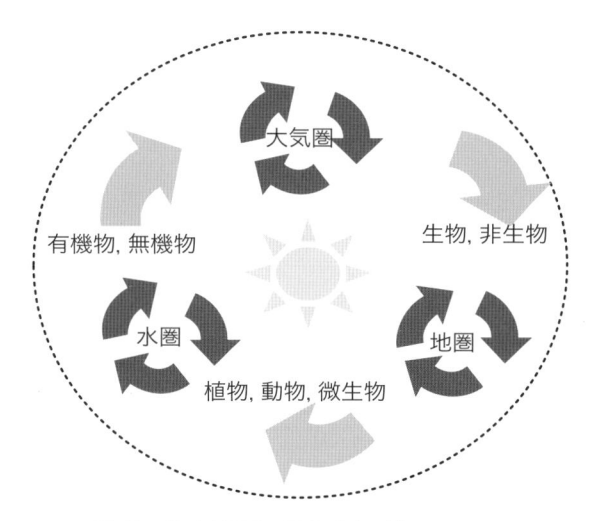

図 19 バイオスフィアのイメージ (参考文献13)

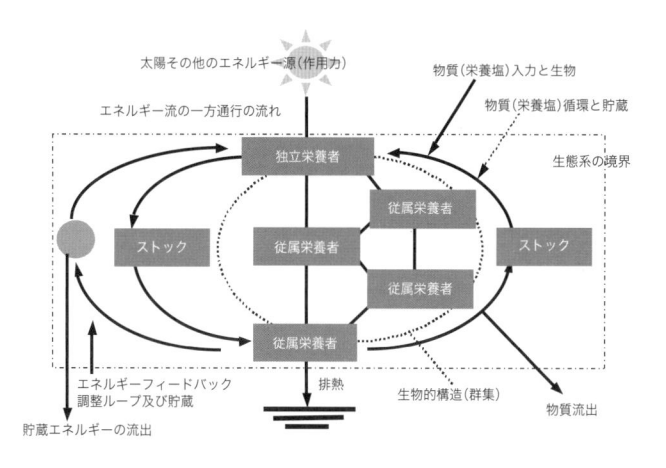

図 20 生態系の機能図 (参考文献13)

図 21 ビオトープ・屋上庭園 (白鷹苦楽園, 兵庫)

〈4〉環境保全

4-1 生態系の保全

地球環境は現在でも微妙なバランスの上に保たれ，この状況は，そこに生息する多様な生物活動のかかわりあいによって絶妙に維持されている．このような生命によって支えられている圏域のことをバイオスフィアと言い，生物と非生物がさまざまな循環系を形成する3つの圏域（地圏，水圏，大気圏）からなる．これら3圏のバランスはそこに生息する生物によって微妙に保たれており，このような状況は生態系（エコシステム）と呼ばれる．

生態系としての考え方は1935年にタンズリーによって提唱されたことが端緒である．それは太陽を源にするエネルギーを元に，生産者としての植物，消費者としての動物，分解者としての微生物と，循環する無機物，生物と非生物を結ぶ有機化合物，それらを運ぶ空気，水，土などの環境，気候的な物理的諸要因から構成される．そこでは生物と非生物の相互関係，生物と生物の相互関係が複雑に絡み合っている[参考文献13]．このような生態系の中で私たち人類も数万年の間，生活を営んできた．しかし20世紀の科学技術の進歩とともに人類の生活の営みはこの生態系の微妙なバランスを崩し始めている．

4-2 ビオトープ

世界人口の約半分以上が都市に住み，日本の人口の大半が都市環境の中で居住している．このような人工環境（Built Environment）は，地球の生態系に大きな影響を与えており，都市化が進むことで，これまでそこで生息していた数多くの生物は，その生息地を奪われ，微妙なバランスを保ってきた生態系が壊されることになる．このような環境の変化をできる限り和らげ，その保全，再生を目的に地域生態系を考えるのがビオトープの基本的な考え方である[参考文献9]．ビオトープとは狭義には小動物の生息空間のことであるが，ここでは生物群集が生存できる環境条件を備えた単位空間で，それらは単独で成立するものではなく地域全体とのかかわりにおいて成立しているものを意味する．私たちが建築行為を行うとき，その地域で成立している生態系を脅かさないよう配慮することや，もしそれを奪うことになるのであれば，その代償としてのビオトープを提供するといった配慮が必要である．ただそれは単に水辺のある中庭を確保するといったことではなく，その地域の生態系を充分把握したうえで，適切な計画がなされなければならない．ドイツではそのために生物の生息環境の状況をマッピングした「ビオトープマップ」の作成が行われ，小動物や昆虫の生息環境の緑地，河川，沼などの水系の分布状況から，道路や建築物の計画時の規制や誘導が行われている．

4-3 ヒートアイランド

過剰な都市化は生態系のみならず，気候にも大きな影響を及ぼしている．ヒートアイランド現象は，このような都市化によってこれまでの地表面の熱収支のバランスが崩れることで，引き起こされる熱大気現象であり，都心部の気温が郊外に比べて島状に高くなる現象をいう参考文献14．日本の大都市圏において，郊外の水田や森では夏期の地表面温度は大気の気温とほぼ同じであるのに対して，市街地では地表面温度が約60℃に達することもある．その発生原因としては，裸地や樹木などの減少と土地被覆面の人工化による熱容量の増大，高層密集構築物による無風化，建物，自動車，工場などの人工排熱，大気汚染による温室効果などが指摘されている．その中で最も大きな要因は緑地の減少であり，雨水の保水能力が低下することで，地表面の蒸発散による冷却作用が低下するためであるといわれている．

4-4 屋上緑化・壁面緑化

このようなヒートアイランド現象を緩和するには，空調などの機械的排熱を抑えるのは当然であるが，熱容量の大きいコンクリート構造物や舗装道路に直射日光をできるだけ当てないように，樹木や土で覆うことが効果的である．樹木は，地上に到達する日射を遮り，蒸発潜熱を放出するとともに木陰を作り，昼間の屋外環境の快適性を向上させる効果を持つ．屋上緑化や壁面緑化などは，昼間の建物表面からの対流顕熱を抑制し，特に屋上緑化はその盛土の厚みや種類によっても異なるが，最上階の室内温度の低減に大きく寄与することが確かめられている参考文献13．

ただ人工的な構築物の上に生きた樹木を維持し続けるには，その植物の植生や土の持っている性質をきちんと把握することが重要である．たとえば高木を植えるにはその枝ぶりと同じ程度の根鉢が望ましいし，たとえ低木であってもあまり浅い盛り土では充分な生育が期待できない．また成長した根が屋上の防水層を破って，漏水の原因となることも考えられる．このように様々な角度から充分に検討したうえで，それを補うような工夫が求められる．

〈5〉エネルギーの消費を少なくする

地球温暖化の要因となる環境負荷は，建築の生産，施工，運用，廃棄に至るライフサイクルによるものが大半を占めている．これは建築や都市が私たちの生活を支える現代社会の基盤であり，その枠組みの中で生活が営まれるからに他ならない．そしてこの生活を支えてきた在来エネルギーへの依存可能期間は，もはや建築の寿命よりも短くさえなってきている．私たちがこれからの建築や都市を考える時，これまでの在来エネルギーの消費を低減し，自然エネルギ

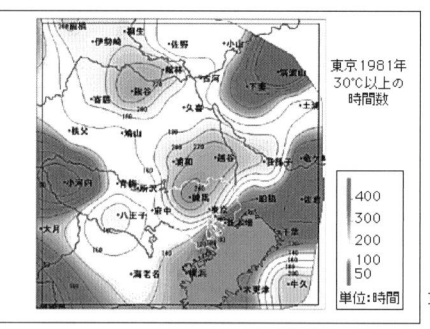

東京地域の高温域の分布（昭和56年，平成11年）

東京1981年 30℃以上の時間数

東京地域の高温域の分布：昭和56年

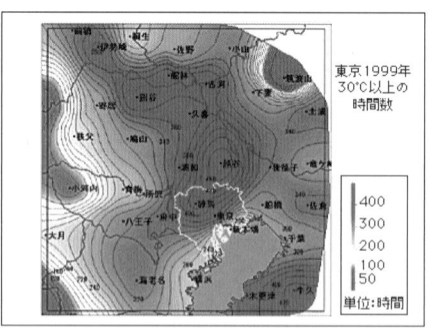

東京1999年 30℃以上の時間数

東京地域の高温域の分布：平成11年

図22　東京地域の高温域分布とヒートアイランド現象 (参考文献1)

図23　アクロス (福岡)

図24　聖路加病院 (東京)

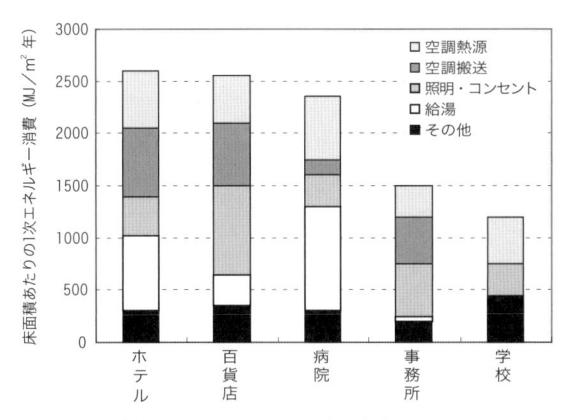

図25 建築用途別1次エネルギー消費 (参考文献15)

$$PAL = \frac{屋内周囲空間年間熱負荷（MJ/年）}{屋内周囲空間の床面積（m^2）}$$

$$CEC = \frac{当該設備年間消費1次エネルギー（MJ/年）}{当該設備の年間仮想負荷（MJ/年）}$$

図26 PAL, CEC の算定式 (参考文献16)

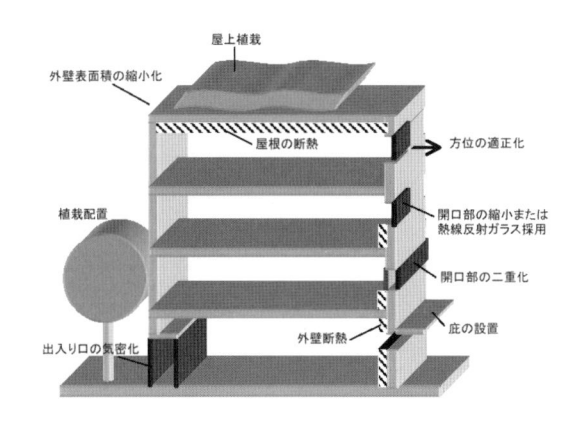

図27 PAL 値を小さくするための手法 (参考文献13)

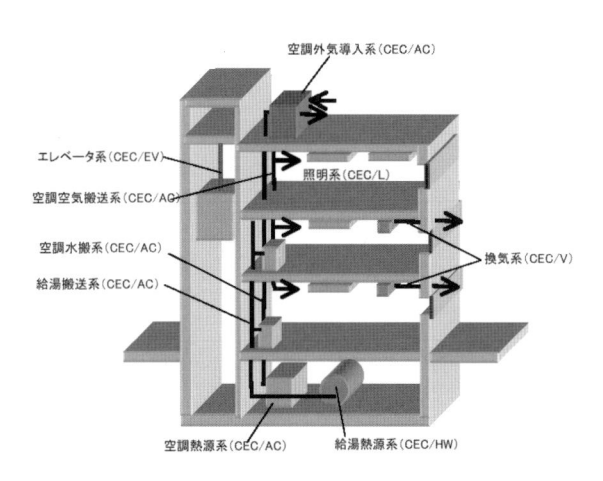

図28 CEC にかかわる部位 (参考文献16)

ーや環境負荷の少ない未利用エネルギーへの転換を考える時期にきている．

5-1 建築におけるエネルギー消費

建築で消費されるエネルギーは，工場などで消費される生産用のエネルギーを除けば，空調や照明などの建築設備が消費するいわゆる民生用エネルギーであり，日本では全消費の約25％を占めている．図25に建築用途別の1次エネルギー消費量の内訳を示す．これを見るとホテルや病院では給湯のエネルギー消費量が大きく，店舗では照明空調の消費量が多いことなど，建築用途とエネルギー消費の傾向にはある程度の関連が見られるが，いずれも空調の消費量は一律に高いことがわかる．また建築のエネルギー消費を決定付ける要因としては以下の3点があげられる[参考文献13]．

①建物の形状や室の配置，外壁・屋根・窓などの外界に接する部位の材料・構造などに関係する要因

②設備システムを構成する様々な機器の効率，性能に関係する要因

③建物や設備システムの制御・管理に関係する要因

5-2 建築の省エネルギー評価

建築の省エネルギー評価のひとつとしてPALとCECの指標がある．PALは年間熱負荷係数の略で建物外周のペリメーターゾーンの熱負荷効率を評価するもので，外壁，屋根，窓などの建築計画・設計が問われることになる．一方CECはエネルギー消費係数の略で設備の種類ごとに空調用，換気用，照明用，給湯用，エレベータ用の5つに細分化されており，設備機器の効率性を評価するものである[参考文献1]．

5-3 建築の省エネルギー手法

建築のPAL値を小さくするための手法としては，図27に示すように外壁の断熱性能を向上させる方法や窓の二重化，気密化，庇の設置などが考えられる．またCECを低減させるための手法としては図28に示すように，変風量（VAV）システムや蓄熱システムの採用，高効率照明器具の設置なども考えられる．またこのような省エネルギーデザインは，パッシブデザインとアクティブデザインに大別することができる．パッシブデザインは外壁・屋根・窓の断熱性の向上，庇などによる窓の日射遮蔽性能向上，昼光利用，太陽熱直接利用，自然換気などの建築的・物理的な手法のことをいう．地域に見られるこれまでの伝統的な建築の中には，その地域の気候風土に注意深い配慮をしたものが見られ，そこには永年培ってきた技術が生かされている場合が少なくない．しかし20世紀の現代建築は，そのような気候風土とは無関係に，一定の人工環境を作り出すために，膨大なエネルギーを要するものとなってしまっている．パッシブデザインは，その地域の気候にあった建築計画を行うとともに，自然エネルギーを活用することで，これまでの

第6章 サステイナブル・デザイン

風土に根ざした気候調整機能を改めて見直し、新しい技術として積極的に建築デザインに取り入れることでエネルギー消費を軽減する取り組みである。一方、アクティブデザインは、設備的な手法によって自然エネルギーの利用、あるいは化石エネルギーの利用低減や高効率利用をめざすシステムデザインのことで、太陽光発電や風力発電のほか高効率熱源システムなどの取り組みも含まれる。以下では、これらの取り組みついて具体的に紹介する。

5-4 外壁ルーバー

外壁ルーバーや庇は太陽高度の差を利用して、冬期の日射を取り入れ、夏期の直射日光を遮蔽することで空調負荷を軽減することができる。日本の民家などでは南側に深い庇と縁側を設けることで、夏冬の太陽高度の変化を利用して、日射を調節するように工夫されている。また南側壁際に植えられた落葉樹木や壁面緑化植物も、夏期には葉が生い茂り厳しい日射を遮蔽するとともに、冬期には落葉して日射を確保しやすくするなどの効用がある。

図29, 30に示すビルは庇やルーバーといった装置を使って直射日光が直接室内に入ることを調節する役目を担っている。またこれらの要素は日光調節機能をそのまま採用するだけでなく同時にこの建物を特徴付けるデザインとしても用いている。このように、単に機能を付加するだけでなく、それをデザインの中に消化させることで新しい建築様式への展開を見せはじめている。

5-5 太陽光制御・ダブルスキン

照明効率の向上として、太陽光を有効に利用できれば、建物内部の照明負荷を軽減することができる。近年のオフィスではペリメーターゾーン（外周壁側）の照明器具を昼間の照度によって、自動的に点灯制御する機構が採用されているものが見られる。そこではブラインドの開閉操作も自動的に行われ、最適な室内環境を最小限のエネルギーで維持できるように制御される仕組みが取り入れられている。またパッシブソーラーは太陽熱を利用して集熱、蓄熱、放熱の暖房プロセスを、ポンプやファンを用いず、自然の対流や伝導、放射によって行う仕組みで、屋根に取り付ける集熱パネル以外にも、温室を利用するものなど様々なタイプがある。また最近のオフィスビルなどにも見られる「ダブルスキン」は、外装を二重化し、上下に換気口を設けることで、夏期は上部の開閉機構を開放し、内側に上昇気流を起こしてガラス面を冷却し、冬期は閉めて、断熱性の高い空気層作る手法で、本来、熱負荷効率がよくないガラスカーテンウォールなどの建物に利用されてきている（図31）。

5-6 太陽光発電

太陽光発電は、太陽の光エネルギーを直接電気に変換するもので、光が当たると、太陽電池のＰ型半導体の（−）

図29 垂直ルーバーの事例 (ONE 表参道, 東京)

図30 水平ルーバーの事例 (毎日新聞会館, 東京)

図31 ダブルスキンによるガラスカーテンウォール (ヒルトンプラザウエスト, 大阪)

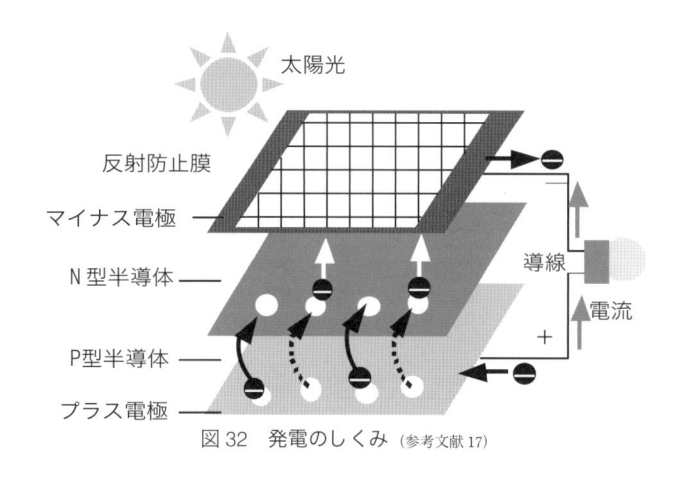

図32　発電のしくみ （参考文献17）

図33　三洋電機・ソーラーアーク （岐阜）

図34　太鼓山・風力発電所 （京都） （参考文献18）

図35　BedZED集合住宅 （イギリス） （参考文献19）

電子が，N型半導体の（＋）ホールに移動することで発電するもので，建物の外壁や屋根に取り付けて用いられる（図32）．ただ，現在はまだ発電量が限られていることや，天候に左右されることから補助電源として利用される場合が多い．岐阜にある三洋電機の「ソーラーアーク」は全長315mの巨大なモニュメントとショールームで，従来のソーラーパネルを取り付けただけの建築とは違い，外装材料のように用いることで新しいデザインの可能性を示している（図33）．その表面の5,046枚の太陽電池パネルは，最大出力630kW，年間で53万kWhの電力が得られ，工場の電力の一部に使用されている．

5-7　風力発電

風力発電は，風力エネルギーの約40％を電気エネルギーに変換できる点でその効率性が高い．また風力発電機の大型化によってコストパフォーマンスが向上し，ブレード（風力発電機の翼）の直径が100メートルクラス，発電容量が3000kWをこえる風力発電機も見られるようになった（図34）．

ベッドZEDはイギリスのダンスターアーキテクツが化石燃料を使うことなく，自然エネルギーだけで，生活できる集合住宅を提案している（図35）．そこでは，各住戸で使用する電気はソーラーパネル発電や，敷地内に設置された廃材を燃料とする発電所でまかなうようになっており，換気は屋上につけられた風力換気扇によって行われている．

5-8　中水道システム

中水道システムとは，雨水や一度使った水を浄化して，水洗トイレや散水などに再利用するもので，中水道と呼ばれている．このことで上水道の使用量を削減し，下水への排出量を低減することで，その処理に要するエネルギーとコストを節約できる．図36は東京ドームの事例で，膜屋根に降った雨水を，地下の貯水槽に貯留し，下水道への雨水放流を低減するとともに，貯留した雨水はトイレの洗浄水や災害時の消防用水として活用している（貯水槽には消防用水として，常時1,000トン）．

5-9　コージェネレーション

コージェネレーションとはひとつのエネルギーから複数のエネルギーを取り出すことで，エネルギー効率を高めることを目的としている．たとえば都市ガスなどの一次エネルギーを，必要とされるその場に供給し，そこで電気や熱などの複数の二次エネルギーに変換させることで，その変換におけるエネルギー効率を最大限利用しようとするものである．通常のエンジン式発電の場合は，エンジンの冷却廃熱や排気熱は利用されずに捨てられるため，全体の熱効率は20～30％にとどまるが，コージェネレーション・システムでは，エンジンの冷却廃熱や排気熱を熱エネルギーと

第6章　サステイナブル・デザイン

して回収利用するため，発電とあわせて総合熱効率は70％程度と高くなるといわれている．

5-10 廃棄物処理

日本の2000年度における物質収支を見ると，投入された約21.3億トンの資源のうち，5割程度がそのまま消費，廃棄され，資源として再利用されているものは約1割程度にとどまっている．

また一般家庭の日常生活から生じる「家庭ごみ」を含む一般廃棄物に関しては，図37に示すように資源として再利用されているのは，わずか1～2％程度にすぎず，それ以外は焼却，埋立，圧縮となっている．このことから日常生活でごみの減量と，再資源化の努力は当然必要とされるが，それでも増え続ける一般廃棄物を処理するためには，埋立，焼却などの処分がどうしても必要になる．日本の大都市の現状は廃棄物の9割以上が焼却処理されており，そこにはダイオキシンや二酸化炭素の発生，さらに焼却灰の増加とその埋立地不足など多くの問題を抱えている．現在，環境に全く負担をかけないで処理する方法はないが，その中でも人体に大きな影響を及ぼすダイオキシンを発生させにくい処理方法としてサーモセレクト方式ガス化溶融炉などの新しいタイプのゴミ焼却方法が開発されてきている（図39）．これは超高温でゴミを燃焼溶融させることで，発生したダイオキシンを分解し，「スラグ」「メタル」「金属水酸化物」「硫黄」「混合塩」「水」などの再利用可能な物質として回収するとともに，発生した熱を電気エネルギーとして回収している．この方式によれば，焼却の過程で発生する排気ガス中のダイオキシン濃度は国の排出基準の1/100以下（1立方メートル当たり0.001ナノグラム）にまで抑えることができるといわれている[参考文献22]．

〈6〉建物を長く持たせる

今日，日本の建築は，その多くが25年～30年で建て替えられている．建築が短寿命であることは，単に社会資産の形成が遅れるだけでなく，地球温暖化の原因となる二酸化炭素の排出や森林破壊，大量廃棄物の発生などの，環境問題を助長することになる．一般に，建築の寿命は建物が建てられてから壊されるまでの時間の長さを指し，建築の耐用年数は，建物の性能，効用を一定性能以上に維持することが可能な時間の長さを指す．日本の財務会計制度においては，この耐用年数を減価償却期間として規定しており，それを建築の寿命と比較すると，図40に示すように木造専用住宅を除き，建築の耐用年数がきていないにもかかわらず建物が取り壊されていることがわかる．このことは欧州や北米などでは耐用年数が過ぎていても，使われ続けてい

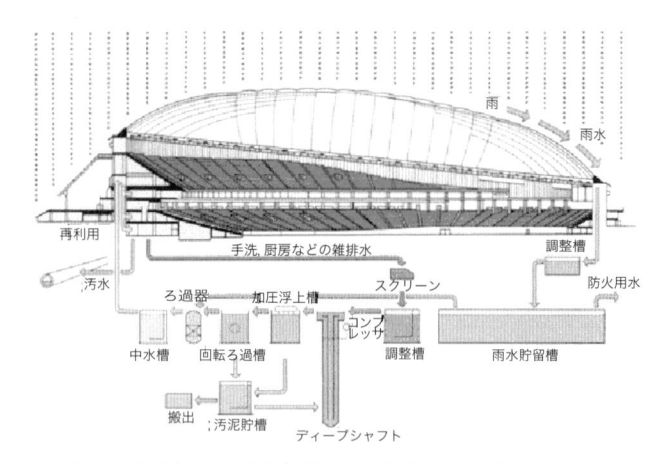

図36　東京ドーム（雨水利用，中水道システム）(参考文献20)

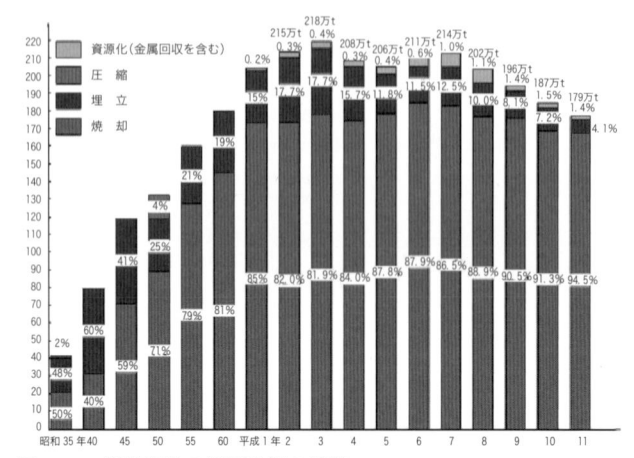

図37　一般廃棄物の処理状況の推移（1960～1999年／大阪市，参考文献21）

図38　ゴミ処理工場（広島市）

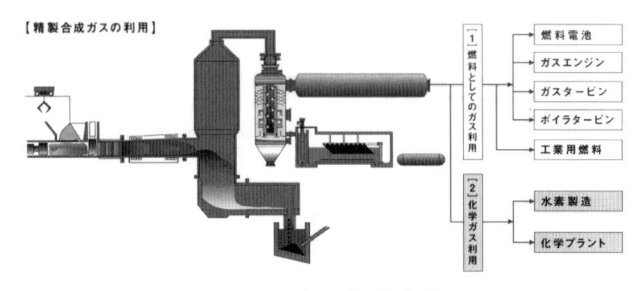

図39　サーモセレクト方式ガス化溶融炉（参考文献22）

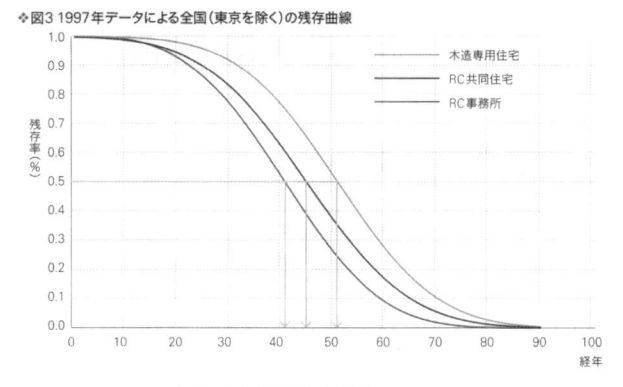

図40 建物の残存曲線 (参考文献23)

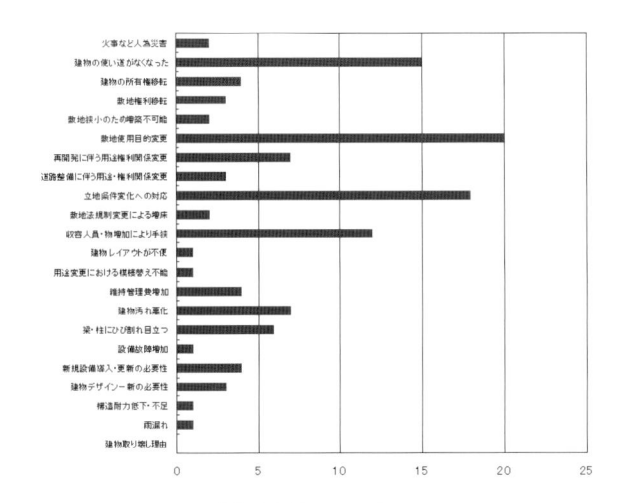

図41 建物取り壊しの理由 (参考文献13)

図42 JR京都駅ビル (京都)

る建物が多く，その維持更新をどうするかが課題になっていることと対称的である．また建物の取り壊し理由を見てみると(図41)，「敷地使用目的変更」「建物の使い道がなくなった」「収容人員物増加により手狭」などで，どちらかといえば，その建物自体の物理的劣化よりはむしろ，使用目的が失われたために取り壊されていることを示している[参考文献1]．しかしこのようなスクラップアンドビルドの考え方は，今後，許されなくなるであろう．そして，日本においても現存する建築をできるだけ長く使い続けられる技術が重要になるとともに，新たに作る建築には長期間の使用に耐えるような事前の計画が求められる．

6-1 メンテナンス

建築は様々な部位から構成されており，それぞれの部分でその耐用年数が異なる．たとえば構造躯体はRC造で50年～80年程度であり，設備配管などは15年～20年程度，空調や衛生の設備機器はその使用状況によって異なるが10年程度が目安となる．

したがって現状のままで，その建物を使い続けるにも，劣化部品の交換や補修が必要であり，そのメンテナンスの容易性は建物の寿命と密接に関わっている．たとえば3層以上の吹き抜け空間の設計をしたにも関わらず，天井にある照明器具の球換えを考慮していないために，その都度，仮設足場を組まないと交換できないといったケースや，またこのようなひどい例でなくても，構造体と設備配線配管が相互に錯綜しているために，劣化した設備配管を更新するのに，多くの未だ健全な部位を取り壊す必要があるといったケースなどは，現存する多くの建物にみられる．このように建築のメンテナンスの容易性は建物を長く持たせるための最低条件であり，それは建物を設計する段階で充分な考慮がなされる必要がある．

6-2 リニューアル

事業目的の建物などのリニューアルの契機は，単に建物の物理的劣化だけでなく，施設そのものの存在意義やサービス性能（快適性，安全性，信頼性，OA化，IT化）の陳腐化やそれに伴う電気容量，空調能力の不足などである場合が多い．しかしこのような動機は建物の設計段階でそのすべてを予測することはきわめて難しいのが現状である．

また日本の高度成長期に建設された建物には，環境負荷に対する配慮や，空間的なゆとり，将来の拡張性などよりも，その時点の経済性や効率性を最優先させたものも多い．その性能は当時の建築関連法規や諸基準に対する限界設計をしていたために，これらの建物をリニューアルする際には，構造計算，床荷重，階高，避難階段など現在の法基準では既存不適格になっている場合が多く，改修設計上の大きな障害となっている．このことは既存建物を再利用するより

第6章 サステイナブル・デザイン

は，建て替えたほうが良いというスクラップアンドビルドの考え方を助長する結果となってしまっているのが現状である．

またリニューアルに関する課題として，病院や研究所など24時間休むことのできない施設では，使用者がその施設を使い続けながら施工することが要求される場合も多く，今後，リニューアルを促進させるには，居ながらにして，いかに安全な改修工事ができるかといった技術的な課題やそれに伴う体系的な法整備が重要になってくるものと思われる．

6-3 レトロフィット

リニューアルの中でも，耐震改修は，阪神大震災を契機に近年多く見られるようになった．これは1995年12月に「耐震改修促進法」が施行され，1981年以前に着工された特定建築物の耐震改修が促されたことも影響している．ただ補強には新たな耐力壁やブレースなどを設置することが多く，当初のデザイン，機能を残すことが難しいのも事実である．レトロフィットは本来，旧型装置を改装することで，時代が変わっても，その時代に対応させた状態で生まれ変わらせることを意味するが，建築の分野では，歴史的，伝統的な建造物を現在の機能水準を満足しながら，地震から守るために，免震構造や制震装置を組み込むことで，耐震性能を向上させることを「免震・制振レトロフィット」と呼んでいる．免震構造は，建物と地面との間，あるいは建物の下層部分に「免震装置」を設けて建物に入ってくる地震力を低減するもので，免震装置は，建物を支えながら地震の時には地面と縁を切るための「アイソレータ」と，そこに入ってきた地震のエネルギーを吸収する「ダンパー」で構成される．免震装置は鉛プラグ入り積層ゴムや高減衰積層ゴムのような一体型から天然ゴム系積層ゴムと別置ダンパーを組み合わせたもの，リニアスライダー，円弧ローラー，球面滑り支承などがある．図45は岡田信一郎，辰野金吾らによって設計された大阪市中央公会堂（1918年）であるが，2002年に免震構造で全面改修された．

6-4 スケルトンインフィル

SI（スケルトンインフィル）住宅は建物のスケルトン（柱・梁・床等の構造躯体）とインフィル（住戸内の内装・設備等）とを分離した工法による住宅のことで，スケルトンは長期間の耐久性を重視し，インフィル部分は住まい手の多様なニーズや時代変化に応じて自由に変えられる可変性を重視して造られるものである．このことは，欧米ではオープンビルディングとも呼ばれ，建築都市に関わる意思決定のレベルをそれぞれが変化する時間スケールや主体間の相違によって分離しようとした考え方である．そこでは都市の骨格を「ティシュー」，建築空間の骨格と機能基盤である「サ

図43　大阪大学基礎工学部・耐震改修工事（大阪）
右が耐震改修された校舎，左が未改修部分を示す．

図44　大英博物館（ロンドン）

図45　大阪中央公会堂（大阪）

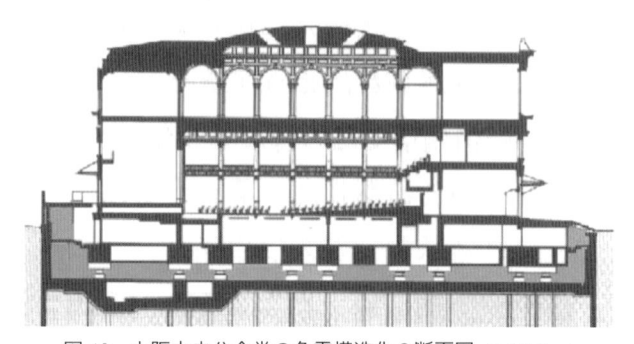

図46　大阪中央公会堂の免震構造化の断面図（参考文献24）

ポート」，居住者使用者に機能を提供する「インフィル」の3つのレベルに分け，それぞれの変化変更の期間をそれぞれインフィルの場合で10～20年，サポートのレベルで100年，ティシューでは数百年として，それぞれのレンジにあった計画を提唱している[参考文献13]．このようなSI住宅の事例としてはNEXT21（図47），久我原プロジェクトなどがある．

6-5 コンバージョン

コンバージョンは単に建築の内装を替えるといったものではなく，つくられた当初の目的とはまったく異なるものへ再生させるものであり，欧州では既に多くの事例が見られる．

たとえばパリのオルセー美術館は，もとは1900年のパリ万博のために鉄道駅舎としてつくられたもので，ルーブルにあった印象派美術品の展示を目的として，1986年にコンバージョンされた．そのヴォールト状の高い天井をもつ展示室は，かつての駅舎の屋根をうまく利用している．一方，そのような歴史的建造物でなくてもコンバージョンすることで新しく甦ったものがある．図48はイギリスオックスフォードにある刑務所を高級ホテルにコンバージョンした事例で，かつての独房は内装を充実させて宿泊室として使われている．またロンドンのテムズ川沿いに立ち並ぶレンガ造の貨物倉庫は，斬新なインテリアデザインと大きなバルコニーを加えてコンバージョンされており，都心に住みたい富裕層のための集合住宅として人気を集めている（図49）．

日本でも，酒蔵を改修して美術館にしたケースや，紡績工場を商業施設にしたケースなどがあるが，欧州のような大規模なものはあまり見られない．またこのような大掛かりなコンバージョンではなく，都心市街地にも草の根的なコンバージョンが見られる．図50は大阪堀江地区にあるブティックであるが，鉄骨造のモータープールから改造されたもので，これまでの下町や問屋街が新しい商業集積として再生されていく過程でこのような仮設的コンバージョンが多く見られ，昔からの風景や建物の断片を残しながら，付加された異質な建築要素とのコントラストが，かえってその街の個性を作り出している．

〈7〉 リサイクルを促進する

7-1 ゼロエミッション

ゼロエミッションという言葉がはじめて用いられたのは1994年に国連大学がゼロエミッション研究イニシアティブを創始したことにさかのぼる．これは生産活動の結果，排出される廃棄物をゼロにするために，全産業の製造過程を再編成し循環型産業システムの構築を目指すものである[参考文献24]．ただ現実に排出する行為やそれにかかわる環境負荷

図47 NEXT21 （大阪）

図48 刑務所を改造した高級ホテル （オックスフォード）

図49 倉庫を改造した集合住宅 （ロンドン）

図50 駐車場を店舗にコンバージョンした事例 （大阪）

がゼロになることはあり得ないため，廃棄物をできる限り再資源化するという意味で用いられている．また，このようなゼロエミッションを実効性あるものにするための施策としてインバース・サプライチェーンが注目されている．これはある産業で使用済みになった材料を，他の産業で使ったり，資源として利用するための企業間連携を意味し，静脈物流のための企業間連携を目的化したものである．近年では工業コンビナート内にインバース・サプライチェーンが成立する企業を誘致してインフラ整備を行うものがあり「エコ・コンビナート」と呼ばれている．

またリサイクルは，解体した廃棄物をそのまま材料として利用する以外に，化学的プロセスによって再生することも含まれており，廃材を燃やして，熱源を回収するサーマルリサイクルをゼロエミッションに含める場合もあるが，そのプロセスで発生する有害物質や二酸化炭素の程度によっては問題が残される．つまり，リサイクルそのものは経済性や効率性に関する概念であり，地球環境への影響を考慮した概念とは少し異なることを認識しておく必要がある．再資源化にあたって使用されるエネルギーや生産設備，そのプロセスで生じる環境負荷を考えた場合に，リサイクル材が，新たに製造された材料に比べて優れている必要があり，資源再利用率と環境負荷の両面から判断される必要がある．

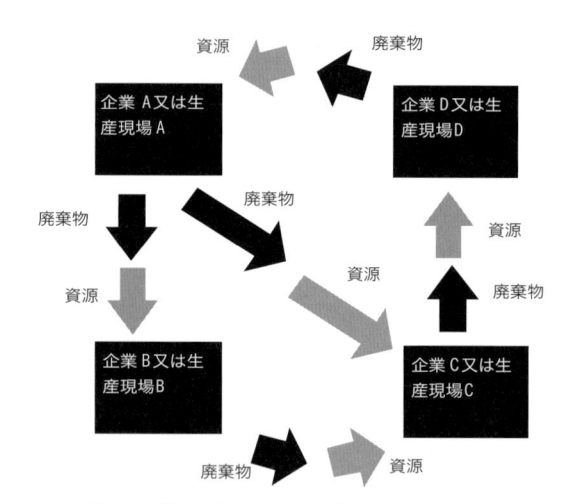

図51 ゼロエミッションの概念図 (参考文献13)

図52 北九州エコ・コンビナート (参考文献25)

7-2 建設リサイクル等の推進

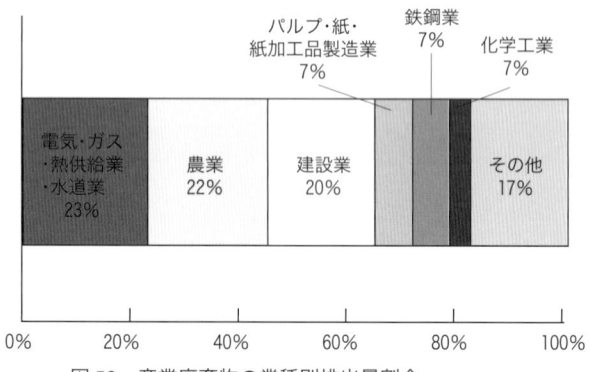

建設系廃棄物は全産業廃棄物排出量の約2割を占めており，2000年度における建設副産物の排出状況は，全国で8,500万トンを排出しており，その内，アスファルト，コンクリート塊及び建設発生木材の3品目で83％を占めている．また，再資源化に関する実態としては，特にAs塊，Co塊の再資源化等率が95％を超えているものの，建設発生木材等については低迷している．また廃棄物の不法投棄は建設系廃棄物が約7割を占めており，その4割を木屑が占めている[参考文献26]．木屑の主たる排出源は一戸建木造住宅であることから，木造の戸建住宅の解体が不法投棄の主要発生源とみなされている．これは熾烈化する価格競争や重層下請の請負形態とも関連して，多くの木造戸建住宅が手作業による分別解体をせず，機械で一気に混合廃棄物として排出していることによる可能性が高い．今後，建設廃棄物の発生抑制・リサイクルの促進は，緊急の課題である．

図53 産業廃棄物の業種別排出量割合 (参考文献26)

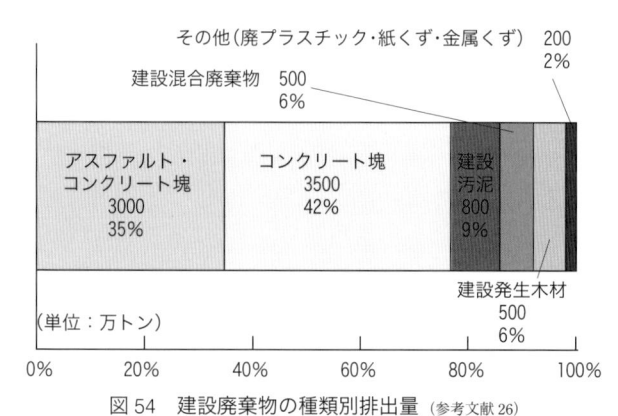

図54 建設廃棄物の種類別排出量 (参考文献26)

表1 代表的な環境手法の評価項目の比較 (参考文献27)

名称	BREEAM	LEED	GBTool	CASBEE
国	イギリス	アメリカ	カナダ	日本
経過	1990年(初版) 2002年(最新)	1996年(草案) 2002年(最新)	1998年(初版) 2005年(最新)	2002年(初版) 2005年(最新)
評価項目	1.マネジメント 2.健康と快適性 3.エネルギー 4.交通 5.水 6.材料 7.土地利用 8.敷地の生態系 9.汚染	1.敷地計画 2.水消費の効率化 3.エネルギーと大気 4.材料と資源の保護 5.室内環境の質 6.革新性及び設計・建設のプロセス	1.資源消費 2.環境負荷 3.室内環境 4.サービス品質 5.経済性 6.運用以降の管理 7.近隣環境	Q:環境性能・品質 Q1.室内環境 Q2.サービス性能 Q3.室外環境(敷地内) L:環境負荷 L1.エネルギー L2.資源・マテリアル L3.敷地外環境 BEE:環境性能効率 Q/L

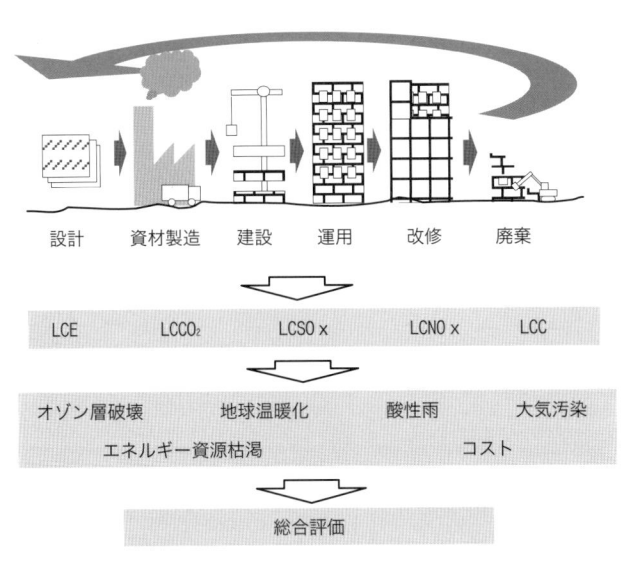

図55 建物のライフサイクルアセスメント手法 (参考文献28)

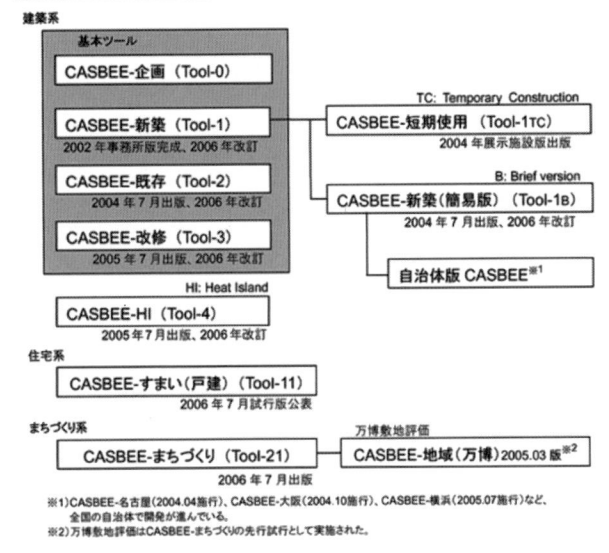

図56 CASBEEファミリーの構成 (参考文献28)

〈8〉 建築の環境影響評価

これまで建築分野における地球環境問題に対する様々な取り組みや手法を見てきた．ただそれら個々の方略が直ちに，地球環境問題のすべてを解消するものではない．しかし一つ一つは小さな配慮であっても，その根底に流れる思想は，これまでのような大量消費型の生産活動につながるものではなく，持続可能な社会を構築していこうとする方向であることは確かである．

8-1 環境評価

建物の環境評価として，その対象をどこに置くかは，きわめて重要である．建築設備の分野で行われてきた環境評価は，建築物の主として屋内環境の性能評価であった．その後，社会的な意識の高まりとともに近隣環境に対する影響評価(日陰,ビル風害,騒音)といったものが取り上げられ，今日では地球環境に対する影響評価というように時代とともにその範囲が広がってきている．ここで取り上げる環境評価は，主に後者の地球環境に対する影響評価である．

8-2 ライフサイクルアセスメント

設計者が，自ら設計した建築の環境影響性能を評価することは大切である．しかし，環境影響の要因は様々であり，建設時に有効な手段が，運用，廃棄段階ではかえって環境負荷が増大することも考えられる．そのため，建築の設計から生産，運用，廃棄にいたるライフサイクルの中で環境影響を評価する指標が開発されてきている．

LCA（ライフサイクルアセスメント）は製品の原材料の採取から製造，使用，処分に至る生涯を通しての環境側面及び潜在的環境影響を評価するもので，1960年代にアメリカの清涼飲料会社における研究が，その端緒であるといわれている．現在LCAはISO 14040規格にも記載されており，適用目的に応じて分析すべき内容・範囲が異なる．

建築分野において，海外では，BREEAMやBEPAC，LEED，GBToolなどの評価ツールがあり，中でもGBToolは，世界の主要なサステイナブル建築を共通の評価手法に基づいて評価したレファレンス建物と比較することで，その性能を点数化できるようにしたものである．また日本においても環境共生住宅の評価ツールやグリーン庁舎チェックシート，建築環境・省エネルギー機構のCASBEE(建築物総合環境性能評価システム)などがある．

CASBEEは，建築物の環境性能で評価し格付けする手法で，省エネや省資源・リサイクル性能といった環境負荷削減の側面はもとより，室内の快適性や景観への配慮といった環境品質・性能の向上といった側面も含めた，建築物の環境性能を総合的に評価するシステムである．中でも評価指標BEE（Building Environmental Efficiency）によるランキン

グでは，「Sランク（素晴らしい）」から，「Aランク（大変良い）」「B＋ランク（良い）」「B－ランク（やや劣る）」「Cランク（劣る）」という5段階の格付けが与えられることになっている．

8-3　環境マネジメント

これまで環境問題，特に公害問題の解決手段として規制的手法が多く用いられてきた．これらはその被害と原因の因果関係が明確である必要があるが，地球環境問題に関しては原因があまりに広範であること，その被害は次世代の問題となることなど，現時点での実効性のある対策を立てるのが難しい．その中で，環境マネジメントは，社会的，経済的活動を行う組織の環境負荷低減への取り組みを組織評価として運用することで，現在の市場経済のシステムにおいても，その組織の環境への取り組みを積極化させる手段として注目されている．そこでは，環境に関する様々なリスクを放置することは，結局は企業の存立を脅かしかねないような膨大な支出と，信用の失墜を生むことになるため，どれだけ実効性のある環境マネジメントをしているかが，組織の業績評価の一部となり，企業の信用や資金調達，保険料の設定に大きく影響することになるという考え方である．参考文献29

8-4　環境経済

地球の持続可能性を計測する新しい考え方として，エコロジカル・フットプリントという概念がある．これは人間が生きていくために必要な（踏み潰すことになる）土地の面積を算定するもので，食料を生産するための耕作地，生活を行うための道路や住宅などの土地，住宅や働く場所を作るための建設資材を供給する土地，化石燃料の消費によって排出されるCO_2などを吸収するのに必要な森林面積なども含まれる．これによって現在の日本のフットプリントを試算してみると地球2個分の土地が必要になるといわれている．参考文献29

自由主義経済下では，効率的な生産手段を促進し様々な技術発展を促す市場メカニズムが働いている．しかしその生産やサービスの過程で生じるマイナスの側面（有害物質の発生，騒音など公害）については，それに関連する費用を市場メカニズムの中に取り込んで来なかったために，自然環境の破壊，周辺住民への健康被害が軽視されてきたということもできる．環境経済はこのようなマイナスの側面も市場経済の中に反映させることでサスティナブルな社会を実現しようという考え方である．京都議定書で採用された排出権取引などもその一つといえる．

本章では地球環境問題と建築のかかわりをサスティナブル・デザインという観点で眺めてきたが，そこには現代社会

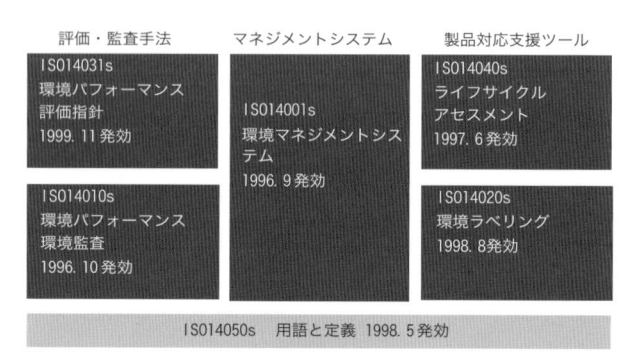

図57　環境マネジメント

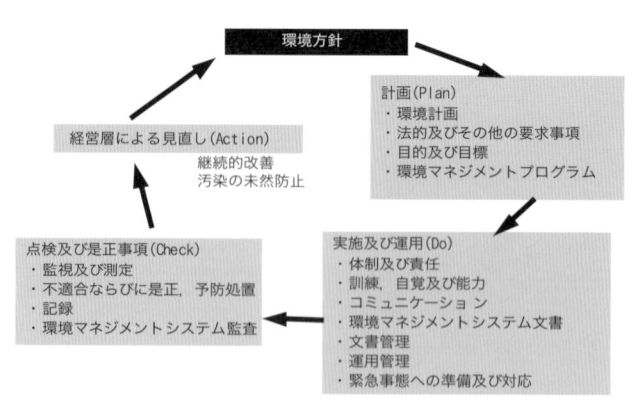

図58　環境マネジメントシステムのモデル（参考文献13）

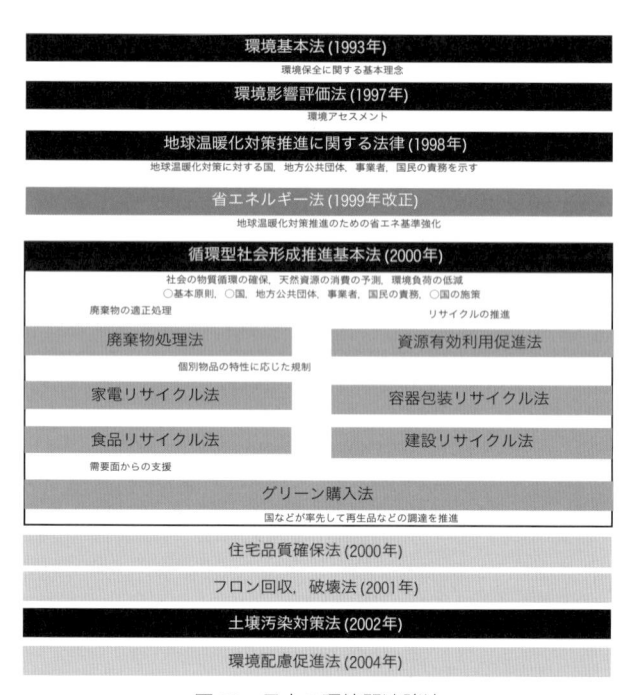

図59　日本の環境関連諸法

が直面している大きな問題が横たわっている．そのうち私たちがかかわっている建築計画でできることはその一部かもしれない．しかし，少なくともこれからの社会資本を構築していくものにとって，地球環境問題は避けることができないテーマである．

〈参考文献〉
1) 環境省「平成15年環境白書」
2) 全国地球温暖化防止活動推進センター「地球温暖化の原因と予測」
3) 国立環境研究所「国立環境研究所－STOP THE 温暖化2005」
4) 資源エネルギー庁「世界のエネルギー情勢」
5) 環境省「平成14年環境白書」
6) Google，Google の航空写真をもとに加工
7) 彩都建設推進協議会「彩都土地利用計画図」
8) 国土交通省審議会資料「新しい時代の都市計画はいかにあるべきか」（第一次答申）
9) 大阪ベイエリア開発推進機構，平成14年度調査研究事業「大阪湾臨海地域における低未利用地調査」
10) Mike Raco,「Sustainable urban planning and the brownfield development process in the United Kingdom: Lessons from the Thames Gateway」, Local Environment, Volume 11, no.5, pp499-513, 2006.10
11) 内閣府都市再生本部「都市再生緊急整備地域」
12) 日本建築学会「地球環境・建築憲章，省エネルギー」
13) 日本建築学会『地球環境建築のすすめ』彰国社
14) 環境省「ヒートアイランド現象による環境影響に関する調査報告書」環境省環境管理局大気生活環境室
15) ㈶IBEC「建築物の省エネルギー基準と計算の手引き」2001年
16) 環境省「エネルギーの使用の合理化に関する法律」1979年（省エネルギー法）
17) 独立行政法人　新エネルギー・産業技術総合開発機構
18) 京都府企業局「太鼓山風力発電所」
19) zedfactory, Bill Dunster architects Official Site, URL：http://www.zedfactory.com
20) 竹中工務店「東京ドーム中水道システム」
21) 大阪市「一般廃棄物の処理状況」大阪市都市環境局
22) 川崎製鉄「川崎製鉄　サーモセレクト」パンフレットより
23) 日本建築学会『建築寿命の推定』小松幸夫，「建築雑誌」
24) 日経アーキテクチュア「日経アーキテクチュア」2003年2月3日号
25) 北九州市「北九州エコタウン事業」
26) 国土交通省「平成15年国土交通白書」
27) ㈶建築環境・省エネルギー機構「CASBEE 評価認証」
28) 日本建築学会「建物のLCA指針」地球環境委員会
29) 三橋規宏『環境経済入門』日経文庫

索 引

【あ】

アーバンルネッサンス …………110
アイアンブリッジ渓谷 …………111
アイストップ …………………64
アイソレータ …………………120
アクセシビリティ ………………18
アクティビティ …………………22
アクティブデザイン ……………115
アクロポリス ……………………63
アフォーダンス ………………33,45
網入りガラス ……………………93
安全 ……………………………81
安全区画 …………………………95
椅子座 ……………………………72
一列行列方式 ……………………50
入り隅 ……………………………51
インバース・サプライチェーン …122
ウィトルウィウス ……………56,58
ウェーバー・フェヒナーの法則 …29
内法制 ……………………………61
エイジング ………………………85
エコ・コンビナート ……………122
エコシステム ……………………113
エコロジカル・フットプリント …124
黄金比 ……………………………59
大阪ビジネスパーク（OBP） …63
オープンビルディング …………120
踊り場 ……………………………53
温熱環境要素 ……………………36

【か】

加圧防煙方式 ……………………96
階高 ………………………………78
回避行動 …………………………48
外部空間 …………………………63
化学的感覚 ………………………31
カクテルパーティー効果 ………32
化石燃料 …………………………108
風除室 ……………………………71
感覚 ………………………………28
感覚器 ……………………………26
環境支援 …………………………12
機能損傷 …………………………102
CASBEE（キャスビー） ……8,123
曲線スロープ ……………………77
均斉度 ……………………………34
空間のわかりやすさ ……………23
グリッド（格子） ………………65

グルーピング ……………………67
グループホーム …………………7
グレア ……………………………27
群建築 ……………………………63
群集事故 ………………………47,49
群集制御 …………………………50
群集密度 …………………………49
蹴上げ ……………………………76
ケヴィン・リンチ ………………46
結界 ………………………………52
煙層 ………………………………94
減築 ………………………………86
コア ………………………………68
工場跡地 …………………………109
構造部材 …………………………91
構築環境 …………………………42
勾配（傾き） ……………………46
国立屋内総合競技場 ……………56
コレクティブハウス ……………7
コンバージョン ………………57,62,86

【さ】

在館者密度 ………………………99
サステイナビリティ ……………8
サポータビリティ ………………14
残響時間 …………………………35
地（ground） ……………………30
紫外線反射強度 …………………39
敷地条件 …………………………62
軸 …………………………………64
地震時の業務継続計画 …………104
自然監視 …………………………84
シックハウス症候群 ……………6
室礼 ………………………………40
シドニー・オペラハウス ………56
視野 ………………………………51
尺貫法 ……………………………58
斜路 …………………………18,50,77
住棟配置 …………………………54
自由歩行 …………………………47
浄土寺浄土堂 ……………………65
蒸発潜熱 …………………………114
触感 ………………………………38
人工環境（Built Environment） …113
心々制 ……………………………61
新有効温度 ………………………36
図（figure） ……………………30
水平避難 …………………………101

スーパーファンド法 ……………110
スクラップ・アンド・ビルド …62,85
スティーブンスの法則 …………29
スパン ……………………………78
スプリンクラー設備 ……………92
スペーシング ……………………43
スラローム行動 …………………48
スロープ ……………………18,50,77
生活不便・不自由 ………………12
増築 ………………………………86
ゾーニング ………………………67
ソシオフーガル …………………44
ソシオペタル ……………………44

【た】

大気汚染防止法 …………………37
耐用年数 …………………………85
畳の寸法 …………………………61
WHR空間 ………………………38
単位幅 ……………………………75
段差 ………………………………18
知覚 ………………………………28
近道行動 …………………………48
注意 ………………………………32
昼光率 ……………………………34
駐車場 ……………………………79
通風性 ……………………………39
津波避難ビル ……………………105
D/H（ディーバイエイチ） ……51
テートモダン ……………………111
適当刺激 …………………………26
天井高 …………………………78,79
天窓 ………………………………73
透過損失 …………………………35
動作領域 …………………………17
動線 ………………………………67
都市再生特別措置法 ……………110

【な】

内装材料 …………………………91
二次災害 …………………………103
日常災害 ………………………6,83
日常動線 …………………………82
二方向避難 ………………………81
認知 ………………………………28
認知科学 …………………………32
認知空間 …………………………32
NEXT21（ネクスト21） ………121

ネック……………………98	ヒューマンスケール……………58	面積原単位………………80
燃焼の3要素……………90	表色系……………………34	メンテナンス……………86
ノーマライゼーション……10	ビル管理法………………37	モジュラー型車いす……15
	ビルディングタイプ……62,66	モジュール……………60,80
【は】	フィボナッチ数列………60	モジュラー・コーディネーション……60
パーソナルスペース……43	風除室……………………71	モデュロール……………60
バイオスフィア…………113	風土………………………39	
白銀比……………………59	フールプルーフ…………99	【や】
パッシブデザイン………115	風冷指数…………………27	ユーザビリティ…………16
パラディオ………………58	フェイルセーフ…………99	床座………………………72
バリアフリー新法………20,77	複合化……………………23	ゆとり……………………78
バリアフリーデザイン……7	踏み面……………………76	ユニバーサル・ガーデン……21
バルコニー………………73	浮遊粉塵…………………37	ユニバーサルデザイン……7,11
パルテノン神殿…………59	ブラウンフィールド……109	用途変更………………57,62,86
ハンディキャップ………10	フラッシュオーバー……90	
PMV………………………36	ブロックプラン…………67	【ら】
POE…………………………8	分節化……………………53	ライフサイクルコスト……112
ヒートアイランド現象……6	包囲光……………………33	らしさ……………………66
非構造部材………………104	包囲光配列………………33	リニューアル……………86
庇…………………………73	防火区画…………………92	リノベーション…………57,86
ビスタ……………………64	防火設備…………………93	リハビリテーション……11
左側通行…………………47	放射受熱量………………91	流動係数…………………98
避難安全性能……………89	防犯環境設計……………84	領域化……………………52
避難階段…………………71	歩行速度…………………47	レイチェル・カーソン……108
避難口誘導灯……………100		レオナルド・ダ・ヴィンチ……58
避難行動…………………81	【ま】	レンタブル比……………74
避難施設計画……………97	待ち行列…………………50	
避難動線…………………82	ミース……………………59	
避難誘導計画……………97	メートル法………………58	
皮膚感覚…………………31	免震………………………120	

◆〈建築学テキスト〉編集委員会

青山　良穂（元清水建設）
井戸田秀樹（名古屋工業大学）
片倉　健雄（元近畿大学）
坂田　弘安（東京工業大学）
武田　雄二（愛知産業大学）
堀越　哲美（愛知産業大学）
本多　友常（摂南大学）
吉村　英祐（大阪工業大学）

◆『建築計画基礎』執筆者（＊は執筆代表）

＊吉村英祐（よしむら　ひでまさ）
1980年大阪大学大学院工学研究科建築工学専攻修了．小河建築設計事務所、大阪大学を経て、現在、大阪工業大学工学部建築学科教授．博士（工学）．著書に『建築計画2』（鹿島出版会、共著）、『建築人間工学事典』（彰国社、共著）、『阪神・淡路大震災における避難所の研究』（大阪大学出版会、共著）、『建築デザインと環境計画』（朝倉書店、共著）など．

阿部浩和（あべ　ひろかず）
1983年大阪大学工学部建築工学科卒業、竹中工務店大阪本店設計部を経て、現在、大阪大学サイバーメディアセンター教授、工学研究科建築工学部門教授を兼任．博士（工学）．
著書に『〈建築学テキスト〉建築設計学I』（学芸出版社、共著）など．

武田雄二（たけだ　ゆうじ）
1978年名古屋工業大学大学院工学研究科建築学専攻修了．現在、愛知産業大学造形学部建築学科教授、造形学研究科建築学専攻教授を兼任．工学博士．著書に『建築人間工学事典』（彰国社、共著）、『〈建築学テキスト〉建築製図』『〈建築学テキスト〉建築構法』『〈建築学テキスト〉建築施工』（以上3点学芸出版社、共著）など．

北後明彦（ほくご　あきひこ）
1985年神戸大学大学院環境科学専攻修了、消防科学総合センター、建設省建築研究所を経て、現在、神戸大学都市安全研究センター教授、工学研究科建築学専攻教授を兼任．学術博士．
著書に『20世紀の災害と建築防災の技術』（技報堂出版、共著）、『ヴィジュアル版建築入門10 建築と都市』（彰国社、共著）など．

森　一彦（もり　かずひこ）
1982年豊橋技術科学大学大学院建設工学専攻修了．筑波技術短期大学助教授を経て、現在、大阪市立大学大学院生活科学研究科教授．博士（工学）．著書に『建築人間工学事典』（彰国社、共著）、『認知症ケア環境事典』（ワールドプランニング、共著）、『エイジング・イン・プレイス』（学芸出版社、共著）、『生活空間の体験ワークブック』（彰国社、共著）など．

〈建築学テキスト〉シリーズ

▶大西正宜・武田雄二・前田幸夫　著
『建築製図』（建築物の表現方法を学ぶ）
　A4・128頁・3000円＋税／ISBN978-4-7615-3106-5

▶本多友常・安原盛彦・大氏正嗣・佐々木葉二・柏木浩一　著
『建築概論』（建築・環境のデザインを学ぶ）
　A4・128頁・3000円＋税／ISBN978-4-7615-3110-2

▶片倉健雄・大西正宜・建築法制研究会　著
『建築行政』（法規と秩序を学ぶ）
　A4・136頁・3000円＋税／ISBN978-4-7615-3109-6

▶坂田弘安・島崎和司　著
『建築構造力学I』（静定構造力学を学ぶ）
　A4・104頁・2800円＋税／ISBN978-4-7615-2326-8

▶坂田弘安・島崎和司　著
『建築構造力学II』（不静定構造力学を学ぶ）
　A4・120頁・3000円＋税／ISBN978-4-7615-3133-1

▶井戸田秀樹・加藤征宏・高木晃二　著
『鉄骨構造』（構造特性と設計の基本を学ぶ）
　A4・120頁・3000円＋税／ISBN978-4-7615-3122-5

▶青山良穂・武田雄二　著
『建築施工』（建築物の構築方法を学ぶ）
　A4・136頁・3200円＋税／ISBN978-4-7615-3123-2

▶武田雄二・西脇　進・鷲見勇平　著
『建築構法』（建築物のしくみを学ぶ）
　A4・136頁・3200円＋税／ISBN978-4-7615-3134-8

▶本多友常・阿部浩和・林田大作・平田隆行　著
『建築設計学I』（住宅の設計を学ぶ）
　A4・128頁・3000円＋税／ISBN978-4-7615-3173-7

▶堀越哲美・石井仁・宇野勇治・垣鍔直・兼子朋也・蔵澄美仁・長野和雄・橋本剛・山岸明浩・渡邊慎一　著
『建築環境工学』（環境のとらえ方とつくり方を学ぶ）
　A4・128頁・3000円＋税／ISBN978-4-7615-3174-4

〈建築学テキスト〉建築計画基礎
計画の原点を学ぶ

2010年10月20日　第1版第1刷発行
2021年3月20日　第1版第5刷発行

著　者　吉村英祐・阿部浩和・武田雄二・北後明彦・森一彦
発行者　前田裕資
発行所　株式会社　学芸出版社
　　　　京都市下京区木津屋橋通西洞院東入　〒600-8216
　　　　tel 075-343-0811　　fax 075-343-0810
　　　　http://www.gakugei-pub.jp
　　　　info@gakugei-pub.jp
印　刷　オスカーヤマト印刷
製　本　山崎紙工
カバーデザイン　上野かおる

© 吉村ほか 2010　Printed in Japan　ISBN 978-4-7615-3188-1

JCOPY　〈(社)出版者著作権管理機構委託出版物〉
本書の無断複写は著作権法上での例外を除き禁じられています．複写される場合は、そのつど事前に、(社)出版者著作権管理機構（電話03-5244-5088、FAX 03-5244-5089、e-mail: info@jcopy.or.jp）の許諾を得てください．
また本書を代行業者等の第三者に依頼してスキャンやデジタル化することは、たとえ個人や家庭内での利用でも著作権法違反です．